MICHEL FOUCAULT

DIZER A VERDADE SOBRE SI

ubu

ORGANIZAÇÃO, INTRODUÇÃO
E APARATO CRÍTICO
HENRI-PAUL FRUCHAUD
DANIELE LORENZINI

TRADUÇÃO
SALMA TANNUS MUCHAIL

FOUCAULT

DIZER A
VERDADE
SOBRE SI

**CONFERÊNCIAS NA
UNIVERSIDADE VICTORIA,
TORONTO, 1982**

Nota da edição 7

Introdução 11
Henri-Paul Fruchaud e Daniele Lorenzini

CONFERÊNCIAS

PRIMEIRA CONFERÊNCIA 25
[*panorama da cultura de si greco-romana e
da decifração de si cristã; acerca do projeto
de estudo do vínculo entre as interdições
e as obrigações; a hermenêutica de si na
Antiguidade pagã e cristã; os quatro tipos
principais de tecnologias;* epiméleia heautoû,
cuidado de si]

SEGUNDA CONFERÊNCIA 42
[*o* Alcibíades, *de Platão; a cultura de si nos dois
primeiros séculos do Império Romano*]

TERCEIRA CONFERÊNCIA 86
[*práticas da cultura de si; a ascese como
preparação para o porvir; as provas; a ascese
pagã, voltada para a verdade, e a ascese cristã,
voltada para a realidade*]

QUARTA CONFERÊNCIA 110
[*técnicas disciplinares de aquisição e técnicas
ascéticas; o conhecimento de si gnômico
versus o conhecimento de si hermenêutico
e o conhecimento de si crítico*]

QUINTA CONFERÊNCIA 120
[*a vontade de verdade; o conhecimento de si na
espiritualidade cristã; a obrigação de verdade
do cristianismo;* Conferências, *de Cassiano*]

SEMINÁRIO

PRIMEIRA SESSÃO 145
[*Comentários sobre o* Alcibíades, *de Platão,
e sobre Epicteto*]

SEGUNDA SESSÃO 173
[*Comentários sobre Epicteto, sobre o*
Alcibíades, *de Platão, e sobre as cartas
de Marco Aurélio e Frontão*]

TERCEIRA SESSÃO 205
[*A* parresía *em autores como Eurípedes,
Isócrates, Platão, Sêneca, Plutarco*]

QUARTA SESSÃO 234
[*A* parresía *em Galeno*]

Lista de abreviaturas 265

Sobre o autor 268

NOTA DA EDIÇÃO

Esta edição apresenta o ciclo de conferências proferidas por Michel Foucault, assim como o seminário dirigido por ele, no III International Summer Institute for Semiotic and Structural Studies [III Congresso Internacional de Verão para Estudos Semióticos e Estruturais], realizado entre 31 de maio e 26 de junho de 1982 na Universidade Victoria, Toronto.

Os textos foram estabelecidos da maneira como se segue.

No que diz respeito às conferências

Não foram gravadas, com exceção da segunda conferência, que foi objeto de uma gravação cuja qualidade é muito precária, mas que ainda assim é extremamente preciosa.

Com exceção desse caso, o texto das conferências foi estabelecido com base nas páginas datilografadas e nos manuscritos depositados nos fundos Foucault da Biblioteca Nacional da França (NAF 28730, caixas 29 e 76) e, para a versão em francês da primeira conferência, na biblioteca da Universidade da Califórnia em Berkeley e no IMEC [Institut Mémoires de l'Édition Contemporaine – Instituto Memórias da Edição Contemporânea].

Enquanto para a edição de cada uma das três primeiras conferências dispomos de vários suportes, entre os quais, por vezes, é difícil escolher, a situação se inverte para as três últimas: só restam manuscritos incompletos da quarta e da quinta conferências, e o da sexta conferência não foi conservado.

Parece que Foucault redigiu, sem dúvida antes de partir para Toronto, uma primeira versão em francês das três primeiras conferências (das quais, aliás, ele reutilizaria algumas passagens para a redação do resumo do curso de 1982 no Collège de France, A Hermenêutica do Sujeito). Esses três textos foram, em seguida, traduzidos para o inglês, provavelmente por estudantes da Universidade Victoria, e, a partir dessas traduções, Foucault redigiu, em inglês, novas versões das três conferências.

- A nova versão da primeira conferência, conservada em uma pasta com o título Tecnologia de Si [CTS], talvez seja o texto que Foucault tenha efetivamente proferido (a observação de um ouvinte do seminário a propósito das "quatro tecnologias" poderia, de todo modo, sugerir isso).
- É a partir da versão modificada que Foucault proferiu a segunda conferência, cuja gravação foi conservada.
- Da mesma forma, Foucault redigiu uma nova versão da terceira conferência, refazendo seu início; é possível que tenha também modificado o fim, mas essa é apenas uma hipótese, já que o texto não está completo.

Ademais, durante sua estada em Toronto, Foucault também proferiu uma conferência sobre a cultura de si na Queen's University, de Kingston. Não conseguimos identificar esse texto. Foucault talvez tenha reutilizado aquele da conferência intitulada Tecnologia de Si.

Para a edição das conferências, escolhemos apresentar as versões de origem das três primeiras (pois Foucault as escreveu em sua língua materna, e elas formam um conjunto bastante coerente), às quais acrescentamos:

- no caso da primeira conferência, as variantes da versão intitulada Tecnologia de Si;
- no caso da segunda, com o risco de alguma repetição, a versão que foi efetivamente proferida e gravada;
- no caso da terceira, o início tal como refeito por Foucault.
- no caso da quarta e da quinta conferências, apresentamos a tradução do texto incompleto em inglês que foi conservado.

No que diz respeito ao seminário

Diferentemente das conferências, foi objeto de uma gravação oficial, conservada na biblioteca da Universidade Victoria e no IMEC. Em contrapartida, não se encontrou nenhum manuscrito. O texto foi estabelecido a partir da gravação, tendo sido transcrito com a assistência de Davey K. Tomlinson.

Os textos foram estabelecidos da maneira mais literal possível. Apenas quando parecia indispensável, evitamos algumas repetições ou corrigimos a construção de frases incorretas. Também escolhemos resumir as questões de ouvintes.

Clive Thomson, que participou da organização do III International Summer Institute for Semiotic and Structural Studies e assistiu às conferências de Foucault, nos deu uma ajuda preciosa ao longo de todo o projeto e, em especial, encontrou a pista da gravação da segunda conferência; nós agradecemos especialmente a ele. Também exprimimos nossa gratidão para com Allan O'Connor, que muito amavelmente aceitou que fôssemos informados sobre essa gravação.

Dirigimos nossos agradecimentos também à Biblioteca Nacional da França, que permitiu que consultássemos os documentos dos fundos Foucault com base nos quais pudemos estabelecer esta edição.

Henri-Paul Fruchaud e Daniele Lorenzini

NOTA DA EDIÇÃO BRASILEIRA

Para garantir a fluência da leitura dos textos de Michel Foucault, em vez de trazer as variantes dos textos estabelecidos como notas de rodapé, conforme a edição original, optou-se por incorporá-las ao corpo do texto: entre colchetes, para trechos curtos; e destacada do texto, para trechos mais longos, sempre utilizando uma tipografia mais leve. As siglas que antecedem cada trecho referem-se à fonte original dos textos, a saber:

CTS   documentos da pasta "conferência Tecnologia de Si"
TD   original datilografado
TM   original manuscrito

As conjecturas de trechos inaudíveis ou ilegíveis inseridas pelos organizadores foram marcadas entre colchetes com a tipografia em cinza. A sigla MF indica comentários do próprio autor.

Quanto às citações de obras de Foucault, sempre que possível, foram utilizadas as traduções consagradas em língua portuguesa, com a paginação indicada entre colchetes após a referência original.

Ao final deste volume, encontra-se a lista de todas as abreviaturas utilizadas nesta edição, bem como a referência completa de cada livro.

INTRODUÇÃO

Henri-Paul Fruchaud e Daniele Lorenzini

Michel Foucault participou do III International Summer Institute for Semiotic and Structural Studies, realizado na Universidade Victoria, Toronto, entre 31 de maio e 26 de junho de 1982, a convite do organizador, Paul Bouissac. Na ocasião, proferiu um ciclo de seis conferências com o título Dizer a Verdade sobre Si [Dire Vrai sur Soi-Même, The Discourse of Self-Disclosure] e conduziu um seminário acerca do mesmo tema. Entre os participantes do Summer Institute de Toronto encontravam-se, notadamente, John R. Searle e Umberto Eco, assim como Daniel Defert, que propôs uma análise das estratégias de descrição utilizadas nos relatos de viagens desde as grandes descobertas até o século XVIII.[1]

No primeiro trimestre do ano de 1982, antes de partir para Toronto, Foucault ministra no Collège de France o curso A Hermenêutica do Sujeito, consagrado à "cultura de si" na Antiguidade greco-romana, estudada por ele mediante as noções de cuidado de si e técnicas de si.[2] É nesse curso que aparece também, pela primeira vez, a noção de *parresía* (em geral traduzida por "franco falar" ou "liberdade de palavra"), à qual Foucault consagraria seus últimos trabalhos em 1983 e 1984.[3] O tema da cultura de si antiga, estudado nesse curso, está na origem de toda uma série de intervenções posteriores. Em maio de 1982, Foucault profere, na Universidade de Grenoble, uma conferência que é uma primeira exposição de conjunto sobre a *parresía* no campo de estudo da filosofia greco-romana apreendida sob o ângulo do cuidado de si.[4] Algumas semanas mais tarde, em Toronto, apresenta as conferências

---

1 Para um relatório dessas intervenções, ver Roger Joseph, "An Encyclopedia of Semiotics: ISISSS '82 in Review". *Semiotica*, v. 45, n. 1-2, jan. 1983.

2 Cf. HS.

3 Cf. GSA; DV; CV.

4 M. Foucault, "La parrêsia" [1982], in DV.

e conduz o seminário que constituem o objeto da presente edição. Em outubro de 1982, na Universidade de Vermont, em Burlington, dirige um seminário sobre As Técnicas de Si, em que retoma, sob forma mais sintética, as questões tratadas no ciclo de Toronto.[5] Em abril de 1983, na Universidade da Califórnia em Berkeley, ele faz uma conferência sobre A Cultura de Si;[6] o assunto é idêntico ao das três primeiras conferências de Toronto, mas Foucault o desloca, explicitamente, para a perspectiva aberta pela questão histórico-crítica herdada de Kant: "Que somos nós atualmente?".[7] Por fim, em maio-junho de 1984, aparecem o segundo e o terceiro volumes de *História da sexualidade*, consagrados à Antiguidade greco-romana;[8] o segundo capítulo de *O cuidado de si* é intitulado "A cultura de si".[9]

Na conferência introdutória do ciclo de Toronto, Foucault indica o assunto que pretende tratar: quer, diz ele, "estudar a formação da hermenêutica de si em dois contextos sucessivos", bastante diferentes um do outro, mas "que apresentam, apesar de tudo, certa continuidade histórica". Trata-se, por um lado, da "filosofia greco-romana na época imperial" e, por outro, da "espiritualidade cristã na época em que se desenvolviam as práticas e as instituições monásticas".[10] Foucault explica que veio a colocar-se esse gênero de questão ao constatar, no quadro de seus trabalhos sobre a história da sexualidade, o vínculo existente, nas sociedades ocidentais, entre as interdições em matéria sexual e a obrigação de dizer a verdade sobre si.

O estudo que Foucault conduz nas conferências de Toronto situa-se no ponto de encontro de três inflexões maiores de seu pensamento, estreitamente ligadas, produzidas no início dos anos 1980. A primeira concerne à questão do sujeito; a segunda, à da verdade; a terceira, ao quadro histórico de suas análises.

A questão do sujeito – ou, mais exatamente, da subjetivação – não é nova em Foucault, mas a partir do ano de 1980 ele a aborda sob um ângulo diferente: não se trata mais de apenas estudar a

---

5   Id., "Les techniques de soi" [1982], in DE II, n. 363 ["As técnicas de si"].

6   Id., "La culture de soi" [1983], in CCS.

7   Ibid., p. 84.

8   Cf. UP e SS.

9   SS.

10   Ver infra, p. 31.

maneira como o sujeito é constituído nos e pelos mecanismos de poder-saber, mas de explorar, igualmente, a maneira como ele constitui a si mesmo através de uma série de técnicas de si. Os trabalhos de Foucault inscrevem-se, daí por diante, no projeto de uma genealogia do sujeito (ocidental) moderno,[11] genealogia que se propõe a analisar a maneira como este se constituiu historicamente e que tem a vocação de ser, ao mesmo tempo, "uma ontologia histórica de nós-mesmos",[12] dotada de uma dimensão explicitamente crítica.[13]

A segunda inflexão concerne ao papel fundamental que Foucault confere, nesse processo histórico, às relações entre o sujeito e a verdade: o dizer-verdadeiro é uma matriz da subjetividade. Com efeito, é especialmente através dos "atos de verdade"[14] – em particular um dizer-verdadeiro sobre si, mas também um dizer-verdadeiro em relação (e face) a outros – que o sujeito se constitui, modifica sua relação consigo mesmo, transforma-se ao vincular-se à verdade que ele enuncia. Entre as formas de dizer-verdadeiro estudadas por Foucault, a confissão das faltas, mais precisamente a confissão cristã dos pecados, e a *parresía*, um dizer-verdadeiro arriscado, corajoso e por vezes insolente, ocupam um lugar central.

A terceira inflexão coincide com o alargamento operado por Foucault do quadro histórico de suas análises, que o conduz a interessar-se pela cultura de si na Antiguidade greco-romana, particularmente nos dois primeiros séculos do Império Romano. Foucault descobre ali práticas de subjetivação e relações do sujeito com a verdade muito diferentes, ao mesmo tempo, do modelo cristão e da forma moderna da subjetividade. Ele faz disso não somente o ponto de partida da última versão de sua história da sexualidade mas também uma área de estudo por si só, à qual consagraria seus últimos anos de cursos no Collège de France.

---

11 OHS, p. 33.

12 M. Foucault, "La culture de soi", op. cit., p. 84. Ver também GSA, pp. 21-22 [pp. 20-22]; "What is Enlightenment?" [1984], in DE II, n. 339, pp. 1390, 1393, 1396; "Qu'est-ce que les Lumières?", in DE II, n. 352, pp. 1506-07 ["O que são as luzes?", pp. 347-50].

13 Cf. Daniele Lorenzini e Arnold I. Davidson, "Introduction", in CCS, pp. 21-26.

14 GV, pp. 79-80 [pp. 75-76].

A referência à Antiguidade greco-romana é, aliás, o que permite a Foucault colocar às claras a ruptura que representa o cristianismo na genealogia do sujeito (ocidental) moderno.[15]

Estas três dimensões da genealogia do sujeito – relações entre o sujeito e a verdade e um interesse renovado pela Antiguidade greco-romana – permitem identificar o propósito de Foucault nas conferências de Toronto: trata-se de descrever o tipo muito particular de conhecimento de si e de relação consigo através do qual foi constituído o sujeito na Antiguidade greco-romana e compreender como se operou, nos primeiros séculos do cristianismo (especialmente nas comunidades monásticas), a virada que conduziu ao nascimento de uma hermenêutica de si – hermenêutica de si que, segundo Foucault, a despeito de numerosas modificações, ainda hoje é, sob muitos aspectos, a nossa.

Foucault já havia estudado a emergência da hermenêutica de si nos contextos da Antiguidade greco-romana e do cristianismo dos primeiros séculos, no outono de 1980, em uma série de conferências proferidas primeiramente na Universidade da Califórnia em Berkeley, sob o título Verdade e Subjetividade (a cujo respeito dissera, aliás, que poderia e deveria ser "a origem da hermenêutica de si"), e depois, com algumas modificações, no Dartmouth College, sob dois títulos: Subjetividade e Verdade; Cristianismo e Confissão.[16] Todavia, há uma diferença fundamental entre essas conferências e as de Toronto. Com efeito, em 1980, a cultura de si antiga ainda não constitui, para Foucault, objeto de um estudo aprofundado; por isso, ele limita sua análise à comparação entre o exame de consciência e a confissão, nos contextos da Antiguidade greco-romana e do cristianismo dos primeiros séculos. Em Toronto, por outro lado, o campo do estudo é muito mais vasto: é a cultura de si antiga, em seu conjunto, que é então colocada em relação com a hermenêutica de si cristã, tal como esta se constitui nas primeiras comunidades monásticas.

---

15   Para uma apresentação sintética dos principais temas do pensamento de Foucault nos anos 1980, ver Daniele Lorenzini, Ariane Revel e Arianna Sforzini, "Actualité du 'dernier' Foucault", in D. Lorenzini, A. Revel e A. Sforzini (orgs.), *Michel Foucault: Éthique et vérité (1980-1984)*. Paris: Vrin, 2013.

16   Cf. OHS (para a citação, ver p. 41, nota a).

Infelizmente, temos uma visão parcelar e desequilibrada das conferências de Toronto, em razão do estado das fontes a partir das quais é possível editá-las. Dispomos, com efeito, de versões completas para as três primeiras conferências (e até mesmo de várias versões para cada uma delas), ao passo que as duas conferências seguintes, consagradas em parte ou principalmente ao cristianismo, estão incompletas e que a última conferência – na qual Foucault propunha-se colocar "algumas balizas para uma história possível da hermenêutica de si na cultura ocidental"[17] – não foi encontrada. Daí que a primeira parte do ciclo, consagrada à cultura de si antiga, ocupa demasiado lugar em detrimento do nascimento da hermenêutica de si cristã, o que certamente não foi o caso na versão efetivamente proferida. As conferências do outono de 1980 em Berkeley e no Dartmouth College e, sobretudo, o seminário sobre As Técnicas de Si na Universidade de Vermont podem, sem dúvida, nos fornecer algumas indicações sobre as partes faltantes das últimas conferências de Toronto; contudo, a abordagem da hermenêutica de si cristã desenvolvida em Toronto apresenta certo número de particularidades que Foucault não retomaria depois. Deve-se, portanto, insistir no fato de que as conferências de Toronto não são, essencialmente, uma exposição da cultura de si antiga, como se poderia ter a impressão à primeira vista, mas uma apresentação equilibrada de duas formas de conhecimento de si e de dois modos de relação consigo diferentes, apesar de algumas continuidades não negligenciáveis.

A análise da cultura de si greco-romana que Foucault apresenta na primeira parte do ciclo de Toronto é muito próxima da que ele havia desenvolvido alguns meses antes em A Hermenêutica do Sujeito. Juntamente com o "momento socrático" (ou socrático-platônico), Foucault privilegia o período dos dois primeiros séculos do Império Romano, que considera a idade de ouro da cultura de si. Não a estuda unicamente através das opiniões de filósofos, mas debruçando-se sobre as práticas de fato utilizadas para "cuidar de si". Para caracterizar o cuidado de si tal como se exerce em seu apogeu, Foucault usa como ponto de referência um texto muitos séculos anterior, o *Alcibíades*, de Platão, onde

---

17 Ver infra, p. 38.

essa noção aparece pela primeira vez, e compara termo a termo a concepção socrático-platônica do cuidado de si com aquela que se encontra nos dois primeiros séculos do Império, identificando, notadamente, quatro diferenças maiores.

Primeiro ponto: no *Alcibíades*, o cuidado de si concernia a uma única categoria de pessoas e a um momento específico da vida delas: os jovens aristocratas ambiciosos no momento em que se preparavam para entrar na vida política. Além disso, e por isso mesmo, estava estreitamente ligado ao cuidado da cidade: era preciso cuidar de si para aprender a governar bem os outros. Nos primeiros dois séculos do Império, ao contrário, a preocupação consigo mesmo tornou-se uma atividade largamente difundida na sociedade, a ser exercida não mais na juventude apenas, mas durante toda a vida, e que só na velhice encontra seu acabamento. Portanto, não se trata mais de uma simples preparação para a vida (política), mas de uma vida inteira, a tal ponto que o cuidado de si se dissocia do cuidado da cidade e pode até implicar, para alguns, a renúncia à vida política.

Segundo ponto: no *Alcibíades*, o cuidado de si tinha por finalidade compensar uma pedagogia defeituosa, permitindo ao jovem descobrir os princípios do bom governo que teria a aplicar e que não lhe haviam sido ensinados. Na época imperial, essa função pedagógica desapareceu e foi substituída por novas funções: uma função crítica (desembaraçar-se de falsas opiniões), uma função de luta (o combate espiritual) e uma função médica (curar-se das paixões).

Terceiro ponto: em Platão, o cuidado de si se identifica com o conhecimento de si. É contemplando sua alma que o jovem descobrirá, pela reminiscência, o que são a justiça e os princípios do bom governo. Na cultura de si dos dois primeiros séculos do Império, ao contrário, é o cuidado de si que desempenha o papel principal: tem por finalidade fazer com que o sujeito seja equipado com um conjunto de verdades que lhe permitem enfrentar o mundo exterior. O conhecimento de si é, portanto, subordinado ao cuidado de si: ele permite somente medir o grau de avanço do sujeito na assimilação dessas verdades.

Último ponto, por fim: enquanto, no *Alcibíades*, o cuidado de si era exercido no contexto de uma relação erótico-filosófica com um mestre, na época imperial a relação erótica desaparece, embora a presença do outro seja sempre indispensável para o exercício do cuidado de si. A relação de educação, de direção ou de conselho – que pode, aliás, acompanhar-se de laços de amizade, ainda que isso não seja necessário – é exercida, doravante, sob formas múltiplas (escolas, conferências, conselhos privados, comunidades filosóficas, como entre os epicuristas etc.) e se apoia em práticas regradas.

Foucault mostra, assim, o aparecimento de uma forma de relação consigo bem diferente do cuidado de si socrático-platônico. Uma nova forma de subjetividade se constitui através de práticas como a escuta, a escrita, o retiro no campo e uma série de exercícios ou provas, como a *praemeditatio malorum*, as abstinências, a vigilância permanente das representações, a meditação da morte. A efetivação da cultura de si na época imperial passa por essas práticas cujo objetivo é não somente a aquisição mas também a *assimilação*, pelos sujeitos, de verdades que devem constituir uma matriz permanente de sua conduta e apresentar-se, por elas próprias, em caso de necessidade.[18] Nesse dispositivo, o conhecimento de si só ocupa um lugar subsidiário: tem como único papel "controlar o processo pelo qual adquirimos discursos verdadeiros, nos integramos com nós mesmos, transformamos a nós mesmos graças a eles". E Foucault acrescenta: "Não se trata de fazer aparecer, em discursos verdadeiros, o eu em sua realidade; trata-se de fazer com que os discursos verdadeiros transformem o eu por uma apropriação permanentemente controlada da verdade".[19] Retomando uma expressão já utilizada em 1980 em Berkeley e no Dartmouth College, ele qualifica esse conhecimento de "gnômico".[20]

---

18   Ver infra, pp. 112-19. Ver também HS, pp. 233, 303-13, 316 [pp. 217, 283-92, 296]; "L'écriture de soi" [1983], in DE II, n. 329, p. 1238 ["A escrita de si"]; "L'éthique du souci de soi comme pratique de la liberté" [1984], entrevista a Helmut Becker, Raúl Fornet-Betancourt e Alfredo Gomez-Müller, in DE II, n. 356, p. 1532 ["A ética do cuidado de si como prática da liberdade"]; "Les techniques de soi", op. cit., p. 1618 ["As técnicas de si"].

19   Ver infra, p. 115.

20   Ver infra, p. 116. "O termo *gnóme* designa a unidade da vontade e do conhecimento; [...] o tipo de sujeito que é proposto como modelo e como objetivo na filosofia grega, helenística ou romana é um eu gnômico, em que a força da verdade é o mesmo que a forma da vontade"; OHS, p. 50.

A esse conhecimento de si gnômico, Foucault opõe, na segunda parte do ciclo de Toronto, a hermenêutica de si cristã, tal como aparece nos séculos IV e V, no seio das primeiras comunidades monásticas. Para definir a virada que constitui esse novo modo de subjetivação, Foucault introduz uma distinção bastante complexa – que, aliás, ele não retomará alguns meses mais tarde no seminário na Universidade de Vermont – entre duas formas de ascese, uma "voltada para a verdade" (*truth-oriented*), outra "voltada para a realidade" (*reality-oriented*). Assim, à ascese voltada para a verdade, característica da cultura de si antiga, cujo objetivo "*etopoiético*" era permitir que o sujeito estabelecesse consigo mesmo "uma relação de posse e de soberania" e dotá-lo "de uma preparação que lhe permitisse afrontar o mundo",[21] opõe-se uma ascese voltada para a realidade que, ao contrário, tem uma função "*metanoiética*", pois se trata – ao transformar a si – de renunciar a este mundo para aceder ao outro mundo e à vida eterna: "A ascese cristã tem por finalidade escapar deste mundo e alcançar o outro mundo. [Ela] é um 'rito de passagem' de uma realidade a outra, da morte à vida, através de uma morte aparente que é um acesso real à verdadeira vida".[22]

Mas essa mesma ascese cristã voltada para a realidade supõe, como condição prévia, uma ascese voltada para a verdade. Com efeito, segundo Foucault, o cristianismo impõe dois tipos diferentes, mas indissoluvelmente ligados, de "obrigações de verdade", pelos quais o sujeito se transforma em sua relação com a verdade: primeiro, a obrigação de crer em uma verdade revelada (o dogma, o Texto); em seguida, a obrigação que o sujeito tem de conhecer a si mesmo em sua realidade, explorar as profundezas de sua interioridade para aí perscrutar tudo o que pode atrelá-lo a este mundo. Tal conhecimento hermenêutico de si é a condição da renúncia a si. Com o cristianismo aparece uma verdade que, contrariamente à Antiguidade pagã, não deve ser somente assimilada, mas *decifrada*.

---

21 Ver infra, p. 102.

22 Ver infra, ibid. Foucault retomará o problema da "passagem de um ascetismo pagão ao ascetismo cristão" (e de suas mútuas relações) na última aula do curso A Coragem da Verdade, no Collège de France. Cf. CV, pp. 290-94 [*A coragem da verdade*].

Foucault distingue, assim, no cristianismo, duas formas de conhecimento hermenêutico: uma "hermenêutica interpretativa", que busca a verdade do Texto através de diferentes tipos de conhecimento (histórico, alegórico, anagógico, tropológico), e uma "hermenêutica discriminativa", que se ocupa de movimentos do pensamento e, por uma operação de discriminação, busca identificar sua origem (Deus ou Satã). Foucault assinala seu aparecimento em um texto extraído das *Conferências* de Cassiano, o qual analisa longamente; uma vez que o manuscrito se interrompe ao fim dessa análise, infelizmente podemos apenas conjeturar sobre sua continuação. É provável, porém, que a descrição das duas formas cristãs de hermenêutica fosse seguida de uma apresentação da *exagoreúsis*, tal como a encontramos em Cassiano, que é a operação pela qual o monge põe em prática a hermenêutica discriminativa de si ao desvelar ao seu superior os mais ínfimos movimentos de seus pensamentos.[23]

Nesse estudo da cultura de si antiga e da hermenêutica de si cristã, Foucault insiste, especialmente, em um jogo de oscilação permanentemente entre o cuidado de si e o conhecimento de si, entre os preceitos "cuida de ti" e "conhece-te a ti mesmo", que aparecem estreitamente ligados e que alternam sua prevalência. No *Alcibíades*, o cuidado de si que o jovem ambicioso deve praticar a fim de preparar sua entrada na vida política toma explicitamente a forma do conhecimento de si: conforme a doutrina platônica, é contemplando a própria alma que se acede às Ideias, como as de justiça ou de bom governo. Entre os filósofos dos dois primeiros séculos do Império Romano, ao contrário, é o cuidado de si que ocupa o lugar principal: o conhecimento de si está subordinado a ele e tem por função simplesmente controlar os processos de apropriação dos discursos verdadeiros que devem constituir a matriz da conduta do sujeito. Enfim, com o cristianismo, assiste-se a uma nova reversão: prevalece o conhecimento de si, concebido como exploração e decifração da interioridade do sujeito, e o cuidado de si acaba por se apagar. Essa predominância, explica

---

23 Sobre a *exagoreúsis*, ver em particular GV, pp. 283-307; OHS, pp. 74-88; MFDV, pp. 123-50, 161-66; "La parrêsia", op. cit., p. 23; "Les techniques de soi", op. cit., pp. 1627-32 ["As técnicas de si", pp. 18-21].

Foucault, não deixará mais de existir. Ela será apoiada, na história das sociedades ocidentais, primeiramente, por uma transformação dos princípios morais que exclui qualquer possibilidade de fundar uma moral rigorosa com base no preceito de que se deve conceder a si mais importância do que a todo o resto; em segundo lugar, pela importância assumida pelo conhecimento de si na filosofia "teórica" desde Descartes; enfim, em terceiro lugar, pelo desenvolvimento das ciências humanas, que fazem do ser humano, prioritariamente, um objeto de conhecimento.[24]

O seminário que Foucault dirige em Toronto, cujas sessões se intercalam entre as conferências, versa sobre o mesmo assunto, mas tem função e objetivos diferentes. Ao começar seu curso de 1982 no Collège de France, Foucault havia participado a seus ouvintes a intenção de sistematicamente consagrar a primeira hora de cada aula a uma exposição geral e a segunda à explicação de textos.[25] No fim das contas, ele não aplicará esse princípio de organização na sequência do curso, princípio que encontraremos, entretanto, sob uma forma um pouco diferente, alguns meses mais tarde, em Toronto: enquanto as conferências são dedicadas a exposições teóricas, certos textos evocados ali são submetidos a uma análise detalhada por Foucault no seminário. Tais análises, particularmente as de algumas passagens extraídas das *Diatribes* de Epicteto, mostram a que ponto Foucault tinha um conhecimento aprofundado desses textos, dos quais, em geral, retém em seus cursos e livros apenas os pontos essenciais. Há, portanto, um jogo de remissão permanente entre as conferências e o seminário, formando verdadeiramente um todo. Ademais, Foucault se mostra muito atento às reações de estudantes que assistem às conferências e ao seminário, buscando sempre precisar o que lhe parece não ter sido compreendido e situar o tema das conferências no quadro do conjunto de seu próprio trabalho.

Ele também dedica a terceira sessão do seminário e o começo da quarta a uma longa exposição sobre a noção de *parresía*. A *parresía*, que aparece pela primeira vez no curso A Hermenêutica do Sujeito, estava então estreitamente ligada à noção de cuidado

---

24 Ver infra, pp. 38-40.
25 HS, p. 3 [p. 3].

de si: para cuidar de si como convém, há necessidade absoluta da ajuda de um outro (um amigo ou um mestre) que nos diga a verdade sobre nós mesmos, e esse outro deve possuir a *parresía*. Foucault define, então, a *parresía* como "a franqueza, a liberdade, a abertura, que fazem com que se diga o que se tem a dizer, da maneira como se tem vontade de dizer, quando se tem vontade de dizer e segundo a forma que se crê ser necessário dizer".[26] Pouco tempo depois, primeiro numa conferência em Grenoble, depois no seminário de Toronto,[27] Foucault amplia consideravelmente o campo de estudo, analisando diferentes significações que a *parresía* tomou na Antiguidade grega, helenística e romana. Apesar das numerosas semelhanças, há, todavia, uma diferença importante entre essas duas intervenções: enquanto em Grenoble Foucault se dirigia a um público de especialistas em filosofia antiga, em Toronto ele oferece uma apresentação mais didática, recorrendo por vezes a textos de diferentes autores antigos.

Em Toronto, Foucault começa sua exposição com uma definição da *parresía* na qual introduz a noção de perigo, ampliando seu campo de exercício ao domínio da política. A *parresía* é, ao mesmo tempo, a liberdade e a obrigação de dizer a verdade nos domínios da ética e da política: caracteriza-se por uma situação em que quem fala tem menos poder do que quem escuta (a Assembleia, o príncipe, o dirigente) e, portanto, pode representar para este um perigo ao aparecer como estreitamente vinculado a essa verdade. Foucault estuda essa noção em três contextos diferentes: o da democracia ateniense, em que a *parresía* é o direito, de que goza todo cidadão, de dizer livremente o que pensa a seus concidadãos; o do regime monárquico, em que Foucault introduz a noção de pacto parresiástico a fim de indicar que, se o conselheiro deve dar prova de *parresía* junto ao príncipe, este último deve, em contrapartida, aceitar as verdades, mesmo as desagradáveis, que lhe possam ser ditas; por fim, o do cuidado de si, em que se coloca a questão do critério que permite reconhecer o verdadeiro parresiasta do qual se precisa – resposta que se encontra (pelo

---

26   HS, p. 356 [p. 334].

27   Com a publicação do seminário de Toronto, dispomos agora da totalidade das intervenções de Foucault sobre a *parresía*.

menos em Plutarco e Galeno) na unicidade do esquema de vida do parresiasta e na conformidade de seu *lógos* com sua *bíos*, de seu discurso com sua maneira de viver.

Encontraremos uma parte dessas análises nos trabalhos de Foucault sobre a *parresía* em 1983 e 1984.[28] Em Toronto, e também em Grenoble, nem o estudo da *parresía* socrática nem o da *parresía* cínica, tampouco a ideia segundo a qual a história da *parresía* constitui uma etapa da genealogia da atitude crítica,[29] aparecem ainda. Entretanto, é notável ver como Foucault desenvolve, juntamente com a análise do dizer-verdadeiro sobre si, essa abertura para o estudo de uma nova forma de relação do sujeito com a verdade, o dizer-verdadeiro em relação (e face) a outro ou outros, que viria a tornar-se o tema quase exclusivo de suas últimas pesquisas.

---

28   Ver supra, p. 11, nota 3.

29   Cf. GSA, p. 322; DV, pp. 103, 108-09, 297-98. Ver também D. Lorenzini e A. I. Davidson, "Introduction", op. cit., p. 25.

CONFERÊNCIAS

*Proferidas no III International
Summer Institute for Semiotic
and Structural Studies
na Universidade Victoria,
Toronto, de 31 de maio
a 26 de junho de 1982.*

PRIMEIRA CONFERÊNCIA

Transcrição do texto datilografado da primeira versão da conferência em francês (Biblioteca da Universidade da Califórnia em Berkeley, BANC MSS 90/136z 1:10), com inserção das variantes em inglês da conferência Tecnologia de Si [CTS] (BnF NAF 28730, caixa 29, dossiê 5).

I

Estou ciente de que meu lugar não é bem aqui, em uma reunião científica consagrada à semiótica. Foram necessários todo o liberalismo intelectual e toda a liberalidade de vocês para me acolherem aqui. Paul Bouissac[1] realmente desejou imaginar que havia alguma relação entre o gênero de pesquisas conduzidas por vocês e o meu próprio trabalho quando, certo dia, eu lhe expliquei onde me encontrava. De fato, algo havia me tocado na história das regras, dos deveres e das obrigações concernentes à sexualidade nas sociedades cristãs do Ocidente: o fato de as interdições de fazer esta ou aquela coisa, de ter esta ou aquela forma de relação, terem sido muito regularmente associadas a certas obrigações de falar, de dizer a verdade sobre si. Melhor ainda: essa obrigação de dizer a verdade sobre si não recai simplesmente sobre as ações (permitidas ou proibidas) que se teria cometido, mas sobre os afetos, sobre os sentimentos, sobre os desejos que se teria experimentado; essa obrigação impele o sujeito a buscar em si aquilo que pode se esconder e aquilo que pode estar disfarçado sob

---

1 Paul Bouissac, então professor de semiótica na Universidade Victoria, Toronto, convidou Foucault na ocasião do III International Summer Institute for Semiotic and Structural Studies, do qual foi o organizador.

formas ilusórias. Diferentemente da maioria dos outros grandes sistemas de interdições, o que concerne à sexualidade foi acoplado à obrigação de certa decifração de si.[2] Isso fica manifesto na história recente da psicanálise.

[CTS, *no lugar da última frase*]

Creio que há, em nossas sociedades, uma diferença muito significativa entre as interdições que concernem à sexualidade e os outros grandes sistemas de proibição: as primeiras – quero dizer, as proibições que recaem sobre o sexo – foram acopladas à obrigação de dizer a verdade e de efetuar certa decifração de si.

Com certeza, estou bem ciente de dois fatos. O primeiro é que a confissão e o reconhecimento desempenharam um papel muito importante nas instituições penais e religiosas: e não somente no que diz respeito às faltas sexuais, mas a todas as espécies de pecado, de delito, de crime.[3] Mas é evidente que a tarefa de analisar os próprios pensamentos ou os próprios desejos foi sempre mais importante no que concerne às faltas sexuais do que em qualquer outra espécie de pecado (com exceção, talvez, do orgulho).

Por outro lado, estou igualmente ciente que a conduta sexual, mais do que qualquer outra espécie de conduta, foi submetida a regras muito estritas de segredo, de decência e de modéstia.

De sorte que a sexualidade, em nossa sociedade, está ligada ao mesmo tempo, de maneira bastante estranha e complexa, a proibições verbais e a obrigações de verdade. A sexualidade está ligada à obrigação de esconder o que se faz e de decifrar o que se é.

Essa associação de proibições que recaem sobre os atos e as palavras e de fortes incitações a falar do sexo é um traço constante de nossa cultura.

Devemos nos lembrar de que a psicanálise nasceu no meio da época vitoriana.

---

2   Ver VS, pp. 80-82, 93-94 [pp. 66-69, 77-79].

3   Foucault retraça a história do papel desempenhado pela confissão nas instituições e nos procedimentos judiciários desde a Idade Média até o século XX nas aulas de 13 e 20 de maio de 1981 do curso de Louvain. Cf. MFDV.

Mas é também verdadeiro na longa história da direção de consciência e da prática penitencial desde a Idade Média.[4] E é ainda mais verdadeiro para o cristianismo primitivo: o grande movimento ascético do século IV vinculou o tema da renúncia à carne e o princípio da decifração dos movimentos quase imperceptíveis da alma.[5] E talvez já se encontrem na filosofia greco-romana os delineamentos dessa associação entre a interdição de fazer e a obrigação de dizer (de dizer a verdade sobre si).[6]

Foi assim que concebi o projeto, talvez um pouco bizarro, de estudar não a evolução dos comportamentos sexuais (especialistas em história social realizam, e muito bem, esse gênero de estudos), mas a história do vínculo entre tais interdições e obrigações: como o sujeito foi levado, em nossas sociedades, a decifrar a si mesmo a propósito do que lhe era interditado?

Vejam vocês: trata-se de certo modo de retomar, a propósito de um problema específico, a velha questão das relações entre ascese e verdade. Mas parece-me que, na tradição de Max Weber (pelo menos tal como alguns de seus sucessores a compreenderam), a questão era colocada da seguinte maneira: se se quiser ter uma conduta racional, se se quiser regrar sua ação segundo princípios verdadeiros, o que se deve interditar, a qual parte de si é preciso renunciar, a qual tipo de ascese convém submeter-se? Em suma: qual é o preço ascético da razão?[7]

Ora, eu gostaria de colocar uma questão inversa: como certos conhecimentos constituíram o preço a pagar para fazer valer uma interdição? Se se deve renunciar a esta ou aquela coisa, o que é preciso conhecer de si?

---

4 Foucault fornece indicações mais detalhadas sobre essa história na aula de 19 de fevereiro de 1975 do curso no Collège de France, Os Anormais, assim como na aula de 13 de maio de 1981 do curso de Louvain. Cf. AN, MFDV.

5 Cf. GV, pp. 283-307 [pp. 261-84]; OHS, pp. 74-88; MFDV, pp. 123-50, 161-66; "Sexualité et solitude" [1981], in DE II, n. 295, pp. 995-97 ["Sexualidade e solidão"]; "Le combat de la chasteté" [1982], in DE II, n. 312, pp. 1124-27 ["O combate da castidade"]; "La parrêsia" [1982], in DV, p. 23; "Les techniques de soi" [1982], in DE II, n. 363, pp. 1627-32 ["As técnicas de si"].

6 A respeito desse problema bastante delicado, ver SV, pp. 286-93 [p. 254-61]; HS, pp. 403-04 [pp. 378-79]; SS, pp. 84-85.

7 Cf. M. Foucault, "Les techniques de soi", op. cit., p. 1603 ["As técnicas de si"].

Ao colocar esse tipo de questões é que fui levado a estudar os procedimentos da hermenêutica de si na Antiguidade pagã e cristã. A hermenêutica dos mitos e das lendas era uma prática corrente na cultura antiga: os princípios e os métodos dessa hermenêutica já foram muito estudados. A hermenêutica de si, em contrapartida, é relativamente menos conhecida. E isso por várias razões. Uma é que o cristianismo interessou-se mais deliberadamente pela história de suas crenças e de suas instituições do que pela de suas práticas reais. Outra é que essa prática da hermenêutica de si jamais se organizou (ainda que tenha sido muito precisa em seus procedimentos) em um corpo de doutrina como a hermenêutica dos textos. A terceira razão é que, muito frequentemente, foi confundida com a filosofia ou com as doutrinas da alma, da queda, do pecado, da concupiscência. Enfim, parece-me que essa hermenêutica de si foi veiculada e difundida através da cultura ocidental por um grande número de canais; integrou-se pouco a pouco aos modelos de experiência, aos tipos de atitude que eram propostos aos indivíduos; a tal ponto que frequentemente é difícil isolá-la e separá-la daquilo que cremos ser a experiência espontânea que fazemos de nós mesmos. A experiência que fazemos de nós mesmos nos parece ser, sem dúvida, o que há de mais imediato e mais originário; na realidade, porém, ela tem seus esquemas e suas práticas historicamente formadas. E o que cremos ver tão claramente em nós, e com tanta transparência, nos é dado, de fato, mediante técnicas de decifração laboriosamente construídas ao longo da história.

[CTS, *acréscimo de texto entre a primeira parte e a segunda, que se torna a terceira*]

II

Permitam-me lembrar, em algumas palavras, o contexto em que estudo a hermenêutica de si.

Meu objetivo foi, durante um longo tempo, esboçar uma história dos diferentes meios graças aos quais, em nossa cultura, os seres humanos desenvolveram um conhecimento de si. E isso através de diversas práticas, como a economia ou a gramática,[8] a psiquiatria ou a medicina,[9] as instituições penais.[10]

Porém, o mais importante para mim não é avaliar esse conhecimento e identificar se se trata de uma ciência ou de uma ideologia; não é mostrar – o que é um truísmo – que esse tipo de conhecimento tem uma importância econômica e um papel político.

Meu objetivo é analisar as assim chamadas ciências humanas como "jogos da verdade" muito particulares, ligadas a técnicas particulares que os seres humanos utilizam consigo.

Parece-me que se pode distinguir, de modo geral, quatro tipos principais de tecnologias. As que permitem produzir, transformar, manipular as coisas. As que permitem utilizar sistemas de signos. As que permitem fixar a conduta dos indivíduos, impor-lhes certas vontades ou submetê-los a certos fins ou objetivos. Isto é: tecnologias de produção, tecnologias de significação, tecnologias de dominação.

Mas há também, creio eu, em todas as sociedades, quaisquer que sejam elas, técnicas que permitem aos indivíduos efetuar por seus próprios meios, e com a ajuda de outras pessoas (ou sob a direção de outras pessoas), certo número de operações sobre seu corpo, sobre sua alma, sobre seus pensamentos, sobre sua conduta; e isso de maneira a se transformar, a se modificar e a alcançar certo estado de perfeição, de felicidade, de pureza, de iluminação: a tornar-se um sábio, um feiticeiro, a atingir a luz, a imortalidade, a insensibilidade.[11]

Esses quatro grandes tipos de tecnologia quase nunca funcionam separadamente; não existe tecnologia de produção que possa agir sem aplicar sistemas de signos; sabe-se também que toda técnica de produção é associada a processos de dominação específicos: um certo Karl Marx, no livro II de *O capital*, disse a respeito coisas muito mais precisas e interessantes do que a difícil distinção entre infraestrutura e superestrutura.

---

8   Cf. MC.

9   Cf. HF e *La naissance de la clinique: Une archéologie du regard medical*. Paris: PUF, 1963 [*O nascimento da clínica*].

10   Cf. SP.

11   Para uma introdução análoga ao tema das técnicas ou tecnologias de si, ver OHS, pp. 37-38; "Sexualité et solitude", op. cit., pp. 989-90 ["Sexualidade e solidão"]; "Les techniques de soi", op. cit., p. 1604 ["As técnicas de si"]. Sobre esse tema, ver também SV, pp. 37, 279; MFDV, pp. 12-13; "Subjectivité et vérité" [1981], in DE II, n. 304, pp. 1032-33; UP, pp. 16-17.

E pode acrescentar-se que toda tecnologia de produção implica certos modos de formação e de modificação de indivíduos, não apenas no sentido evidente de que devem recorrer a ela para adquirir certa competência mas também no de que devem recorrer a ela para adotar certa atitude para consigo mesmos e para com o ambiente, assim como para com os outros.

Seria possível tomar cada uma dessas matrizes maiores da razão prática – a tecnologia de produção, a tecnologia do signo, a tecnologia do poder e a tecnologia de si – e mostrar, ao mesmo tempo, sua natureza particular e sua interação constante.

Para situar meu trabalho em relação a essa totalidade, eu diria que, antes de tudo, são essas duas últimas tecnologias – a tecnologia de dominação e a tecnologia de si – que retiveram minha atenção e me ocuparam. O mais frequente, quando se estuda a história das ciências, é referir-se às duas primeiras tecnologias, quer se trate de uma referência às tecnologias de produção (história econômica e social das ciências da matéria, da vida e do homem), quer se trate de uma referência às tecnologias dos signos (análise dos símbolos e das estruturas formais do discurso científico). A fim de equilibrar o quadro, busquei produzir uma história do saber e das organizações do saber que se vinculam aos processos de dominação e de tecnologia de si.

Por exemplo, no que concerne à loucura, não busquei avaliar o discurso psiquiátrico referindo-me a critérios das ciências formais nem explicar seu nascimento referindo-me à exploração nas sociedades industriais. Mas quis mostrar como o tipo de gerenciamento dos indivíduos no interior e no exterior dos asilos tornou possível esse estranho discurso, de modo a tornar compreensíveis sua significação econômica e suas aberrações formais (que são absurdas apenas na aparência).[12]

Porém, talvez eu tenha insistido demasiadamente nas tecnologias de poder e de dominação. Em todo caso, fui levado a me interessar cada vez mais pelas tecnologias de si. Mais precisamente, pelos pontos de interação entre umas e outras, lá onde as tecnologias de dominação dos indivíduos uns sobre os outros recorrem aos processos pelos quais os indivíduos agem sobre si mesmos. Esse ponto de contato onde se

---

12 Cf. HF e *Le pouvoir psychiatrique: Cours au Collège de France, 1973-1974*, org. Jacques Lagrange. Paris: Seuil/Gallimard, 2003 [*O poder psiquiátrico: Curso dado no Collège de France (1973-1974)*].

articulam, uma sobre outra, a maneira como os indivíduos são dirigidos e a maneira como eles se conduzem a si mesmos é o que eu chamo, creio, de a "governamentalidade".[13]

Meu objetivo é analisar a história da hermenêutica de si no quadro dessa governamentalidade.

II

Gostaria de estudar a formação da hermenêutica de si em dois contextos sucessivos: dois contextos bastante diferentes um do outro, mas que apresentam, apesar de tudo, certa continuidade histórica. Trata-se, primeiramente, da filosofia greco-romana na época imperial; depois, da espiritualidade cristã na época em que se desenvolviam as práticas e as instituições monásticas.

Porém, não gostaria de estudá-la somente em suas formulações teóricas, e sim em relação com um conjunto de práticas que tiveram, na Antiguidade clássica ou tardia, uma grande importância. [CTS: Ao menos nos grupos sociais que eram, àquela época, os principais representantes da cultura.] Tais práticas constituíram o que, em grego, se chamava *epiméleia heautoû* e, em latim, *cura sui*.[14]

> [CTS]
>
> Não é muito fácil traduzir estas palavras: "cuidado de si". A forma verbal *epimeleísthai heautoû* significa algo como cuidar de si mesmo, *s'occuper de soi-même* [ocupar-se de si mesmo].[15]
>
> Sei bem que nada disso é mais do que um ponto de partida. Um ponto de partida para uma análise possível do cuidado de si através de nossa cultura. O objetivo de tais estudos seria analisar as relações entre o cuidado de si sob suas diferentes formas e as diferentes formas do conhecimento de si: essas relações são constitutivas de nossa subjetividade.

---

13   Cf. OHS, pp. 38-39.

14   A noção de *epiméleia heautoû* ("cuidado de si") constitui o coração das análises de Foucault no curso A Hermenêutica do Sujeito, no Collège de France (cf. HS, pp. 4 ss [pp. 4 ss]), e atravessa a maior parte de seus últimos trabalhos, até a publicação, em junho de 1984, do terceiro volume de *História da sexualidade*, intitulado justamente *O cuidado de si*.

15   Em francês no original.

Essa noção é obscura para nós, agora, e como que insípida. A tal ponto que, se nos perguntarem qual foi o princípio moral mais importante e mais característico da filosofia antiga, a resposta que nos virá imediatamente ao espírito será o preceito délfico: conhece-te a ti mesmo. Ora, é preciso lembrar, primeiramente, de que o preceito apolíneo, antes de ser um princípio filosófico, era uma regra para a consulta ao oráculo (segundo Defradas, algo como: não te tomes a ti mesmo por um deus).[16] [CTS: Ou, segundo outros comentadores: sê consciente do que realmente pedes ao oráculo.][17] Mas, é preciso lembrar, sobretudo, de que a regra sobre ser preciso conhecer-se a si mesmo foi regularmente associada à regra de ser preciso cuidar de si mesmo. Associação que, na maioria das vezes, chega a ser mesmo uma subordinação: é por ser preciso ocupar-se consigo, por ser preciso cuidar de si, que se deve colocar em prática o preceito délfico do *gnôthi seautón*.

[CTS*, no lugar da última frase*]

E bem mais: conhece-te a ti mesmo era considerado um meio de cuidar de si.

Tal associação é explícita nos diálogos socráticos de Platão e nos *Memoráveis* de Xenofonte;[18] ela é igualmente explícita em Epicteto e ao longo de toda a tradição neoplatônica, de Albino, no século II, a Proclo. E, com frequência, essa associação era uma subordinação: era porque se devia cuidar de si mesmo que se punha em prática o princípio délfico *"gnôthi seautón"*.

E isso durante cerca de um milênio da cultura antiga. Coloquemos algumas balizas nessa longa duração.

Em primeiro lugar, o próprio Sócrates. Na *Apologia*, nós o vemos apresentar-se a seus juízes como o mestre do cuidado de si. Ele é aquele que interpela os passantes e lhes diz: vós vos

---

16 Cf. Jean Defradas, *Les thèmes de la propagande delphique*. Paris: C. Klincksieck, 1954, pp. 268-83.

17 Foucault faz aqui alusão à interpretação de W. H. [Wilhelm Heinrich] Roscher em "Weiteres über die Bedeutung des E zu Delphi und die übrigen *grammata delphika*". *Philologus*, v. 60, 1901. Cf. HS, pp. 5-6 [pp. 5-6].

18 Xenofonte, *Ditos e feitos memoráveis de Sócrates*, trad. Edson Bini. São Paulo: Edipro, 2006.

ocupais de vossas riquezas, de vossa reputação e de honrarias; mas com vossa virtude e vossa alma não vos preocupais. Sócrates é aquele que zela para que seus concidadãos cuidem de si mesmos. Ora, no que concerne a esse papel, Sócrates diz um pouco adiante, na mesma *Apologia*, três coisas importantes: essa é uma missão que lhe foi confiada pelo deus, e ele não a abandonará antes do último suspiro; é uma tarefa desinteressada, para a qual não pede nenhuma retribuição, cumprindo-a por pura benevolência; enfim, é uma função útil para a cidade, mais útil até que a vitória de um atleta em Olímpia, pois, quando ensinamos as pessoas a ocuparem-se de si mesmas (mais que de seus bens), ensinamo-las também a ocuparem-se da própria cidade (mais que de suas questões materiais). No lugar de condená-lo, seus juízes fariam melhor se o recompensassem por ter ensinado os outros a cuidar de si mesmos.[19]

Oito séculos mais tarde, a mesma noção de *epiméleia heautoû* aparece com um papel igualmente importante em Gregório de Nissa. [CTS: Mas com uma significação profundamente diferente. Com essa expressão, ele não designa o movimento pelo qual se cuida de si mesmo e da cidade.] **Com esses termos, ele denomina o movimento pelo qual alguém renuncia ao casamento, desapega da carne e, graças à virgindade do coração e do corpo, reencontra a imortalidade da qual havia decaído.[20]** Em outra passagem do mesmo *Traité de la virginité* [Tratado da virgindade], ele faz da parábola da dracma perdida o modelo do cuidado de si.[21] Vocês se lembram dos versículos do Evangelho segundo Lucas: por uma dracma perdida, é preciso acender a lâmpada, vasculhar toda a casa, explorar todos os seus recantos, até ver brilhar na sombra o metal da peça;[22] do mesmo modo, para reencontrar a efígie que Deus imprimiu em nossa alma e que o corpo cobriu de sujeira, é preciso "cuidar de si", acender a luz da razão e explorar todos os recantos da alma. Percebe-se bem que o ascetismo cristão, como

---

19   Platão, "Apologia de Sócrates", in *Diálogos*, v. I-II, trad. Carlos Alberto Nunes. Belém: Universidade Federal do Pará, 1980, 28a-31c, pp. 56-60.

20   Grégoire de Nysse [Gregório de Nissa], *Traité de la virginité*, trad. Michel Aubineau. Paris: Éditions du Cerf, 1966, XIII, pp. 423-31. Sources Chrétiennes, v. 119.

21   Ibid., XII, 3, pp. 411-17.

22   Evangelho segundo Lucas, XV, 8-10.

a filosofia antiga, coloca-se sob o signo do cuidado de si e faz da obrigação de ter de se conhecer um dos elementos dessa preocupação essencial.

Entre estas duas referências extremas – Sócrates e Gregório de Nissa –, pode-se constatar que o cuidado de si constituiu não somente um princípio mas também uma prática constante. Tomo dois outros exemplos, muito afastados, agora, pelo modo de pensamento e pelo tipo de moral. Um texto epicurista que devia servir como manual de moral, a *Carta a Meneceu*, começa assim: "Nunca é cedo demais ou tarde demais para cuidar de sua alma. Deve-se, portanto, filosofar quando se é jovem e quando se é velho";[23] a filosofia é assimilada ao cuidado da alma (o termo é, inclusive, precisamente médico: *hygiaínein*), e esse cuidado é uma tarefa para toda a vida.

[CTS]

E, ainda que saibamos muito pouco sobre os círculos epicuristas de época helenística ou da época republicana tardia na Itália, as informações que podemos extrair de Filodemo mostram claramente que, nesses círculos, o ensino e a vida cotidiana eram organizados de modo a incitar cada qual a cuidar de si. A comunidade inteira – mestres e alunos – tinha por objetivo ajudar cada membro do grupo na tarefa de *epimeleísthai heautoû*, [tinha por objetivo] *di'allélon sótzesthai*, a salvação mútua.[24]

No tratado *De vita contemplativa* [Sobre a vida contemplativa],[25] sabe-se que Fílon descreve um grupo sobre o qual não há prati-

---

23   "Que ninguém hesite em se dedicar à filosofia enquanto jovem, nem se canse de fazê-lo depois de velho, porque ninguém jamais é demasiado jovem ou demasiado velho para alcançar a saúde do espírito. Quem afirma que a hora de dedicar-se à filosofia ainda não chegou, ou que ela já passou, é como se dissesse que ainda não chegou ou que já passou a hora de ser feliz"; Epicuro, *Carta sobre a felicidade (a Meneceu)*, trad. Álvaro Lorencini e Enzo Del Carratore. São Paulo: Editora Unesp, 2002, p. 21.

24   Cf. Marcello Gigante, "Philodème: Sur la liberté de parole", in Association Guillaume Budé, *Actes du VIIIᵉ Congrès, Paris, 5-10 avril 1968*. Paris: Les Belles Letres, 1969.

25   Philon d'Alexandrie [Fílon de Alexandria], *De vita contemplativa*, trad. Pierre Miquel. Paris: Éditions du Cerf, 1963. Les Oeuvres de Philon d'Alexandrie, v. 29.

camente nenhuma outra notícia além daquelas bastante sucintas que ele próprio dá; [CTS: Fílon os chama de Terapeutas;] trata-se, em todo caso, de um grupo muito marcado pela religiosidade que está nas fronteiras da cultura helenística e da cultura hebraica; as pessoas viviam em retiro austero, consagravam-se à leitura, à meditação, às preces individuais e coletivas; reuniam-se em intervalos regulares para uma espécie de banquete espiritual. Tudo isso advinha de uma tarefa principal que era, segundo o texto, a *epiméleia heautoû*, o cuidado de si.

Entretanto, não é possível restringir-se a isso. Seria um erro crer que o cuidado de si foi uma invenção do pensamento filosófico e que constituía um preceito próprio à vida filosófica. Era, de fato, um preceito de vida que, de modo geral, fora altamente valorizado na Grécia. Plutarco cita, assim, um aforismo lacedemônio que, desse ponto de vista, é muito significativo. Certo dia, perguntaram a Alexandre por que seus compatriotas, os espartanos, confiavam o cultivo de suas terras a escravos, no lugar de reservar para si essa atividade. A resposta foi esta: "Porque preferimos nos ocupar com nós mesmos".[26] Ocupar-se consigo é um privilégio; é sinal de uma superioridade social, em oposição àqueles que devem ocupar-se dos outros para servi-los ou, ainda, ocupar-se de um ofício para poder viver. A vantagem que a riqueza, o *status* e o nascimento trazem é traduzida pelo fato de haver a possibilidade de ocupar-se consigo. Pode-se notar que a concepção romana do *otium* é muito próxima: o "lazer" aqui designado é, por excelência, o tempo que se passa ocupando-se consigo mesmo. Nesse sentido, a filosofia, tanto na Grécia como em Roma, não fez mais que transportar para suas próprias exigências um ideal social muito mais expandido. É possível compreender também como a filosofia, apresentando-se como a arte de ocupar-se consigo, pode ser uma atividade aristocrática (no platonismo) ou então a democratização de um ideal aristocrático (entre os epicuristas e, mais tarde, no estoico-cinismo).

Contudo, no importante lugar que atribuía ao cuidado de si, o que a filosofia fez não foi simplesmente interiorizar e trans-

---

26   Plutarque [Plutarco], *Apophtegmes laconiens*, trad. François Fuhrmann. Paris: Les Belles Lettres, 1988, 217A, pp. 171-72. Oeuvres Morales, v. III.

formar um ideal social bastante tradicional; parece-me que ela também herdou práticas muito particulares oriundas de um meio estrangeiro. Remeto-me aqui a uma hipótese de E. R. Dodds retomada na França por J.-P. Vernant. Segundo essa hipótese, os gregos, colocados em contato com as civilizações do Leste Europeu a partir do século VII, teriam herdado diversas práticas que são encontradas nas culturas xamânicas.[27]

Tais práticas, mediante numerosas transformações, tiveram muita importância na história da relação que mantemos conosco; elas constituem o que se poderia chamar de uma arqueologia da filosofia. De maneira muito esquemática, é possível resumi-las como a seguir. Elas incluem exercícios de abstinência – abstinência alimentar e abstinência sexual que têm por finalidade assegurar, ao mesmo tempo, uma purificação do corpo e um perfeito domínio sobre esse mesmo corpo. Incluem também exercícios de resistência pelos quais se habilita o corpo à insensibilidade, o que diminui sua dependência em relação ao mundo exterior e permite uma concentração do pensamento e da atenção sobre objetos interiores. Há que se acrescentar as práticas de retenção da respiração e de morte aparente que são destinadas a fazer o indivíduo escapar da morte e a colocá-lo em contato com as potências divinas. Ora, não é nada difícil encontrar tais práticas no interior de uma filosofia acerca da qual se deve sempre lembrar que, na Antiguidade, era uma atividade e uma forma de vida. É assim que encontramos as regras de abstinência e de austeridade destinadas a purificar a alma e a torná-la capaz de contemplar a verdade; encontramos as regras de concentração do pensamento que permitem desapegar-se do mundo exterior e fixar o olhar em realidades mais interiores ou mais elevadas; enfim, encontramos a famosa *meléte thanátou*, que, por falta de algo melhor, traduzimos por "meditação da morte"; mas trata-se, antes, de um verdadeiro exercício de morte pelo qual se tenta atualizar

---

27 Ver, em especial, Eric Robertson Dodds, *Os gregos e o irracional*, trad. Paulo Domenech Oneto. São Paulo: Escuta, 2002, pp. 139-80; Jean-Pierre Vernant, "Aspectos míticos da memória" [1959] e "Aspectos da pessoa na religião grega" [1960], in *Mito e pensamento entre os gregos: Estudos de psicologia histórica*, trad. Haiganuch Sarian. Rio de Janeiro: Paz e Terra, 1990.

a morte em si mesmo para colocar-se em comunicação com a imortalidade e os deuses.

Pensemos em Sócrates tal como aparece em certos diálogos de Platão. Ele também era um desses homens que, devido a um trabalho exercido sobre si mesmos, adquiriram um poder mais que humano: Sócrates é o homem que soube resistir ao frio na batalha de Mantineia;[28] é aquele que pode resistir à beleza de Alcibíades;[29] é aquele que, à porta do banquete a que foi convidado, permanece imóvel, insensível a tudo que se passa ao redor.[30] Ora, é também Sócrates que recomenda a todos os homens que se ocupem de si mesmos, mas segundo uma prática que será a da filosofia. Na transfiguração dessas antigas técnicas de si em forma de vigilância filosófica voltada para si, Sócrates representa (com os pitagóricos, aliás) um momento importante.

Em todo caso, mesmo tendo se tornado um princípio filosófico, o cuidado de si permaneceu uma forma de atividade. O próprio termo *epiméleia* não designa simplesmente uma atitude de consciência ou uma forma de atenção que alguém teria consigo mesmo; designa uma ocupação regrada, um trabalho com procedimentos e objetivos. Xenofonte, por exemplo, emprega o termo *epiméleia* para designar o trabalho do dono da casa que dirige sua exploração agrícola.[31] É uma palavra utilizada também para designar os deveres rituais que se dedicam aos deuses e aos mortos. A atividade do soberano que zela por seu povo e dirige a cidade é também chamada *epiméleia*. Quando os filósofos e moralistas recomendam cuidar de si (*epimeleisthai heautou*), portanto, deve-se ter em mente que não aconselham apenas prestar atenção a si, evitar as faltas ou os perigos ou manter-se ao abrigo. É a todo um domínio de atividades complexas e regradas que eles se referem. Pode-se dizer que, em toda a filosofia antiga, o cuidado de si foi considerado, ao mesmo tempo, um dever e uma técnica, uma

---

28 Platão, "O banquete", in *Diálogos*, v. III-IV, trad. Carlos Alberto Nunes. Belém: Universidade Federal do Pará, 1980, 220a-b, pp. 278-79. Não se trata da batalha de Mantineia, e sim da batalha de Potideia.

29 Ibid., 217a-219e, pp. 275-78.

30 Ibid., 174e-175e, pp. 223-25.

31 Xenofonte, *Econômico*, trad. Anna Lia Amaral de Almeida Prado. São Paulo: Martins Fontes, 1999.

obrigação fundamental e um conjunto de procedimentos cuidadosamente elaborados.

É com base nessa ética e nessa tecnologia de si que tentarei descrever o desenvolvimento da hermenêutica do sujeito na Antiguidade. Em um trabalho anterior, tentei analisar a constituição de um saber psicopatológico a partir da prática e das instituições de internamento;[32] também tentei compreender a formação de uma antropologia criminal a partir de práticas da penalidade e do castigo legal.[33] Do mesmo modo, gostaria de compreender a formação de uma hermenêutica de si e, mais exatamente, a formação de uma hermenêutica do desejo sexual e da concupiscência a partir dessa tecnologia de si.

Na próxima conferência, tentarei destacar alguns traços fundamentais dessa tecnologia de si em uma época que pode ser considerada uma verdadeira idade de ouro de sua história: os dois primeiros séculos de nossa era, época do Alto Império. Na próxima conferência, indicarei a forma de conhecimento e de decifração de si a que a cultura de si deu lugar durante esse período. Na quarta e quinta conferências, retomarei estas duas questões – tecnologia e decifração de si – no contexto do ascetismo cristão nos séculos IV e V de nossa era. Na última conferência, colocarei algumas balizas para uma história possível da hermenêutica de si na cultura ocidental.

III

Antes de terminar, porém, gostaria de [evocar] uma questão que pode ser legitimamente colocada. Se é verdade, como acabo de dizer, que o cuidado de si, com todas as técnicas que lhe foram vinculadas, [teve] tanta importância na Antiguidade clássica ou tardia, como se explica o fato de esse termo ter desaparecido? Como se explicam não apenas o fato de ele não ser mais relevante mas também o de haver certa tendência a esquecer sua importância histórica? Como se explica, para colocar de modo

32 Cf. HF.
33 Cf. SP.

simples, que tenhamos conservado a memória do *gnôthi seautón* – ainda por cima como uma das mais altas expressões do pensamento e da cultura antigos – ao passo que esquecemos a importância atribuída durante longo tempo a seu preceito gêmeo: *epímele seautoû?*[34]

Parece-me que podemos evocar várias razões.

1) Primeiramente, uma transformação muito profunda dos princípios da moral nas sociedades ocidentais. Parece-nos agora bem difícil fundar uma moral rigorosa, uma moral austera e exigente, sobre o princípio de que devemos atribuir a nós mesmos mais importância que a qualquer coisa no mundo. Somos, antes, inclinados a reconhecer aí o fundamento de um imoralismo que permite ao indivíduo escapar de toda regra ou constituir-se, em todos os casos, como critério de validade para toda regra possível. Isso por sermos herdeiros de uma moral cristã que, paradoxalmente, faz da renúncia a si a condição da salvação. Somos igualmente herdeiros de uma ética (em parte cristã, em parte laica) que faz do respeito à lei a forma geral da conduta moral. Enfim, somos herdeiros também de uma moral social que busca na relação com os outros a regra dos comportamentos aceitáveis. Mediante tais tradições de pensamento, [o cuidado de si] não parece ser muito suscetível de fundar uma moral. É fato que, desde o século XVI, a crítica das morais estabelecidas vem sendo feita justamente em nome da importância que se deveria dar ao eu. O eu é sempre o que se objeta às renúncias ascéticas, à universalidade da Lei, às obrigações que nos ligam aos outros.

2) O conhecimento de si recebeu na filosofia teórica uma importância cada vez mais considerável. De Descartes a Husserl, o princípio de conhecer-se a si mesmo apareceu como o princípio primeiro de uma teoria do conhecimento. Nenhum conhecimento pode ser considerado como fundado se não tiver se interrogado primeiramente sobre o sujeito cognoscente: seja para interrogar o critério da evidência intuitiva, seja para buscar determinar com base nele os limites de um conhecimento

---

34   Sobre esse problema, ver também HS, pp. 13-20 [pp. 12-19]; "La culture de soi", in CCS, pp. 97-98.

possível. Pode-se dizer, portanto, resumidamente, que houve uma inversão de hierarquia entre os dois princípios que a Antiguidade havia associado: o cuidado de si e o conhecimento de si. Enquanto o segundo aparecia mais frequentemente como consequência do primeiro no pensamento antigo, na filosofia moderna fica claro que é o conhecimento de si que constitui o princípio fundamental.

3) A isso é preciso acrescentar ainda as ciências humanas que buscaram dar a forma geral do conhecimento a toda preocupação concernente ao ser humano. Sem dúvida, essas ciências são, em sua maioria, distantes em forma e em objetivos do *gnôthi seautón* socrático ou do conhecimento de si tal como o encontramos entre os filósofos. Mas nem por isso elas traduzem menos, à sua maneira, um dos traços mais fundamentais e mais constantes da cultura ocidental: a saber, que a relação consigo é e deve ser essencialmente uma relação de conhecimento.

—

E ainda: sem dúvida, desde o século XIX, podem-se ver os sinais de um novo desenvolvimento da cultura de si; poderíamos seguir esse movimento através de manifestações diversas, mais frequentemente estéticas, aliás, que políticas. Entretanto, é notável que, mesmo quando tomou formas políticas de revolta ou de luta contra morais estabelecidas, ele exprimiu-se sobretudo como vontade de "redescobrir" o eu e de "liberá-lo". O que é uma certa maneira de considerá-lo um objeto inteiramente dado que seria preciso, antes de tudo, conhecer.

Gostaria de reverter essa perspectiva que é agora tão corrente e buscar o conjunto de práticas pelas quais se constituíram as modalidades diversas do conhecimento de si.

[CTS, *em vez de "Entretanto, é notável [...] do conhecimento de si"*]

Mas é preciso notar que, mesmo quando tomou a forma de uma revolta ou de um combate contra a moral estabelecida, ele tem por objetivo liberar o eu. Todavia, o eu talvez não deva ser considerado uma realidade que é preciso liberar ou desenterrar, e sim ser considerado o correlativo de tecnologias construídas e desenvolvidas ao longo de nossa história. O problema, então, não é liberar o eu; [o problema são] essas tecnologias, isto é, o eu.[35]

---

35 "Talvez o problema do eu não seja descobrir o que ele é em sua positividade, talvez o problema não seja descobrir um eu positivo ou o fundamento positivo do eu. Talvez nosso problema seja descobrir que o eu não é nada além do correlativo histórico da tecnologia construída no curso de nossa história. Talvez o problema seja mudar essas tecnologias. E, nesse caso, um dos principais problemas políticos hoje seria, no sentido estrito da palavra, a política de nós mesmos"; OHS, pp. 90-91.

SEGUNDA CONFERÊNCIA

*Transcrição do texto datilografado
da primeira versão da conferência
em francês (BnF NAF 28730, caixa 29,
dossiê 2).*

I

O princípio segundo o qual é preciso "ocupar-se de si" recebeu sua primeira elaboração filosófica no *Alcibíades* de Platão.[1]

Os comentadores, como se sabe, hesitam acerca da data a ser proposta para esse diálogo. Alguns elementos incentivam a ver nele um texto da juventude de Platão: o gênero de personagens que dele participam, o tipo de interrogação e a lentidão do diálogo, a abordagem de diversos temas. Outros elementos, porém, evocariam antes uma datação tardia: em particular, a conclusão muito "metafísica" da conversa a propósito da contemplação de si na essência divina. Deixemos esse debate, que não é de minha competência.

Retenhamos somente a solução sugerida pelos neoplatônicos. Ela é interessante em razão do sentido que a tradição antiga dava a esse diálogo e da importância que atribuía ao tema do "cuidado de si". Albino, um autor do século II, dizia que todo homem "naturalmente dotado" e "que havia atingido a idade de filosofar", se quisesse manter-se a distância das agitações políticas e praticar a virtude, devia começar pelo estudo do *Alcibíades*; e isso a fim de "voltar-se para si" e determinar qual deve ser "o objeto de seus cuidados". Mais tarde, Proclo dizia que esse texto devia ser con-

---

1 Platão, "O primeiro Alcibíades", in *Diálogos*, v. V, trad. Carlos Alberto Nunes. Belém: Editora UFPA, 2007. Foucault analisa de maneira detalhada o *Alcibíades* de Platão, do ponto de vista do cuidado de si, em seu curso A Hermenêutica do Sujeito, no Collège de France. Cf. HS, pp. 33-46, 50-58, 65-76 ss [pp. 31-44, 48-55, 62-72]. Ver também "Les techniques de soi" [1982], in DE II, n. 363, pp. 1608-11 ["As técnicas de si"]; "La culture de soi" [1983], in CCS, pp. 89-91; CV, pp. 117-19, 147-49, 227.

siderado *"arché apáses filosofías"*, princípio e começo de toda a filosofia. Olimpiodoro, comparando o conjunto do pensamento platônico a um recinto sagrado, fazia do *Alcibíades* o "propileu" do templo cujo ádito seria o *Parmênides*.[2]

Não tenho intenção de estudar aqui os detalhes desse texto. Gostaria simplesmente de destacar alguns traços principais da noção de *epiméleia heautoû* que constitui seu centro.

1) Como a questão é conduzida no diálogo?

Ela é conduzida pelo projeto de Alcibíades de dar início a sua vida pública; mais precisamente, "de tomar a palavra diante do povo", suplantar Péricles e tornar-se todo-poderoso na cidade.

No momento em que Sócrates o aborda e o convida ao cuidado de si, Alcibíades está em um ponto de passagem. Ponto de passagem tradicional para todo jovem aristocrata ateniense. Mas Alcibíades quer efetuar essa passagem de uma maneira bem particular: não quer contentar-se com os privilégios advindos de seu nascimento, de sua fortuna, de seu *status*; ele o diz explicitamente: não quer "passar a vida" aproveitando tudo isso. Quer suplantar todos os outros no interior da cidade; quer suplantar também, no exterior, os reis de Esparta e o soberano persa: esses, para ele, não são simplesmente inimigos de sua pátria mas também rivais pessoais.

Ora, também do ponto de vista erótico, Alcibíades está em [um] ponto de passagem: na adolescência, ele era desejável e tinha numerosos pretendentes; chega à idade adulta, quando a barba cresce e os enamorados vão se afastar dele. Enquanto estava no fulgor da beleza, rejeitara todos aqueles que o haviam cortejado, não querendo "ceder" a eles e conservando-se "o mais forte" (a ambivalência entre o vocabulário político e o vocabulário erótico, que é constante em grego, é aqui essencial). Mas eis que Sócrates se apresenta e, sem se interessar pelo corpo de Alcibíades, vence onde todos os outros fracassaram; mostrará a Alcibíades que é

---

2 Para a questão da classificação das obras de Platão pelos neoplatônicos, Foucault apoia-se notadamente no estudo de A. J. Festugière, "L'ordre de lecture des dialogues de Platon aux Vᵉ-VIᵉ siècles", in *Études de philosophie grecque*. Paris: Vrin, 1971. Sobre os comentários neoplatônicos do *Alcibíades*, ver HS, pp. 163-67 [pp. 153-57].

mais forte que ele; vai conduzi-lo a "ceder", mas em um sentido totalmente diferente.

É no de cruzamento entre uma ambição política particular no jovem (uma ambição pessoal) e um amor particular no mestre (um amor filosófico) que aparecerá a questão do cuidado de si.

2) Por que Alcibíades deve cuidar de si mesmo?
Sócrates interroga Alcibíades sobre os meios para sua ambição. Ele sabe o que é bem governar? Sabe o que é o "justo"? Ou a "concórdia" na cidade? Ele ignora tudo isso e vê-se incapaz de responder (todas essas interrogações são familiares nos primeiros diálogos platônicos). Mas há também outra argumentação que completa essa. Que Alcibíades se compare àqueles que serão seus rivais fora da cidade. Os reis de Esparta recebem uma educação muito cuidadosa, que lhes ensina as virtudes indispensáveis. Quanto ao futuro rei da Pérsia, foi confiado, desde a idade de quatorze anos, a quatro pedagogos que lhe ensinaram: um a sabedoria, outro a justiça, o terceiro a temperança, o quarto a coragem. Ora, ele, Alcibíades, que educação recebeu? Foi confiado a um velho escravo ignorante, e seu tutor Péricles não foi capaz de educar convenientemente nem mesmo os próprios filhos.

Para suplantar seus rivais, Alcibíades deveria, pois, adquirir uma *téchne*, uma habilidade; deveria aplicar-se – *epimeleisthai*. Porém, já vimos: ele não sabe [sequer] a que se deveria aplicar uma vez que ignora o que é a justiça, a concórdia, o bom governo. Alcibíades está, portanto, no maior embaraço. Desespera-se. Mas Sócrates intervém e lhe diz uma coisa importante: se você tivesse cinquenta anos, a situação seria grave, seria então tarde demais para "ocupar-se consigo mesmo".

Essa é a primeira ocorrência da expressão no diálogo. Vê-se que o princípio de cuidar de si mesmo está ligado muito diretamente a uma falha da pedagogia, assim como a um momento favorável da vida, aquele momento de passagem de que falávamos há pouco; depois, seria tarde demais.

3) Em que consiste esse cuidado de si mesmo?
Toda a segunda parte do diálogo é consagrada a responder a essa questão. Ou melhor, aos dois problemas que a própria questão

coloca: 1) O que é este "si mesmo" do qual é preciso ocupar-se? 2) Em que consiste a atividade de "ocupar-se"?

Passarei rapidamente sobre o longo debate que permite responder à primeira interrogação. O si mesmo do qual é preciso ocupar-se, evidentemente, não são as coisas que podemos possuir, como nossos bens, nossas vestimentas, nossos utensílios; também não pode ser nosso corpo, do qual o médico ou o ginasiarca se ocupam (vê-se que se trata aí de bem distinguir entre o que Sócrates quer designar como o verdadeiro cuidado de si e as formas às quais ele era habitualmente reduzido: a atividade econômica, a prática médica). Aquilo de que devemos nos ocupar é do princípio que se serve de nossos bens, de nossos utensílios, de nosso corpo: a saber, a alma.[3]

Quanto à maneira de se ocupar, todo o final do diálogo é consagrado a defini-la. E o faz mediante um raciocínio que merece ser observado. Para saber como ocupar-se da própria alma, é preciso conhecê-la. Ora, para que ela se conheça, é preciso que possa olhar a si mesma em um espelho que seja da mesma natureza que ela, isto é, no elemento divino. E é nessa contemplação que a alma poderá, ao ocupar-se de si mesma, encontrar os princípios e as essências capazes de fundar uma ação justa e fornecer as regras de uma ação política.

Há muitas razões pelas quais essa passagem merece ser considerada. Primeiro, porque ela carrega muito nitidamente as cores de um platonismo tardio. Mas também por outra razão, principalmente, que eu gostaria de reter: o cuidado de si se encontra, de certo modo, inteiramente absorvido e reabsorvido no conhecimento de si. Conhecer-se a si mesmo é a condição necessária e suficiente para ocupar-se de si. Ao longo de todo o diálogo, o princípio do cuidado de si, que era o tema principal da discussão, orbitou em torno do preceito délfico de ser preciso conhecer-se a si mesmo. Em várias retomadas, de modo direto ou indireto, o *gnôthi seautón* é mencionado ao lado do *epímele* [*seautoû*]. Mas vê-se bem: no fim do diálogo, é o "conhece-te a ti mesmo" que ocupa todo o espaço aberto pelo princípio segundo o qual é preciso cuidar de si.

---

3 Foucault faz um comentário detalhado dessa passagem do *Alcibíades* no decurso da primeira sessão do seminário. Ver infra, pp. 157-60.

Demorei-me um pouco nesse texto, ao passo que a maioria dos documentos que estudarei a seguir são muito mais tardios. É que ele me parece fazer com que apareçam claramente vários dos problemas fundamentais que reencontraremos mais tarde na história do cuidado de si: as soluções trazidas serão, com muita frequência, diferentes daquelas fornecidas no *Alcibíades*, mas os problemas permanecerão:

- O problema da relação entre cuidado de si e atividade política. Sócrates solicitava a Alcibíades que se ocupasse consigo mesmo, visto que pretendia ocupar-se dos outros e dirigi-los. A questão se apresentará mais expressamente depois, em particular sob o Império, na forma de uma alternativa: não seria melhor se afastar da atividade política para poder cuidar de si?
- O problema da relação entre cuidado de si e pedagogia. Ocupar-se consigo aparece, no propósito de Sócrates, como um dever de todo jovem cuja formação seja insuficiente. Mais tarde, ocupar-se consigo aparecerá de preferência como um dever de adulto – um dever a perseguir durante toda a vida.
- O problema da relação entre cuidado de si e conhecimento de si. Vimos o privilégio atribuído pelo Sócrates de Platão ao *gnôthi seautón*, e esse privilégio será um dos traços característicos de todos os movimentos platônicos. Sem que nunca se tenha recusado o princípio de ser preciso conhecer-se, parece que o cuidado de si ganhou na filosofia helenística e greco-romana certa autonomia, talvez até mesmo certo privilégio em relação ao conhecimento de si: em todo caso, ocorre frequentemente que o acento filosófico seja colocado sobre o cuidado de si – sendo então o conhecimento de si apenas um instrumento, um método para cuidar de si como convém.

II

Voltemo-nos agora para os dois primeiros séculos do Império: mais precisamente, desde a dinastia augustiniana até o fim dos Antoninos. Esses 150 ou 200 anos constituem, como bem sabemos, um dos grandes momentos da civilização antiga. Ora, ocorre também que marcam um momento privilegiado, como que uma "idade de ouro" na prática e na teoria do cuidado de si.[4]

Desse ponto de vista, Epicteto é significativo. Trata-se de um personagem socrático, que deseja retomar de Sócrates as lições e as maneiras de agir. Mas é notável que o Sócrates evocado por ele nas *Diatribes* seja, antes de tudo, o mestre do cuidado de si, aquele que, nas esquinas, interpela seus concidadãos para lhes dizer que se ocupem de si mesmos.[5] De modo mais geral, porém, Epicteto faz do cuidado de si a marca própria, a superioridade e a tarefa do ser humano. A natureza, explica ele na diatribe [6] do livro [I],[6] proveu os animais de tudo de que tinham necessidade, portanto eles não têm de se ocupar consigo mesmos. Isso quer dizer que os humanos têm de fazê-lo, visto que a natureza os negligenciou e privou do necessário? Não se trata disso: termos de ocupar-nos conosco deve ser compreendido como um dom suplementar que nos foi dado; Zeus nos confiou a nós mesmos, fundando assim, em nós, a possibilidade e o dever de sermos livres. Epicteto insiste frequentemente na necessidade de se conhecer. Mas a mudança de perspectiva em relação ao *Alcibíades* é sensível. É no cuidado de si, mais que na possibilidade de se olhar no espelho de si mesmo, que se manifesta o ser próprio do homem e sua relação com o divino.

Não quero, porém, deter-me nessas referências teóricas. Na época em que Epicteto se refere a Sócrates, o tema da vigilância de si assumira uma amplidão considerável. Esse apogeu fora preparado por um longo desenvolvimento. O primeiro e o segundo séculos não marcam uma origem, mas antes um desabrochar de longa duração.

---

4 Sobre os atributos notáveis da "cultura de si" na época imperial, ver HS, pp. 79 ss [pp. 75 ss]; "L'herméneutique du sujet" [1982], in DE II, n. 323, pp. 1174-78; "La culture de soi", op. cit., pp. 91-97; SS, pp. 57-85.

5 Épictète [Epicteto], *Entretiens*, trad. Joseph Souilhé e Amanda Jagu. Paris: Les Belles Lettres, 1945-64, 4 v. [*As diatribes de Epicteto*, livro I, trad. Aldo Dinucci. Coimbra: Imprensa da Universidade de Coimbra, 2020]. Sobre a relação de Epicteto com Sócrates, ver o comentário de Foucault sobre a diatribe 1 do livro terceiro, XVI-XXIII, no final da primeira sessão do seminário; ver infra, pp. 161-67.

6 Épictète, "Diatribe 6 – Sobre a Providência", in *As diatribes de Epicteto*, livro I, op. cit. Foucault comenta esse texto na segunda sessão do seminário; ver infra, pp. 181-93.

Entre os filósofos que se dispunham a ser conselheiros de vida e guias de existência, zelar por si mesmo era recebido como um preceito quase universal. Os epicuristas repetem, conforme seu mestre, que para ocupar-se de sua alma nunca é demasiado cedo nem demasiado tarde.[7] Entre os estoicos, Musônio Rufo diz também que: "É cuidando incessantemente de si mesmo que se garante a própria salvação";[8] ou Sêneca: "É preciso estar disponível a si mesmo", "disponível à própria alma", "empenhar-se em direção a si mesmo", "retirar-se em si e aí permanecer".[9] Plutarco recomenda dirigir os olhares em direção ao interior e "aplicar a si toda a atenção de que se é capaz". Dio de Prusa consagra toda uma conferência à anacorese – ao retiro em si mesmo.[10] E Galeno, lembrando quanto tempo é necessário para formar um médico, um orador, um gramático, pensa que é preciso mais ainda para se tornar um homem de bem: anos e anos, diz ele, passados a "zelar por si mesmo".[11]

Mas isso não consistia simplesmente em uma recomendação abstrata, dada por alguns filósofos ou técnicos da alma e do corpo. Ocupar-se de si era uma atividade largamente difundida nos meios cultivados, mas também, sem dúvida, de maneira mais ampla – se pensarmos no recrutamento tão popular de alguns grupos epicuristas ou naquelas audiências de rua às quais se dirigiam os cínicos. Aliás, havia suportes institucionais para esse zelo por si mesmo: escolas, ensinamentos privados ou públicos, conferências, discussões em ambientes mais ou menos fechados. Encon-

---

7   Epicuro, *Carta sobre a felicidade* (*a Meneceu*), trad. Álvaro Lorencini e Enzo Del Carratore. São Paulo: Editora Unesp, 2002, p. 21.

8   "Entre as belas máximas que guardamos, há uma, Sylla, que é a seguinte: é preciso cuidar-se incessantemente, caso se queira viver de maneira salutar!"; Plutarque [Plutarco], *Du controle de la colère*, trad. Jean Dumortier e Jean Defradas. Paris: Les Belles Lettres, 1975, 453D, p. 59. Oeuvres Morales, v. VII-1.

9   Sobre as expressões empregadas por Sêneca, ver SS, p. 61. Ver também, HS, pp. 82-83 [pp. 78-79].

10   Dio Chrysostom [Dio Crisóstomo], "Discourse 20: On Retirement (*Peri anachôrêseôs*)", in *Discourses*, v. II, trad. J. W. Cohoon. Cambridge: Harvard University Press, 1959. Loeb Classical Library, v. 339.

11   Galien [Galeno], "Du diagnostic et du traitement des passions propres de l'âme de chacun", in *L'âme et ses passions*, trad. Vincent Barras, Terpsichore Birchler e Anne-France Morand. Paris: Les Belles Letres, 2004, 4, pp. 16-17.

tram-se grupos fortemente estruturados nos quais a vigilância sobre si tomava a forma de uma vida comum e regulamentada: assim, os pitagóricos ou, para tomar um exemplo ao mesmo tempo célebre e misterioso, nas fronteiras da cultura greco-romana, os "terapeutas" descritos por Fílon de Alexandria;[12] mas havia também grupos bem mais flexíveis que se encontravam em torno de um guia ou mesmo, simplesmente, de uma filosofia, de uma *forma vitae*, comum. Havia mestres junto dos quais se acercar para uma visita ou um estágio; havia aqueles que se levava à própria casa e ali ficavam morando: a aristocracia romana gostava desses conselheiros de vida. Certas atividades eram pagas, outras gratuitas, mas inscreviam-se em uma rede de obrigações e serviço. Toda essa atividade dava lugar a uma concorrência muito viva: entre os adeptos do ensino retórico e os que preferiam voltar as almas na direção do cuidado de si; dentre esses últimos, as diferentes escolas se confrontavam, malgrado os objetivos e, frequentemente, os procedimentos muito próximos; por fim, havia aqueles que simplesmente disputavam os clientes. Luciano, que não gostava muito dos filósofos nem daqueles que, no mercado, propunham modos de vida aos passantes, compõe um quadro bem pouco lisonjeiro de toda essa prática.[13] O diálogo *Hermótimo* põe em cena um desses homens convertidos ao cuidado de si que se vangloria a um amigo por encontrar o mestre que frequenta há mais de vinte anos; ele está arruinado, mas à espera de alcançar a felicidade ao cabo de novos vinte anos.[14]

Porém, nem tudo era fingimento ou impostura nessas práticas que certamente tinham suas modas e seus lucros. O cuidado de si era também uma atividade pessoal à que os indivíduos se dedicavam sinceramente. Era bom reservar a ela ao menos alguns momentos diários; acontecia de ser consagrado a ela todo um espaço de tempo, várias semanas ou meses: Plínio dá esse

---

12 Cf. Philon d'Alexandrie [Fílon de Alexandria], *De vita contemplativa*, *contemplativa*, trad. Pierre Miquel. Paris: Éditions du Cerf, 1963. Les Oeuvres de Philon d'Alexandrie, v. 29.

13 Lucien de Samosate [Luciano de Samósata], "Vies de philosophes à vendre", trad. Jacques Bompaire, in *Portraits de philosophes*. Paris: Les Belles Lettres, 2008.

14 Id., "Hermotimos", trad. Anne-Marie Ozanam, in *Portraits de philosophes*, op. cit.

conselho a um amigo, e ele próprio gostava de fazer retiros no campo que eram também retiros consigo mesmo. Se chamarmos de lazer – *scholé* ou *otium* – esse tempo usado para si e consigo, é preciso ter em mente que se tratava de um lazer ativo, um tempo de estudo: leituras, conversas, exercícios diversos de meditação e de preparação para o infortúnio ou a morte, treinamento para certas abstinências. A escrita também desempenhava um grande papel; ocupar-se consigo implicava que se anotasse o que se lia ou escutava; elaborava-se o que os gregos denominavam *hypomnémata*, cadernetas que permitiam exercícios de releitura e de rememorização. Escreviam-se tratados para amigos, trocava-se correspondência com eles, o que era um meio não somente de ajudá-los na prática deles próprios como também de reativar para si as verdades de que se tinha necessidade.[15]

Ao mesmo tempo que tais práticas se difundiam, tudo indica que a experiência de si tenha, por isso mesmo, se intensificado ou ampliado. O olhar que se é levado a dirigir sobre si é mais atento e mais detalhado. As cartas de Sêneca[16] ou de Plínio[17] e a correspondência de Marco Aurélio com Frontão[18] manifestam essa vigilância e essa meticulosidade da atenção a si mesmo; ela incide frequentemente sobre os detalhes da vida cotidiana, sobre as gradações da saúde e do humor, sobre os pequenos mal-estares físicos experimentados, sobre os movimentos da alma, sobre as leituras que foram praticadas, sobre as citações que são lembradas, sobre as reflexões que foram feitas por ocasião de tal ou tal acontecimento. Deixa-se perceber certo modo de relação consigo e todo um domínio de experiência que não se encontravam em documentos anteriores.

---

15   Sobre o papel crucial da escrita na cultura de si e, notadamente, sobre os *hypomnémata* e a correspondência, ver HS, pp. 341-45 [pp. 320-23], e "L'écriture de soi" [1983], in DE II, n. 329, pp. 1234-49 ["A escrita de si", pp. 147-62].

16   Sêneca, *Cartas a Lucílio*, trad. J. A. Segurado Campos. Lisboa: Fundação Calouste Gulbenkian, 2021.

17   Pline le Jeune, *Lettres*, trad. Anne-Marie Guillemin et al., Paris: Les Belles Lettres, 1927-1948, 4 v. [ed. bras.: Plínio, o Jovem, *Epístolas completas*, trad. João Angelo de Oliva Neto. Cotia/Araçoiaba da Serra: Ateliê Editorial/Mnēma, 2022].

18   *Lettres inédites de Marc Aurèle et de Fronton*, trad. Armand Cassan. Paris: A. Levavasseur, 1830. Foucault comenta algumas dessas cartas no final da segunda sessão do seminário. Ver infra, pp. 198-204.

Desse ponto de vista, os *Discursos Sagrados* de Élio Aristides constituem um notável testemunho.[19] Esses textos são proclamações de reconhecimento para com Esculápio, o deus da cura; vinculam-se, portanto, ao gênero tradicional de inscrições em estelas a fim de contar sobre uma cura e exprimir uma gratidão. Porém, conservando esse contexto ritual, Élio desdobra todo um relato com profusão de doenças, indisposições, dores, sensações diversas, sonhos premonitórios ou prescritivos, medicações experimentadas e melhoras por vezes obtidas. Os limites dos grandes sintomas hipocondríacos são aqui superados? Com certeza. Mas o problema não é saber até que ponto Élio estava doente, o importante é que a cultura de seu tempo lhe oferecia os instrumentos para formar a experiência pessoal de sua doença e dela dar conhecimento aos outros.

—

Perdoem-me este rápido sobrevoo. Gostaria de sugerir que nessa época – a do Alto Império – o cuidado de si não aparece mais como um esquema interior a tal ou tal doutrina filosófica. É um preceito, se não universal, pelo menos muito corrente; exerce um poder de apelo ouvido por muitos indivíduos; é também uma prática que tem suas instituições, suas regras, suas maneiras de agir; é, enfim, um modo de experiência – de experiência individual mas também coletiva, com seus meios e suas formas de expressão. Em suma: o cuidado de si se afirma como um valor reconhecido, toma forma em práticas regradas, abre um campo de experiência e de expressão. Pode-se falar, legitimamente, de uma "cultura de si".[20]

Na próxima exposição, tentarei mostrar o lugar que ocupa nessa cultura de si o princípio do *gnôthi seautón*; tentarei analisar as formas de conhecimento de si, de decifração de si, de exame de si que vemos desenvolver-se nesta época e no contexto dessa cultura.

Hoje, gostaria simplesmente de indicar quais são as grandes diferenças entre o cuidado de si tal como se encontra formulado

---

19 Ælius Aristide [Élio Aristides], *Discours sacrés*, trad. A.-J. Festugière. Paris: Macula, 1986. Cf. M. Foucault, "Les techniques de soi", op. cit., p. 1623 ["As técnicas de si", p. 15], e "La culture de soi", op. cit., p. 97.

20 Ver supra, p. 47, nota 4.

no *Alcibíades* e as práticas de si que eram utilizadas nos séculos I e II de nossa era.

III

1) Sócrates, como lembramos, recomendava a Alcibíades que aproveitasse a juventude para ocupar-se consigo mesmo: aos cinquenta anos seria tarde demais. Epicuro, porém, dizia: "Que ninguém hesite em se dedicar à filosofia enquanto jovem, nem se canse de fazê-lo depois de velho, porque ninguém jamais é demasiado jovem ou demasiado velho para alcançar a saúde do espírito (*pròs tò katà psychèn hygiaínon*)".[21] É esse princípio de cuidado perpétuo, ao longo de toda a vida, que o orienta, muito nitidamente. Musônio Rufo, por exemplo: "É preciso cuidar-se incessantemente, caso se queira viver de maneira salutar".[22] Ou Galeno: "Para se tornar um homem realizado, cada um tem necessidade de exercitar-se, por assim dizer, durante toda a vida", ainda que seja verdade que é melhor "ter zelado por sua alma desde a mais tenra idade".[23]

É fato que os amigos aos quais Sêneca ou Plutarco davam conselhos não são, de modo algum, aqueles adolescentes ambiciosos e desejáveis aos quais Sócrates se dirigia: são homens, às vezes jovens (como Sereno),[24] às vezes em plena maturidade (como Lucílio, que exercia o importante cargo de procurador da Sicília na época em que Sêneca e ele trocavam uma longa correspondência espiritual).[25] Epicteto, que dirige uma escola, tem alunos ainda muito jovens, mas ocorre-lhe também interpelar adultos – e até mesmo "personalidades consulares" – para convocá-los ao cuidado de si. Quando Marco Aurélio redige suas anotações, exerce seu ofício de imperador; e, para ele, trata-se de "levar ajuda a ele mesmo".[26]

---

21   Epicuro, *Carta sobre a felicidade (a Meneceu)*, op. cit., p. 21.

22   Ver supra, p. 48, nota 8.

23   Galien [Galeno], "Du diagnostic et du traitement des passions propres de l'âme de chacun", op. cit., 4, pp. 12-13.

24   Cf. Sêneca, *Da tranquilidade da alma*, trad. Lúcia Rebello e Itanajara Neves. Porto Alegre, L&PM, 2009.

25   Ver supra, p. 50, nota 16.

26   Marc Aurèle [Marco Aurélio], *Pensées*, trad. Émile Bréhier, ver Jean Pépin. Paris: Gallimard, 1962, III, 14, p. 1157. Bibliothèque de la Pléiade.

Ocupar-se de si, portanto, não é uma simples preparação momentânea para a vida; é uma forma de vida. Alcibíades se tornava ciente de que devia cuidar de si, uma vez que pretendia, em seguida, ocupar-se dos outros. Agora, trata-se de ocupar-se de si, para si mesmo. É preciso ser para si mesmo, e ao longo da existência, seu próprio objeto.

Daí a ideia da conversão a si (*ad se convertere*), a ideia de todo um movimento da existência por meio do qual se retorna a si mesmo (*eis heautón epistréfein*).[27] Vocês me dirão que o tema da *epistrofé* é um tema tipicamente platônico. Porém (já pudemos ver no *Alcibíades*), o movimento pelo qual a alma se volta para ela mesma é também um movimento pelo qual o olhar é atraído para "o alto" – para o elemento divino –, para as essências e para o mundo supraceleste onde elas são visíveis. O retorno ao qual Sêneca, Plutarco e Epitecto convidam é, de certo modo, um retorno ao mesmo lugar: não tem outro fim nem outro termo senão estabelecer-se junto de si mesmo, "residir em si mesmo" e aí permanecer. O objetivo final da conversão a si consiste em estabelecer um certo número de relações consigo:

- tais relações são por vezes concebidas segundo o modelo jurídico-político: ser soberano de si mesmo, exercer sobre si mesmo um domínio perfeito, ser plenamente independente, estar completamente "para si" (*fieri suum*, diz Sêneca frequentemente);[28]
- elas são também frequentemente representadas segundo o modelo do gozo possessivo: fruir de si, ter prazer consigo mesmo, encontrar em si toda sua volúpia.

Digamos esquematicamente: em Platão, o movimento pelo qual se faz a volta para si é somente uma etapa em uma ascensão que conduz "além". Aqui, trata-se de um movimento que nos conduz

---

27   Para a distinção entre três formas de "conversão" (a *epistrofé* platônica, a conversão helenística e romana e a *metánoia* cristã), ver HS, pp. 201-09 [pp. 189-95]; sobre a *epistrofé eis heautón* enquanto objetivo comum das práticas de si na época imperial, ver também SS, pp. 81-84 [pp. 69-71].

28   Por exemplo: "sermos donos de nós mesmos é um bem inestimável (*inaestimabile bonum est suum fieri*)"; Sêneca, *Cartas a Lucílio*, op. cit., carta 75, 18, p. 310.

a nós mesmos – e, se encontramos o divino, é sob a forma de um *daímon* presente em nós. Nessa forma de pensamento, a relação consigo é orientada para uma espécie de finalidade interna.

2) Uma segunda grande diferença concerne à pedagogia. No *Alcibíades*, o cuidado de si impunha-se em razão das falhas da pedagogia; tratava-se de completá-la ou de substitui-la; tratava-se, em todo caso, de dar uma "formação".

A partir do momento em que a aplicação a si se torna uma prática adulta a se exercer por toda a vida, seu papel pedagógico tende a apagar-se e outras funções se afirmam.[29]

a. Primeiramente, uma função crítica. A prática de si deve permitir desfazer-se de todos os maus hábitos, de todas as opiniões falsas que se pode receber da plebe ou dos maus mestres, bem como dos parentes e do entorno. "Desaprender" (*de-discere*) é uma das tarefas importantes da cultura de si.

b. Há também uma função de luta. A prática de si é concebida como um combate permanente. Não se trata apenas de formar, para o porvir, um homem de valor. É preciso dar ao indivíduo as armas e a coragem que lhe permitirão combater por toda a vida. Vocês sabem quão frequentes eram duas metáforas: a do torneio atlético (estamos na vida como um lutador que precisa derrotar seus sucessivos adversários e que deve exercitar-se mesmo quando não está combatendo) e a da guerra (é preciso que a alma esteja posicionada como um exército sempre suscetível de ser atacado por um inimigo). O grande tema cristão do combate espiritual da alma já é um princípio fundamental na cultura de si da Antiguidade pagã.

c. Mas, sobretudo, essa cultura de si tem uma função curativa e terapêutica. Está bem mais próxima do modelo médico que do modelo pedagógico. Há que se lembrar, sem dúvida, fatos que são muito antigos na cultura grega: a existência

---

29 Sobre as três funções (função crítica, função de luta e função terapêutica) do cuidado de si na época imperial, ver também HS, pp. 90-96, 222, 307-08 [pp. 85-91, 207, 286-87]; "L'herméneutique du sujet", op. cit., p. 1176; "La culture de soi", op. cit., pp. 93-95.

de uma noção como *páthos*, que significa tanto a paixão da alma quanto a doença do corpo; a amplidão de um campo metafórico que permite aplicar ao corpo e à alma expressões como tratar, curar, amputar, escarificar, purgar. Há que se lembrar também do princípio familiar aos epicuristas, aos cínicos e aos estoicos, segundo o qual o papel da filosofia é curar as doenças da alma. Plutarco poderá um dia dizer que filosofia e medicina constituem *mía chôra*, um só campo, um só domínio.[30]

Porém, gostaria principalmente de insistir sobre as correlações práticas entre medicina e cultura de si. Epicteto não queria que sua escola fosse considerada como um simples lugar de formação, mas, antes, como um "gabinete médico", um *iatreîon*; queria que fosse um "dispensário da alma"; queria que seus alunos chegassem com a consciência de serem doentes: "Um, dizia ele, com um ombro deslocado, aquele com abscesso, o terceiro com uma fístula, outro com dores de cabeça". "Quereis aprender silogismos? Curai primeiramente vossas feridas, estancai o fluxo de vossos humores, acalmai vossos espíritos".[31]

---

30 Plutarque [Plutarco], *Préceptes de santé*, trad. Jean Defradas, Jean Hani e Robert Klaerr. Paris: Les Belles Lettres, 1981, 122E, p. 101. Oeuvres Morales, v. II. Sobre a correlação estreita entre o cuidado de si e a medicina, ver também SS, pp. 69-74 [pp. 59-63].

31 Foucault se refere a duas passagens das *Diatribes* de Epicteto: "Uma escola de filosofia é um dispensário médico (*iatreîon*), homens: ao sair, não se deve ter desfrutado, e sim ter sofrido. Pois ali não se vai estando em boa saúde: um tinha o ombro deslocado, outro um abcesso, um terceiro uma fístula, outro sofria de dores de cabeça. Então, vou sentar-me e lhes declarar belos pensamentos e belas sentenças para que me cumulem de elogios antes de partir, sendo que um retorna com seu ombro tal como havia chegado, o outro com sua cabeça no mesmo estado, o terceiro com sua fístula e o quarto com seu abcesso?"; Épictète [Epicteto], *Entretiens*, v. III, trad. Joseph Souilhé e Amanda Jagu. Paris: Les Belles Lettres, 1963, 23, 30-31, p. 92. E: "Se agora me perguntas: 'Os silogismos são úteis?', responderei que são úteis e, se quiseres, te demonstrarei como. – Mas, a mim, de que utilidade me foram eles? – Homem, não me perguntavas se eles são úteis a ti, mas se são úteis em geral, não é mesmo? Que o doente sofrendo de disenteria me pergunte se o vinagre é útil, eu lhe direi que é. – Mas é útil para mim? – Eu responderia: não. Busca primeiramente estancar teu humor, cicatrizar teu abcesso. E vós, senhores, curai primeiramente vossas feridas, estancai o fluxo de vossos

Inversamente, um médico como Galeno considera ser de sua competência curar a alma: as paixões – isto é, "energias desregradas, rebeldes à razão", mas também os "erros que nascem das opiniões falsas". No *Traité des passions de l'âme* [Tratado das paixões da alma], ele cita curas bem-sucedidas que realizou: curou um de seus companheiros, que era inclinado à cólera; ajudou um jovem cuja alma estava perturbada por acontecimentos de pouca importância.[32]

Todas essas ideias podem parecer bem familiares; e o são, com certeza, uma vez que foram continuamente transmitidas na cultura ocidental. Isso aumenta sua importância histórica. Com efeito, é importante para a história da subjetividade no Ocidente que a relação consigo tenha se tornado uma tarefa permanente da existência, pois nesse ponto o cristianismo não rejeitou a lição dos filósofos pagãos. É igualmente importante ver que a relação consigo tenha sido definida como trabalho crítico, relação de combate e procedimento médico: tampouco nisso o Ocidente renegou as formas da velha cultura de si.

3) Gostaria, por fim, de indicar rapidamente uma terceira diferença entre o cuidado de si no *Alcibíades* e a prática de si na cultura da época imperial. No diálogo de Platão, a relação erótico-filosófica com o mestre era essencial: constituía o contexto no qual Sócrates e Alcibíades consensualmente compreendiam a responsabilidade pela alma do jovem. Nos séculos I e II, a relação consigo era vista como algo que deveria apoiar-se na relação com um mestre, com um diretor ou, em todo caso, com um outro. Mas isso em uma independência cada vez mais marcada no que dizia respeito à relação amorosa.[33]

Que não se possa ocupar-se de si sem a ajuda de um outro é um princípio admitido com frequência. Sêneca dizia que ninguém

---

humores, acalmai vosso espírito, vinde à escola liberados de toda distração e sabereis que força possui a razão!"; ibid., v. II, 21-22, p. 95.

32   Galien [Galeno], "Du diagnostic et du traitement des passions propres de l'âme de chacun", op. cit., 4, 8-10, pp. 15-16, 28-39.

33   Para a tese de uma progressiva "desconexão" entre o cuidado de si e o erótico no decurso da história do mundo greco-romano, ver SV, pp. 185-200 [pp. 164--77]; HS, pp. 58-59, 330-31 [pp. 55-56, 308-10]; SS, pp. 219-61 [pp. 189-224]. Sobre a problematização da relação entre a pedagogia e o erótico já na Grécia clássica, ver SV, pp. 93-97 [pp. 83-87].

é bastante forte para se desprender por si mesmo do estado de *stultitia* no qual se encontra: "É preciso que se lhe estenda a mão e que se o puxe para fora".[34] Galeno, do mesmo modo, dizia que o homem ama demasiadamente a si mesmo para poder curar-se de suas paixões: muitas vezes ele vira "cambalear" homens que não haviam consentido em remeter-se à autoridade de um outro.[35] Esse princípio é verdadeiro para os iniciantes; mas o é também depois, e até o fim da vida. A atitude de Sêneca, em sua correspondência com Lucílio, é característica: ele pode até ser idoso e ter renunciado a todas as suas atividades, mas, ao dar conselhos a Lucílio, também os pede e regozija-se pela ajuda que encontra nessa troca de cartas.

O que é notável nessa prática da alma é a multiplicidade das relações sociais que lhe podem servir de suporte.

Há organizações escolares estritas: a escola de Epicteto pode servir de exemplo; eram ali recebidos ouvintes que estavam de passagem, ao lado de alunos que permaneciam para um estágio mais longo; mas também se ensinava aos que quisessem tornar-se, eles próprios, filósofos e diretores de almas; algumas das *Diatribes* reunidas por Arriano são lições técnicas para esses futuros praticantes da cultura de si.

Encontramos também – sobretudo em Roma – conselheiros privados: instalados no entorno [de grandes personalidades], como parte de seu grupo ou de sua clientela, forneciam pareceres políticos, dirigiam a educação dos jovens, ajudavam nas circunstâncias importantes da vida. Assim Demétrio, no entorno de Trásea Peto; quando este é forçado a matar-se – era membro da oposição a Nero –, Demétrio serve, de certo modo, como conselheiro de suicídio e sustenta seus últimos instantes com uma fala sobre a imortalidade.[36]

Há, porém, muitas outras formas por meio das quais se exerce a direção de alma. Ela duplica e anima todo um conjunto de outras relações: relações de família (Sêneca escreve uma consolação à mãe por

---

34 Sêneca, *Cartas a Lucílio*, op. cit., carta 52, 1-3, pp. 176-77.

35 Galien [Galeno], "Du diagnostic et du traitement des passions propres de l'âme de chacun", op. cit., 2, p. 5.

36 Sobre a figura de Demétrio, ver HS, pp. 137-38, 221-22 [pp. 128-29, 206-07]; DV, pp. 223-24, 249-50 [p. 69]; CV, pp. 179-81 [pp. 171-73].

ocasião do próprio exílio);[37] relações de proteção (o mesmo Sêneca ocupa-se tanto da carreira como da alma do jovem Sereno, um primo da província que acaba de chegar a Roma); relações de amizade entre duas pessoas bastante próximas pela idade, pela cultura e pela situação (Sêneca com Lucílio); relações com uma personalidade de alto escalão, à qual, ao apresentar-lhe conselhos úteis, se presta um dever (assim como Plutarco com Fundanus, a quem envia com urgência suas anotações a propósito da tranquilidade da alma).[38]

Constitui-se assim o que poderíamos chamar de "um serviço de alma", que se cumpre mediante relações sociais múltiplas. O *éros* tradicional tem aí um papel não mais que ocasional. O que não quer dizer que as relações afetivas não fossem frequentemente intensas. Sem dúvida, nossas categorias modernas de amizade e de amor são bastante inadequadas para decifrá-las. A correspondência de Marco Aurélio com seu mestre Frontão pode servir como exemplo dessa intensidade e dessa complexidade.[39]

—

Em suma, gostaria de lhes mostrar hoje a permanência do princípio do "cuidado de si" não somente no pensamento como também na cultura antiga em geral. Essa permanência não exclui renovações profundas. Em particular, na época imperial, assiste-se a um desabrochamento da prática de si que lhe confere formas bem diferentes daquelas atestadas nos primeiros diálogos platônicos.

A relação consigo torna-se, então, uma atividade complexa e permanente em que o sujeito é, para ele mesmo, o objeto de uma crítica, o lugar de um combate, o núcleo de uma patologia. Essa atividade, porém, que não tem outra finalidade além de si mesmo, nem por isso é uma atividade solitária; desenvolve-se em interferência constante com todo um domínio de relações sociais múltiplas.

---

37   Sêneca, *Consolação a minha mãe Hélvia*, trad. Alexandre Pires Vieira. São Paulo: Montecristo, 2017.

38   Plutarque [Plutarco], *De la tranquillité de l'âme*, trad. J. Dumortier e Jean Defradas. Paris: Les Belles Lettres, 1975, 464E-465A, p. 98. Oeuvres Morales, v. VII-I. O destinatário do tratado é, na realidade, um certo Paccius.

39   Ver, no final da segunda sessão do seminário, a observação de Foucault sobre as relações amorosas de Marco Aurélio e Frontão; infra, p. 201.

SEGUNDA VERSÃO
Transcrição da gravação com acréscimo das variantes do texto datilografado em inglês (BnF NAF 28730, caixa 29, dossiê 3).

O tema [da conferência] é o que denomino cultura de si nos dois primeiros séculos do Império.[40] E, com essa expressão bastante pretensiosa de "cultura de si", entendo o cuidado de si à medida que esse cuidado de si é, em primeiro lugar, um modo de vida; em segundo, uma relação permanente consigo e uma experiência pessoal; em terceiro, um tipo de relação com os outros; e, igualmente – este é o quarto ponto – um conjunto de técnicas. Hoje, deixarei de lado esse último aspecto da cultura de si, quero dizer, as técnicas, que tentarei desenvolver na próxima conferência; hoje, tentarei desenvolver os três primeiros pontos: o cuidado de si como modo de vida, como relação permanente consigo e como relação com os outros.

Preparei uma conferência de duas horas, mas creio que seria verdadeiramente cansativo para mim e para vocês ficarmos sentados aqui durante duas horas; podemos, pois, fazer um intervalo ao fim de uma hora e, se vocês quiserem colocar questões durante minha conferência ou após a primeira ou a segunda hora, façam isso, desde que possível, é claro, e tantas vezes quanto possível.

É um fato importante, creio, que os moralistas latinos e gregos que tiveram maior influência na ética cristã e moderna tenham sido também, na cultura antiga, os mais representativos da cultura de si. Por exemplo, quando um autor cristão de primeiro escalão, Clemente de Alexandria, escreve alguns capítulos de *O pedagogo*[41]

---

40 Ver supra, p. 47, nota 4.

41 Clemente de Alexandria, *O pedagogo*, trad. Iara Faria e José Eduardo C. B. Carneiro. Campinas: Ecclesiae, 2014.

ou vários de seus *Stromates* [Estrômatas],[42] recopia, palavra por palavra, Musônio Rufo, que era um estoico, uma das principais figuras do estoicismo do começo do Império Romano. Sabemos que Santo Agostinho fala de Sêneca como "nosso" Sêneca. Ocorre igualmente que o *Enchiridion* [Manual] de Epicteto[43] foi atribuído, durante séculos, não a Epicteto, mas a um padre cristão grego, são Nilo; e mesmo no século XIX o *Enchiridion* era ainda atribuído a são Nilo: na grande coleção patrística editada na França na metade do século XIX por Migne,[44] encontramos esse *Enchiridion*, mas entre as obras de são Nilo. É preciso também acrescentar que esses moralistas latinos e gregos, como Sêneca, Epicteto, Marco Aurélio etc., foram desde o Renascimento utilizados pela cultura moderna contra o cristianismo e a ética cristã ou como alternativa a esta. Pode-se, portanto, dizer que a cultura de si nos foi transmitida tanto por intermédio da cultura cristã como da não cristã: nós somos, em grande parte de nossa ética, herdeiros dessa cultura de si.

Em sua maioria, os historiadores da filosofia antiga interessam-se pelo desenvolvimento da metafísica e da ontologia de Parmênides a Aristóteles, passando por Platão. Por sua vez, a maioria dos historiadores das ciências ou das ideias interessam-se pelo desenvolvimento do pensamento racional nas matemáticas gregas, na cosmologia grega, nas ciências naturais gregas. Creio, porém, que seria igualmente interessante estudar o desenvolvimento de certo tipo de subjetividade, certo tipo de relação consigo, nessa cultura de si greco-latina. Poderíamos dizer, com efeito, que a metafísica grega foi determinante para nossa relação com o ser, que a ciência grega e a racionalidade grega foram determinantes, em nossa história, para nossa relação com o mundo físico, e que a cultura de si greco-latina foi determinante para nossa relação com

---

42   id., *Les stromates*, I-VII, trad. Claude Mondésert et al. Paris: Éditions du Cerf, 1951-2001. Sources Chrétiennes (a tradução francesa do livro VIII ainda não foi publicada).

43   Flavio Arriano, *O manual de Epicteto*, trad. Aldo Dinnuci. Campinas: Auster, 2020.

44   A *Patrologiae cursus completus...: Series latina* é uma importante coleção de textos dos Padres da Igreja e de autores eclesiásticos que vai de Tertuliano a Inocêncio III, publicada sob a direção do abade Jacques-Paul Migne em 221 volumes entre 1844 e 1864.

nós mesmos.[45] Poderíamos, com certeza, perguntar por que esse último aspecto da tradição antiga foi muito mais negligenciado que os outros, por que os historiadores da filosofia interessaram-se profundamente pelo desenvolvimento da metafísica ou o da racionalidade, e não pelo desenvolvimento da cultura de si. Não buscarei, hoje, dar ou delinear uma resposta; tentarei fazê-lo em uma das próximas exposições.

Hoje, gostaria de lhes apresentar um esboço dessa cultura de si. Vocês se lembram que, em nosso último encontro, acentuei dois ou três pontos. O primeiro era que o princípio do cuidado de si não foi um puro preceito filosófico, e sim, creio – e temos muitos testemunhos que o mostram –, uma atividade social largamente difundida. O segundo ponto que sublinhei no último encontro foi que esse tema não é a marca de um período de declínio, de decadência social, política ou cultural; o tema de que é preciso cuidar de si aparece, ao contrário, como um preceito muito arcaico ligado a técnicas arcaicas. A terceira ideia que sublinhei no último encontro era que o cuidado de si não deve ser identificado com o conhecimento de si: é fato que estes dois princípios, *gnôthi seautón* e *epímele seautoû*, estão ligados, mas o primeiro ("conhece-te a ti mesmo") parece ser uma parte ou uma consequência do segundo ("cuida de ti mesmo"). São esses os três pontos que busquei acentuar na última vez.

Apesar disso, devemos reconhecer que, no início da época grega clássica, encontramos a formulação estritamente filosófica da obrigação de cuidar de si e, nessa formulação filosófica, uma importância primordial é atribuída ao *gnôthi seautón*. Essa primeira formulação filosófica encontra-se, seguramente, em Platão, no *Alcibíades*.[46] E esse texto me servirá hoje, de algum modo, como uma espécie de ponto de partida, de referência para esclarecer as diferenças entre a teoria estritamente platônica e as formas gerais da cultura de si.

———

A primeira elaboração filosófica do princípio "tu deves cuidar de ti mesmo" encontra-se no *Alcibíades*.

---

45   Cf. M. Foucault, "La culture de soi", op. cit., p. 88.

46   Platão, "O primeiro Alcibíades", op. cit. Ver supra, p. 42, nota 1.

Como se sabe (ou se ignora), os comentadores hesitam acerca da data a ser proposta para tal diálogo. Alguns dentre eles são levados a supor que o texto data da juventude de Platão: os *dramatis personae* [TD, acrescentado à mão: os personagens] o sugerem, assim como o tipo de interrogação, a lentidão do diálogo e da discussão, além de muitos temas nele abordados. Outros comentadores sugerem, ao contrário, uma data bastante tardia, em particular por causa da conclusão extremamente dogmática e "metafísica" [TD, entre aspas] da conversa a propósito da contemplação de si mesmo na essência divina, que é, sabe-se, o tema do pensamento platônico tardio.

Deixemos de lado esse debate, que não é de minha competência. Porém, é preciso ter consciência de que esse diálogo, o *Alcibíades*, é algo verdadeiramente estranho na obra de Platão, a tal ponto que alguns comentadores têm dúvidas sobre sua autenticidade. Creio que a maioria dos comentadores modernos está hoje de acordo em aceitá-lo como sendo de Platão; todavia, o lugar exato dessa obra no pensamento platônico – o último Platão etc. – é sempre muito enigmático para nós. Contudo, os neoplatônicos dos primeiros séculos de nossa era tinham, para o problema colocado pelo *Alcibíades*, uma solução muito elegante. A solução é interessante porque mostra claramente o sentido que era dado a esse diálogo, na tradição clássica, assim como o sentido que era dado ao tema, ao preceito "cuida de ti mesmo". [TD: enquanto preocupação principal.] Qual foi essa solução?

Como sabemos, um dos principais objetivos da escola neoplatônica, do século II aos séculos V e VI de nossa era, consistia em publicar os escritos de Platão e organizá-los ao mesmo tempo como um *cursus* para os estudos (segundo o modelo pedagógico) e uma matriz para um conhecimento enciclopédico. Platão e a edição das obras platônicas eram, para a escola neoplatônica, ao mesmo tempo uma espécie de *cursus* universitário e uma enciclopédia de todo conhecimento. Desse ponto de vista, o *Alcibíades*, na tradição neoplatônica, era considerado o primeiro diálogo: o primeiro que os estudantes deviam ler e o primeiro que os comentadores deviam explicar.

Por exemplo, um autor do século II, um neoplatônico, Albino, dizia que todo homem "naturalmente dotado" e que havia atingido a "idade de filosofar", se quisesse manter-se a distância dos "embaraços da política" e "praticar a virtude", esse tipo de pessoa devia começar pelo estudo do *Alcibíades*. E por que devia começar pelo estudo do *Alcibíades*? Porque, no *Alcibíades*, podia aprender a "voltar-se para si mesmo e definir qual devia ser o objeto de suas preocupações". Mais tardiamente, no século V, Proclo dizia que o texto do *Alcibíades* devia ser considerado *"arché apáses filosofías"*, o que significa que o *Alcibíades* devia ser considerado como o princípio, o ponto de partida e o fundamento de toda filosofia. E, no século VI, Olimpiodoro, comparando o conjunto do pensamento de Platão a uma espécie de templo ou recinto sagrado, fazia do *Alcibíades* o *propileu* do templo cujo *ádito*, isto é a parte central e sagrada do templo, seria o *Parmênides*. Assim, para caminhar ao longo desse recinto sagrado até o templo, até o *ádito* do pensamento platônico, devia-se começar pelo *Alcibíades* e ir até o *Parmênides.*[47]

Não tenho intenção de estudar o *Alcibíades* em detalhe. Gostaria simplesmente de destacar alguns traços maiores da noção de *epiméleia heautoû*, de cuidado de si, [TD: que constitui seu centro], visto que se encontra nesse texto a primeira formulação filosófica do princípio "cuida de ti mesmo".

Primeira questão: como o preceito "cuida de ti mesmo" é introduzido no diálogo?

O preceito é conduzido pelo projeto de Alcibíades de dar início a sua vida pública; mais precisamente, Alcibíades tem o projeto de "tomar a palavra diante do povo", ser mais poderoso, ser maior que Péricles [TD, acrescentado à mão: enquanto personalidade política] e de tornar-se todo-poderoso na cidade.

No momento em que Sócrates encontra Alcibíades, bem no início do diálogo, e lhe propõe realizar um exame dele mesmo, Alcibíades está em um ponto de passagem da própria vida. Esse ponto de passagem é bem conhecido e muito comum para todo jovem aristocrata ateniense. Trata-se do momento em que o jovem aristocrata ateniense começa a participar da vida política com

---

47 Para a questão da classificação das obras de Platão pelos neoplatônicos, Foucault apoia-se notadamente no estudo de A.-J. Festugière, "L'ordre de lecture des dialogues de Platon aux Vᵉ-VIᵉ siècles", op. cit. Ver supra, p. 43, nota 2.

seus pares, com seus iguais. É também aquele momento em que ele não pode mais ser um *erómenos*, não pode mais ser o amado, devendo tornar-se um *erastés*, alguém que ama. Portanto, nesse momento, ele deve tornar-se ativo tanto na cena política quanto no amor, no jogo erótico.

Alcibíades está nesse ponto de passagem bem conhecido tanto na vida política como na vida erótica. Mas sua maneira de atravessar esse ponto de passagem clássico, comum a todo jovem ateniense, é, creio eu, muito diferente dos outros. Na realidade, Alcibíades não quer somente participar com seus pares do poder político; não se satisfaz com os privilégios advindos de seu nascimento, de sua fortuna e de seu *status*; diz, muito explicitamente, que não quer "passar a vida" aproveitando tudo isso com seus iguais e no mesmo nível de seus pares. Quer suplantar todos os outros, no interior da cidade, e também, no exterior, os reis de Esparta e o soberano persa; estes (os reis de Esparta, o soberano persa) não são para ele simplesmente inimigos de seu país mas também rivais pessoais. Vocês veem, pois, que, na cena política, Alcibíades não quer aparecer somente como um aristocrata entre outros que exerceram o poder em Atenas, ele quer ser o único e sustentar uma relação de poder pessoal com seus concidadãos; e sustentar uma rivalidade pessoal com os inimigos de seu país. Eis a diferença entre Alcibíades e os outros jovens aristocratas.

Ora, também do ponto de vista erótico, Alcibíades está no ponto de passagem [de que acabo de falar]. Durante a adolescência, ele era desejável e tinha uma grande quantidade de pretendentes; chegou agora a essa idade em que a barba cresce e seus enamorados querem separar-se dele. Enquanto estava no fulgor da beleza, Alcibíades rejeitara todos aqueles que o cortejavam, não querendo ceder a eles, pretendendo permanecer, segundo suas palavras, *kreítton*, dominante. A ambivalência entre o vocabulário político e o vocabulário erótico, que é constante em grego, torna-se aqui essencial. E agora Sócrates se apresenta; sem se interessar pelo corpo de Alcibíades ou ao menos renunciando ao corpo de Alcibíades, Sócrates vence onde todos os outros fracassaram; mostrará a Alcibíades que é mais forte que ele; vai fazer com que ele se submeta, mas em um sentido completamente diferente. Alcibíades será obrigado a submeter sua alma e sua vontade a Sócrates para tornar-se o primeiro na cidade. Eis o ponto essencial: para tornar-se o primeiro na vida política, deve submeter-se a um enamorado, não no sentido físico da palavra, mas no sentido espiritual. Vocês veem então que Sócrates encontra Alcibíades nesse momento estratégico da vida do jovem ateniense, Sócrates alcança Alcibíades nesse momento de passagem do estatuto de jovem ao estatuto de adulto. Alcibíades não tem a experiência dessa passagem da mesma maneira que os outros jovens aristocratas.

É, creio, exatamente nesse cruzamento entre a ambição política muito pessoal do jovem e o amor muito particular do mestre (um amor filosófico) que aparece a questão do cuidado de si.

Aqui se apresenta a segunda questão: por que Alcibíades é obrigado a cuidar dele mesmo?

Sócrates pergunta a Alcibíades em que consiste sua ambição; ou melhor, o que Alcibíades considera como sendo suas capacidades pessoais. Ele sabe o que é bem governar a cidade? Sabe o que significa a palavra "justiça"? Sabe o que significa "a concórdia" na cidade? De tudo isso, Alcibíades nada sabe, como um jovem socrático clássico que nos é familiar, e acha-se incapaz de responder. Encontramos esse gênero de situação em quase todos os primeiros diálogos de Platão. Sócrates, então, convida Alcibíades a comparar-se a seus rivais, aqueles que ele quer combater, seus rivais de fora da cidade, os reis de Esparta e o rei da Pérsia. E Sócrates diz a Alcibíades: "Você bem sabe que os reis de Esparta recebem uma educação muito cuidadosa, que lhes ensina as virtudes indispensáveis". E, no que concerne ao rei da Pérsia, desde a idade de quatorze anos, o jovem príncipe é confiado a quatro pedagogos: o primeiro lhe ensina a sabedoria (*sofía*); o segundo, a justiça (*dikaiosýne*); o terceiro, a temperança (*sofrosýne*); e o último, a coragem (*andreía*). Quatro virtudes platônicas que só aparecem nos últimos diálogos de Platão (mais uma prova de que é difícil datar esse diálogo). Em todo caso, o rei da Pérsia recebe uma educação muito boa, completa e platônica. E Alcibíades, que educação recebeu? Foi confiado a um velho escravo completamente ignorante, e Péricles, seu tutor, não foi capaz de educar convenientemente nem mesmo os próprios filhos.

Para suplantar os rivais, Alcibíades deve, pois, adquirir uma *téchne*, uma habilidade; deve aplicar-se a isso, deve *epimeleísthai* [aplicar-se]. Aproximamo-nos agora da discussão central. Mas, como vimos, ele nem sequer sabe a que deveria aplicar-se, pois nada sabe da justiça, da concórdia, do bom governo. Alcibíades está consciente de que deve aplicar-se a alguma coisa, mas ignora a que coisa deve aplicar-se. Alcibíades está, portanto, no maior embaraço. Desespera-se. É então que Sócrates intervém e lhe diz uma coisa capital: se você tivesse cinquenta anos, a situação seria grave e até mesmo desesperada; seria então tarde demais para *epimeleísthai seautoû* (ocupar-se consigo mesmo).

É a primeira vez que essa expressão aparece no texto, e talvez nos escritos de Platão [, resguardada a discussão do início sobre esse ponto]. É a primeira vez que tal noção aparece, pelo menos nesse sentido. É muito significativo que o princípio de ter de cuidar de si seja, como veem, diretamente ligado a uma pedagogia ruim, diretamente ligado a uma pedagogia defeituosa, e é muito significativo também que essa obrigação de ocupar-se de si deva aplicar-se a um momento preciso da vida. Ao momento preciso em que o jovem vai lançar-se na vida política.

Agora, após Sócrates ter explicado que Alcibíades deve ocupar-se dele mesmo, apresenta-se a terceira questão ou, mais precisamente, dois últimos problemas: [que é este "si mesmo" do qual se deve ocupar? Em que consiste o fato de dele ocupar-se?

Passarei rapidamente sobre o longo debate que permite responder à primeira interrogação. O si mesmo do qual se trata, evidentemente, não são as coisas que podemos possuir, como nossos bens, nossas vestimentas, nossos utensílios; também não pode ser nosso corpo, do qual o médico ou o ginasiarca se ocupam. Devemos nos ocupar daquilo que tem a capacidade de servir-se de nossos bens, de nossos utensílios, de nosso corpo: isto é, na realidade, de nossa alma].[48]

Para ocupar-se da própria alma, seguramente é preciso saber em que consiste essa alma. E, para que a alma se conheça, é necessário que ela olhe em um espelho de mesma constituição que ela, isto é, deve-se se olhar a própria alma no elemento divino ao qual ela pertence. E é nessa contemplação da alma através, no

---

48 Interrupção da gravação; passagem reconstituída a partir do texto datilografado.

elemento divino, que se será capaz de descobrir os princípios e as essências segundo os quais uma ação justa pode ser fundada e que estabelecerão as regras da ação política. Portanto, vocês veem agora por que Alcibíades devia ocupar-se de si mesmo, uma vez que queria tornar-se o dirigente da cidade: se queria saber quais os princípios da ação política justa, devia olhar a própria alma através do elemento divino, no qual podia ver as essências eternas.

Há, com certeza, muitas razões pelas quais essa passagem merece ser considerada. Primeiro, porque ela exibe todos os sinais não do primeiro platonismo, mas do platonismo tardio. Antes de tudo, porém, a razão pela qual creio que tal passagem merece atenção é que, de certo modo, o cuidado de si é visto nela precisamente como o contrário daquilo que eu disse em nosso último encontro: o cuidado de si, nesse texto, é absorvido no conhecimento de si. Ao longo de todo o diálogo, o princípio do cuidado de si, que era o tema principal da discussão, orbitou em torno do preceito délfico de ser preciso conhecer-se a si mesmo. Em várias retomadas, direta ou indiretamente, o *gnôthi seautón* é mencionado ao lado do *epímele seautoû*. Contudo, está claro que, no fim do diálogo, quando é dito a Alcibíades que ele deve olhar a essência divina como em um espelho, nesse momento o "conhece-te a ti mesmo", o *gnôthi seautón*, ocupa todo o espaço aberto pelo princípio segundo o qual é preciso cuidar de si. Para Platão, pelo menos nesse diálogo, o *Alcibíades*, o cuidado de si consiste no conhecimento de si.

Dediquei um certo tempo a esse texto, ao passo que a maioria dos documentos que estudarei em seguida são muito mais tardios. É que ele me parece fazer aparecerem claramente vários dos problemas fundamentais da história do cuidado de si: as soluções a serem elaboradas (nessa história) serão muito frequentemente diferentes daquelas fornecidas no *Alcibíades*, mas creio que encontramos os mesmos problemas com soluções diferentes ao longo dessa civilização, dessa cultura e dessa filosofia grega, helenística e greco-romana.

Há três problemas principais.

Primeiramente, o problema da relação entre cuidado de si e atividade política. Como vimos, Sócrates pedia a Alcibíades que se ocupasse consigo mesmo, já que pretendia ocupar-se dos outros e dirigi-los. Nesse diálogo, Alcibíades deve ocupar-se consigo mesmo porque quer governar os outros: *epimeleísthai heautoû, epimeleísthai állois*,[49] ele deve cuidar de si mesmo porque deve cuidar dos outros. Mais tarde, em particular durante o Império, a questão da relação entre o cuidado de si e a atividade política será ainda diferente. Mas, nessa época, no começo do Império, a questão tenderá, mais expressamente, a apresentar-se sob a forma de uma alternativa: não vale mais se afastar da atividade política para cuidar de si mesmo? A relação, no *Alcibíades*, é uma relação de implicação entre o cuidado de si e a atividade política; mais tarde, na época helenística e greco-romana, tomará a figura, a forma, de uma alternativa.

O segundo problema que encontramos ao longo dessa cultura antiga é aquele da relação entre o cuidado de si e a pedagogia. No propósito de Sócrates, ocupar-se de si é apresentado como o dever de jovens cuja formação foi insuficiente. Mais tarde, na época do Império Romano, ocupar-se de si não será, de modo algum, apresentado como o dever de jovens [cuja formação foi insuficiente]: será apresentado como o dever de um adulto, de todo adulto – um dever a perseguir durante toda a vida.

O terceiro problema que encontramos no *Alcibíades* e que reencontramos na filosofia mais tardia é o problema da relação entre o cuidado de si e o conhecimento de si. Vimos o lugar privilegiado atribuído pelo Sócrates de Platão ao *gnôthi seautón*, e esse lugar privilegiado será um dos traços característicos de todos os movimentos platônicos e neoplatônicos. Ao contrário, parece que, na filosofia helenística e romana, mais frequentemente, o cuidado de si ganha, o princípio do cuidado de si adquire certa autonomia, talvez certo estatuto privilegiado no que diz respeito ao conhecimento de si. Em todo caso, ocorre frequentemente que o acento filosófico seja colocado sobre o cuidado de si – e o conhecimento de si, por consequência, não seja senão um instrumento, um método para ocupar-se de si como convém.

———

É esse o ponto de partida daquilo que gostaria agora de analisar de maneira mais precisa, isto é, a cultura de si nos dois primeiros séculos do Império; mais precisamente, escolhi como cronologia

---

49 *Epimeleísthai állois*: preocupar-se com os outros, cuidar dos outros.

o período que vai do fim da dinastia augustiniana ao fim dos Antoninos. Esses 150 ou 200 anos constituem, como bem sabemos, um dos grandes momentos da civilização antiga. Mas eles marcam também, creio, um momento privilegiado, uma espécie de "idade de ouro" na prática e na teoria do cuidado de si.

Epicteto, desse ponto de vista, é seguramente significativo.[50] Creio que, de fato, seja possível encontrar, nas *Diatribes* de Epicteto, uma teoria verdadeiramente completa do cuidado de si. Epicteto mostra muito claramente que o cuidado de si é ao mesmo tempo uma obrigação, um dever e um privilégio, o privilégio dos humanos em comparação aos animais; para Epicteto, os humanos são aquele gênero de seres que têm a capacidade de cuidar de si mesmos e que devem fazê-lo. No próximo seminário, o primeiro, tentarei ler com vocês algumas páginas de Epicteto sobre esse tema.[51]

Hoje, porém, não quero deter-me nessas referências estritamente teóricas e filosóficas. Na época em que Epicteto retoma o princípio do cuidado de si, o tema da vigilância de si assume uma amplidão considerável. Um longo desenvolvimento havia preparado esse apogeu. O primeiro e o segundo séculos, com certeza, não são mais um ponto de partida; trata-se, antes, de um desenvolvimento de longa duração.

Entre os filósofos que pretendiam ser conselheiros de vida e guias de existência, o princípio de zelar por seus próprios interesses – não, decerto, no sentido material do termo – era quase universalmente aceito. Os epicuristas repetem, conforme seu mestre, que nunca é demasiado cedo nem demasiado tarde para ocupar-se de sua alma.[52] Musônio Rufo, entre os estoicos, diz também que: "É cuidando incessantemente de si mesmo que se garante a própria salvação";[53] e Sêneca: "É preciso estar disponível à sua

---

50   A página manuscrita correspondente a esse parágrafo não foi encontrada. Ignoramos, portanto, se ali havia variantes significativas em relação ao que Foucault efetivamente disse.

51   Epicteto, "Diatribe 6 – Sobre a Providência", in *As diatribes de Epicteto*, livro I, op. cit. Foucault não terá tempo para comentar esse texto na primeira sessão do seminário; ele o fará na segunda sessão. Ver infra, pp. 181-93.

52   Epicuro, *Carta sobre a felicidade (a Meneceu)*, op. cit., p. 21.

53   Plutarque [Plutarco], *Du controle de la colère*, op. cit., 453D, p. 59. Ver supra, p. 48, nota 8.

alma, disponível a si mesmo, e é preciso não tardar em fazê-lo"; "retirar-se em si e aí permanecer".[54] Plutarco recomenda olhar para si mesmo e "aplicar a si mesmo toda a sua atenção". Dio de Prusa ministra uma conferência sobre a *anachóresis eis heautón*, o retiro em si mesmo.[55] E Galeno, lembrando quanto tempo é necessário para formar um médico, um orador ou um gramático, pensa que é preciso mais ainda para tornar-se um homem de bem; anos e anos, diz ele, passados a zelar por si mesmo.[56]

Mas isso não consistia simplesmente em uma recomendação abstrata, dada por alguns filósofos ou técnicos da alma e do corpo. Ocupar-se de si era uma atividade largamente difundida [nos meios cultivados, mas também, sem dúvida, de maneira mais ampla, se pensarmos][57] no recrutamento bastante popular de alguns grupos epicuristas, assim como entre aqueles que escutavam os cínicos nas ruas. Alguns suportes institucionais reforçavam esse zelo por si mesmo: havia escolas onde se aprendia a cuidar de si, estabelecimentos de ensino privados ou públicos, conferências, discussões em ambientes mais ou menos fechados. Encontra-se a vigilância sobre si em grupos fortemente estruturados, onde ela toma a forma de uma vida comum e regulamentada, como entre os pitagóricos ou naquele estranho grupo descrito por Fílon de Alexandria de que lhes falei em nosso último encontro.[58] [TD, em vez de "ou naquele estranho grupo [...]": Ou, para usar um exemplo ao mesmo tempo célebre e misterioso, na fronteira da cultura greco-romana, os "Terapeutas" descritos por Fílon de Alexandria.] Mas havia também grupos bem mais flexíveis que se encontravam em torno de um guia ou, simplesmente, em torno de um tipo de filosofia, de uma *forma vitae*. Frequentavam-se alguns mestres para uma visita ou um curso. Plínio, por exemplo, quando enviado à Ásia Menor para uma espécie de serviço militar, apressou-se em visitar Eufrates, que era uma figura bem conhe-

---

54 Sobre essas expressões empregadas por Sêneca, ver supra, p. 48, nota 9.

55 Cf. Dio Chrysostom [Dio Crisóstomo], "Discourse 20: On Retirement (Peri anachôrêseôs)", op. cit.

56 Galien [Galeno], "Du diagnostic et du traitement des passions propores à l'âme de chacun", op. cit., 4, pp. 16-17.

57 Passagem faltante reconstituída com base no texto datilografado.

58 Cf. Philon d'Alexandrie [Fílon de Alexandria], *De vita contemplativa*, op. cit.

cida, uma das principais figuras do estoicismo daquela época, e passou a maior parte de seu serviço militar cuidando de sua alma sob a direção de Eufrates.[59] Havia também mestres que eram trazidos à própria casa e nela estabeleciam sua residência, e a aristocracia romana gostava desses conselheiros de vida. Para dar um exemplo, Demétrio era o filósofo da corte de Trásea Peto e, quando Trásea Peto foi obrigado a matar-se, Demétrio estava lá, ao seu lado, para lhe ensinar a imortalidade da alma, e o último olhar de Trásea Peto foi para Demétrio falando da imortalidade da alma.[60] Certas atividades eram pagas, outras gratuitas, mas todas pressupunham uma larga rede de obrigações e serviços. Toda essa atividade dava lugar a uma concorrência muito viva, primeiramente entre os adeptos de um ensino retórico e os que preferiam voltar as almas na direção do cuidado de si; esse é um ponto muito importante e, com certeza, retomarei a questão várias vezes. A oposição, a polaridade entre a formulação retórica e a formulação filosófica, porque concerne ao cuidado de si, tal oposição é, creio eu, um dos principais traços da cultura antiga daquela época, no começo do Império. Entre as pessoas que buscavam ensinar às outras o cuidado de si, seguramente havia diferentes escolas rivais umas das outras, ainda que os objetivos e os procedimentos fossem, na maior parte do tempo, muito próximos. Enfim, havia aqueles que simplesmente disputavam os clientes. E Luciano, que pertencia à segunda sofística, no fim do século II, que não gostava tanto dos filósofos, compõe um retrato bem pouco lisonjeiro dessas práticas, dessas rivalidades. Se quiserem ter uma ideia não exatamente dessas práticas, mas de seu retrato satírico, leiam o diálogo escrito por Luciano, *Hermótimo*, que apresenta um dos personagens que foram convertidos ao cuidado de si; e esse personagem, Hermótimo, tem muito orgulho disso; ele encontra um de seus amigos na rua e lhe explica que tem um mestre de filosofia que lhe ensina o cuidado de si, que teve esse mestre durante vinte anos; e esse mestre obviamente o arruinou, uma vez que suas consultas custavam muito dinheiro,

---

59   Pline le Jeune [Plínio, o Jovem], "Lettre 10", in *Lettres*, op. cit. Cf. HS, p. 146 [p. 137]; SS, p. 63 [pp. 53-54].

60   Ver supra, p. 57, nota 36.

mas lhe deixou a esperança de alcançar a felicidade ao cabo de novos vinte anos.[61]

Nem tudo era fingimento ou impostura nessas práticas de que certas pessoas certamente tiravam proveito. Alguns indivíduos, porém, aplicavam-se sinceramente a uma atividade pessoal de cuidado de si, e o aspecto sério de tal atividade será o tema da próxima hora.

Vocês têm questões ou sugestões a propósito do que eu disse?[62]

—

[TD, reconstituído: Era bom reservar ao cuidado de si ao menos alguns momentos a cada dia; podia-se mesmo consagrar a isso certo lapso de tempo.] **Esse gênero de retiro, durante vários meses ou várias semanas, era uma prática que Plínio, por exemplo, conhecia bem: aconselhava-o a um de seus amigos e gostava de praticar, ele próprio, tais retiros no campo.** [TD: que eram também retiros em si mesmo.] **O campo era considerado naquela época como uma**

---

61 Lucien de Samosate [Luciano de Samósata], "Hermotimos", in *Portraits de philosophes*, op. cit.

62 A primeira parte da conferência é seguida de uma breve discussão. As questões colocadas, assim como as respostas de Foucault, são, infelizmente, quase inaudíveis e não puderam ser transcritas. Delas só podemos fornecer um resumo: Duas questões são inicialmente colocadas. Em resposta à segunda, Foucault evoca uma analogia entre a relação do mestre e do discípulo descrita por Luciano e o que ocorria na época no contexto do tratamento psicanalítico. À terceira questão, Foucault responde que, na cultura de si antiga, não era possível praticar o cuidado de si sem a ajuda de outra pessoa. Em seguida, ele explica que a relação entre mestre e discípulo assumiu muitas formas diferentes com Sócrates, na época romana e nos primeiros tempos do monaquismo cristão (Foucault cita, a esse respeito, o provérbio: "Quem não é dirigido cai como uma folha morta" [*Celui qui n'est pas dirigé tombe comme une feuille morte*]. Cf. MFDV, p. 132; HS, p. 381 [p. 358]. Ver também Fabienne Brion e Bernard E. Harcourt, in MFDV, pp. 152-53, nota 17 [pp. 133-34, nota 17). A quarta questão parece recair sobre o sentido a ser atribuído à atitude de Sócrates em relação à ambição de Alcibíades. Foucault lembra que Alcibíades quer tornar-se o primeiro em Atenas e que Sócrates lhe diz que, para isso, ele deve, antes de tudo, cuidar de si mesmo. O cuidado de si deveria fazê-lo descobrir, em seguida, que sua ambição pessoal conduz à tirania e que não é esse o gênero de poder que deve exercer sobre a cidade. Por conta da questão de um ouvinte, Foucault voltará a este ponto no começo da segunda sessão do seminário, explicando que, de certo modo, Sócrates arma um ardil a Alcibíades. Ver infra, p. 174.

espécie de território filosófico, de lugar filosófico, e fazer um retiro no campo era ao mesmo tempo fazer um retiro em si mesmo. E, se esse lazer podia ser qualificado de *scholé* ou de *otium*, é preciso ter em mente, contudo, que se tratava de um lazer ativo, um tempo de estudo: leituras, conversações, diversas atividades de meditação ou de preparação para o infortúnio, para o exílio ou para a morte, exercícios que implicavam certa abstinência. Voltaremos a isso.

O que eu gostaria de sublinhar é o fato de que a escrita também desempenhava um papel muito importante; ocupar-se consigo implicava que se anotasse o que nos acontecia durante o dia, o que se sentia, o que se experienciava, os livros que se liam, as conversações ocorridas etc. Elaborava-se o que os gregos denominavam *hypomnémata*, cadernetas que podiam ser relidas e memorizadas.[63] Escreviam-se tratados para amigos, enviavam-se cartas a eles, trocava-se correspondência com eles, o que era um meio de ajudá-los em seus propósitos mas também um meio de reativar para si mesmo as verdades de que se tinha necessidade. Por exemplo, quando Sêneca escrevia a Lucílio uma carta sobre a morte do filho de um de seus amigos, era "para que esta carta [fosse] mostrada ao pai do jovem rapaz que morrera e, nesse caso, a fim de consolá-lo"; de certo modo, era igualmente uma lição dada a Lucílio a fim de ajudá-lo caso pudesse fazer uso dela para seu filho ou um de seus parentes; e escrever essa carta era também um exercício para o próprio Sêneca, pois se tratava de um meio de reativação das verdades que ele conhecia sobre a vida, a morte etc.[64] Creio que essa importância da escrita é muito característica: era o principal traço dessa cultura de si. Como se sabe, a leitura e a escrita eram largamente difundidas nas sociedades grega e romana. Com exceção dos escravos, sem dúvida, todos ou quase todos sabiam ler e escrever nas sociedades romana e grega. Há, porém, creio eu, uma diferença verdadeiramente importante e significativa. Na vida política, pelo menos na época clássica, até o começo do Império, a cultura oral é que era largamente dominante. A escrita não era importante na vida política. Foi somente com o desenvolvimento das estruturas administrativas e da burocracia,

---

63 Ver supra, p. 50, nota 15.
64 Sêneca, *Cartas a Lucílio*, op. cit., carta 99, pp. 539-48.

no final do Império, com o Império e, sobretudo, após a grande crise do século III, que a escrita se tornou importante, uma das atividades necessárias à vida política. Antes, a vida política e a atividade política eram principalmente orais. Contudo, devemos ter em mente que o problema do si, do cuidado de si, pelo menos durante o período helenístico, foi manifestamente um dos assuntos para os quais a escrita era absolutamente necessária. O desenvolvimento do uso da escrita e o desenvolvimento da cultura de si estiveram ligados e interdependentes durante todo esse período. O si era alguma coisa da qual se tinha de cuidar por meio de certas atividades, entre as quais a de escrever.

[TM, *em vez de
"Foi somente com
o desenvolvimento
[...] a de escrever"*]

> É fato que o desenvolvimento das estruturas administrativas e da burocracia fez crescer o papel da escrita no governo imperial. Mas devemos ter em mente que muito cedo no governo de si o papel da escrita foi determinante. O eu como alguma coisa de que se deve cuidar era o tema de uma atividade de escrita contínua.

A subjetividade como tema da atividade de escrita não é, de modo algum, uma descoberta moderna: não é uma descoberta que vem do romantismo, não é uma inovação da Reforma, não é uma inovação de Santo Agostinho ou dos primeiros tempos da espiritualidade cristã. Ao contrário, o fato de que a subjetividade seja um tema dessa atividade de escrita é uma das mais antigas tradições do Ocidente. E essa tradição estava profundamente enraizada quando Santo Agostinho e a espiritualidade cristã surgiram. Creio que o fato de, na época da cultura antiga, a atividade política ser uma atividade oral, enquanto o cuidado de si era em grande parte uma atividade de escrita, [é algo importante]; e então produziu-se, na época cristã, uma mutação: a vida política tornou-se uma atividade escrita, e a cultura de si tornou-se uma atividade oral com a confissão. Essa mutação [aparece em] Cassiano. Queria sublinhar esse aspecto e essa importância da escrita.

Ao mesmo tempo que tais práticas se difundiam, tudo indica que a experiência de si concreta, pessoal, tenha se intensificado e ampliado graças a essa atividade. Creio que ela não estava ligada somente a uma atividade externa. Creio que a experiência que as pessoas faziam de si mesmas, a maneira como (tinham) relação consigo mesmas foi transformada pelo que poderíamos chamar de introspecção; o tipo de olhar que incide sobre si torna-se muito mais atento, muito mais detalhado, mais profundo que antes. As cartas de Sêneca e de Plínio, a correspondência de Marco Aurélio com Frontão, por exemplo, manifestam essa vigilância e essa meticulosidade da atenção que se deve ter consigo mesmo. Ela incide frequentemente sobre os detalhes da vida cotidiana, sobre as gradações da saúde e do humor, sobre os pequenos mal-estares físicos e as indisposições; incide também sobre os ínfimos movimentos da alma, os ínfimos movimentos do espírito, incide sobre as leituras que foram praticadas, sobre as citações que são lembradas, sobre as reflexões que foram feitas por ocasião de tal ou tal acontecimento. Deixa-se perceber um certo modo de relação consigo e todo um domínio de experiência que não se encontravam em documentos anteriores.

Desse ponto de vista, as cartas escritas por Marco Aurélio a seu amigo, mestre e talvez amante Frontão, assim como por Frontão a Marco Aurélio, são muito significativas. Se eu encontrar aqui uma tradução inglesa dessas cartas [(encontrei uma tradução em francês, mas as cartas de amor eram sempre traduzidas do grego para o latim...)], leremos juntos uma ou duas delas durante o seminário.[65]

Há outro texto que não foi traduzido e é também verdadeiramente interessante: são os *Discursos sagrados* de Élio Aristides.[66] Eles constituem, creio eu, um testemunho muito claro de tudo isso. Élio Aristides era um personagem bem estranho, que escreveu coisas bastante interessantes a propósito da política, da constituição de Roma, do governo imperial etc.; toda a história, a *destinée* [destinação][67] política de Roma:[68] é muito bonito. Mas,

---

65 Foucault comenta algumas dessas cartas no final da segunda sessão do seminário. Ver infra, pp. 198-204.

66 Ælius Aristide [Élio Aristides], *Discours sacrés*, op. cit. Ver supra, p. 51, nota 19.

67 Foucault se exprime em francês.

68 Æ. Aristide [É. Aristides], "En l'honneur de Rome", in *Éloges grecs de Rome*, trad. Laurent Pernot. Paris: Les Belles Lettres, 1997.

junto com isso, durante dez anos, Élio Aristides sofreu um grande número de doenças diversas. Durante dez anos, percorreu o Oriente mediterrâneo, passando de um país a outro, de um templo a outro, de um oráculo a outro, de um padre a outro, rogando por sua cura. De fato, ao final de dez anos, restabeleceu-se. Escreveu seis discursos para demonstrar seu reconhecimento para com Esculápio, o deus da cura. Esses seis discursos vinculam-se, por sua forma geral, ao gênero tradicional das estelas que contam uma cura e são manifestações, expressões de gratidão para com os deuses; trata-se, de certo modo, de uma transcrição das inscrições: ele redigiu como um livro – esse livro – o que está escrito habitualmente em algumas palavras na pedra. E que, nesse contexto tradicional, ele transformou, de certo modo, em uma obra literária. Élio Aristides desenvolve uma enorme quantidade de descrições de suas próprias doenças, indisposições, dores, sensações diversas, de seus sonhos premonitórios que lhe fornecem conselhos, remédios que foram experimentados, melhoras por vezes obtidas etc. Nesse caso, creio que os limites de sintomas hipocondríacos correntes são superados. Mas o problema não é, de modo algum, saber se Élio Aristides estava doente: estava. O que importa é constatar que, em sua própria cultura, encontrou os meios de formular essa experiência pessoal. E creio que nesse texto encontramos, simultaneamente, primeiro a inovação que representa um gênero literário convocado a durar por longo tempo, a narrativa da doença, e o fato de que [Élio Aristides] podia encontrar, em sua própria cultura, os instrumentos ou, pelo menos, o incentivo para realizar tal inovação.

Perdoem-me este rápido sobrevoo. Gostaria simplesmente de sugerir que não se deve buscar o tema do cuidado de si, nessa época, a do Alto Império, somente em uma doutrina filosófica particular. É um preceito universal ou, pelo menos, extremamente corrente. Muitos indivíduos respondem a seu apelo; é uma prática que possui suas instituições, suas regras, seus métodos; é igualmente um modo de experiência, de experiência individual, mas é também uma espécie de experiência coletiva com seus meios e suas formas de expressão.

Em suma, eu diria que o cuidado de si se afirma na experiência como um valor confirmado, toma forma em práticas regradas, abre um campo de experiência pessoal e de expressão coletiva; eis porque creio que se pode falar, legitimamente, de uma "cultura de si".

Na terça-feira próxima, tentarei mostrar o lugar que ocupam nessa cultura de si o princípio do *gnôthi seautón* e as técnicas da análise de si; tentarei analisar as formas de conhecimento de si, de exame de si, de decifração de si que se desenvolveram nessa época e no quadro dessa cultura.

É isso o que planejei. Porém, tenho ainda várias coisas a lhes dizer e receio que estejam cansados... Hoje, com efeito, gostaria de lhes explicar duas ou três mudanças importantes do cuidado de si desde Platão até o Alto Império. A primeira é o fato de que ele se tornou uma cultura de adultos. [...] O segundo ponto que gostaria de sublinhar são as relações bastante estreitas entre esse tipo de cultura e [novas funções que aparecem]; e, terceiro ponto, gostaria de lhes mostrar o lugar do *gnôthi seautón* nessa cultura. Não sei o que fazer... Podemos parar aqui e engajar uma discussão...

———

Eis o primeiro problema: Sócrates, vocês se lembram, recomendava a Alcibíades que aproveitasse sua juventude para ocupar-se consigo mesmo: aos cinquenta anos seria tarde demais. Se compararem isso com outros textos do período helenístico e romano, o contraste é manifesto. Epicuro, por exemplo, dizia [...]: "Quando se é jovem não se deve hesitar em filosofar, e quando se é velho, não se deve cansar de filosofar. Nunca é demasiado cedo nem demasiado tarde para cuidar de sua alma".[69] [TD: (*pròs tò katà tèn psychèn hygiaínon.*)] Musônio Rufo, que é um estoico, dizia: "É preciso cuidar-se incessantemente, caso se queira viver de maneira salutar".[70] Ou Galeno, que diz: "Para se tornar um homem realizado, cada um tem necessidade de exercitar-se, por assim dizer, durante toda a vida", ainda que seja verdade que é melhor "ter zelado por sua alma desde a mais tenra idade".[71]

---

69   Epicuro, *Carta sobre a felicidade (a Meneceu)*, op. cit., p. 21.

70   Ver supra, p. 48, nota 8.

71   Galien [Galeno], "Du diagnostic et du traitement des passions propres de l'âme de chacun", op. cit., 4, pp. 12-13.

É fato que os amigos aos quais Sêneca ou Plutarco davam conselhos não são, de modo algum, aqueles adolescentes ambiciosos e desejáveis aos quais Sócrates se dirigia: os amigos de Sêneca e de Plutarco são homens, às vezes jovens (como Sereno),[72] às vezes em plena maturidade (como Lucílio, que exercia o importante cargo de procurador da Sicília na época em que Sêneca e ele trocavam uma longa correspondência espiritual).[73] Epicteto, que dirige uma escola, tem alunos ainda muito jovens, mas lhe ocorre também endereçar-se a adultos e até mesmo a personalidades consulares. Há um diálogo muito interessante em que Epicteto pede a seus jovens alunos que percorram a cidade e desempenhem uma espécie de papel socrático, indo ver as personalidades consulares que encontram na cidade e convocando-os à tarefa do cuidado de si; os adultos devem cuidar de si mesmos, e os jovens estudantes de Epicteto devem convocá-los a fazer isso. Quando Marco Aurélio redige suas anotações, exerce seu ofício de imperador, não é jovem; trata-se, para ele, ao longo de toda a vida, de "levar ajuda a ele mesmo".[74]

Ocupar-se de si, portanto, não é uma simples preparação para a vida. [TD: É uma forma de vida.] Creio que, no *Alcibíades*, por mais importante que tenha sido o princípio do cuidado de si, tratava-se de uma simples preparação para a vida, ou ao menos Alcibíades pensava que era isso e nada mais. Alcibíades se tornava ciente de que devia ocupar-se de si, uma vez que pretendia, em seguida, ocupar-se dos outros. Agora, trata-se de ocupar-se de si, *para* si mesmo e durante toda a vida.

Daí vem a ideia tão importante de uma mudança de atitude em relação a si, a ideia de conversão a si (*ad se convertere*), a ideia de um movimento na própria existência, pelo qual se retorna a si (a expressão grega é *"eis heautón epistréfein"*).[75] Essa noção de *epistrofé* é um tema tipicamente platônico. Porém, como vimos no *Alcibíades*, o movimento pelo qual a alma se volta para ela mesma, segundo a doutrina platônica, o movimento ao qual Alcibíades foi

---

72 Sêneca, *Da tranquilidade da alma*, op. cit.

73 Id., *Cartas a Lucílio*, op. cit.

74 Marc Aurèle [Marco Aurélio], *Pensées*, op. cit., III, 14, p. 1157.

75 Ver supra, p. 53, nota 27.

convidado por Sócrates, esse movimento é um movimento pelo qual o olhar, os olhos, são atraídos para o alto – para o elemento divino, para as essências e para o mundo supraceleste onde as essências são visíveis. Ao contrário, o retorno ao qual Sêneca, Plutarco e Epitecto convidam, esse retorno é muito diferente do retorno às ideias: é, de certo modo, um retorno ao mesmo lugar; não tem outro fim nem outro termo senão se estabelecer junto de si mesmo, "residir em si mesmo" e aí permanecer. O objetivo final da conversão a si consiste em estabelecer certo número de relações consigo mesmo.

Algumas dessas relações são descritas segundo um modelo jurídico-político: deve-se, por exemplo, ser soberano de si mesmo, exercer sobre si mesmo um domínio perfeito, ser plenamente independente, estar completamente para si (*fieri suum*, diz frequentemente Sêneca).[76]

Essas relações são também representadas com frequência segundo o modelo do gozo: literalmente, "fruir de si", ter prazer consigo mesmo, encontrar a satisfação de seu desejo em si mesmo etc.

Digamos esquematicamente: em Platão, o movimento pelo qual se faz a volta para si é somente uma etapa em uma ascensão que conduz "além"; aqui, trata-se de um movimento que nos conduz a nós mesmos; se então encontramos o divino, é sob a forma do *daímon* que está presente em nós; essa forma de relação consigo é orientada, de certo modo, para uma espécie de finalidade interna.

A segunda diferença importante, a segunda mudança, concerne, creio, à pedagogia. Vocês se lembram que, no *Alcibíades*, a necessidade do cuidado de si vinculava-se a uma pedagogia defeituosa, às falhas da pedagogia, e Alcibíades deveria completar esse ensinamento e substituí-lo pelo cuidado de si. Agora, esse cuidado tornou-se uma prática adulta que se deve exercer por toda a vida; e, sem dúvida, seu papel pedagógico tende a apagar-se enquanto outras funções aparecem. Tais funções, creio, são três.

Primeiramente, a cultura de si não tem uma função pedagógica, mas uma função crítica. Ocorre o contrário: a cultura de si não permite, de modo algum, adquirir uma formação, mas desemba-

---

76   Ver, por exemplo, Sêneca, *Cartas a Lucílio*, op. cit., carta 75, 18, p. 310. Ver supra, p. 53, nota 28.

raçar-se de toda formação ruim que se recebeu anteriormente, de todos os hábitos ruins, advindos da plebe, dos mestres ruins, mas igualmente da família, do entorno, dos parentes. Há cartas muito significativas escritas por Sêneca contra a má influência dos parentes.[77] Deve-se desembaraçar-se de tudo isso. A ideia de que a cultura de si é uma cultura crítica é muito importante e terá uma longa destinação em nossa sociedade através do cristianismo, da Reforma, do romantismo e [da atividade revolucionária]. Cuidar de si é uma [atividade] crítica. "Desaprender" (*de-discere*) é uma das tarefas importantes [do desenvolvimento de si].

Mas essa cultura de si tem também uma função de luta, de combate. A prática de si é concebida como um combate permanente. Creio que, na perspectiva do primeiro platonismo, o cuidado de si tinha, de certo modo, como modelo a escultura: o jovem devia esculpir-se a si mesmo como uma obra de arte. Agora, a cultura de si não tem como finalidade [fazer da vida] uma obra de arte; trata-se de armar, de combater durante toda [TD, reconstituído: a vida. Vocês sabem, sem dúvida, quão frequentes eram estas duas metáforas: a do torneio atlético (está-se na vida como um lutador que precisa desfazer-se de seus sucessivos adversários] e que se deve exercitar mesmo quando não está combatendo) e a da guerra (é preciso que a alma esteja posicionada como um exército suscetível de ser atacado por um inimigo a qualquer momento).

O grande tema cristão do combate espiritual já é um princípio fundamental na cultura de si da Antiguidade pagã.

Mas creio, sobretudo, que essa cultura de si tem uma função curativa e terapêutica. Está bem mais próxima do modelo médico que do modelo pedagógico. Há que se lembrar, sem dúvida, fatos que são muito antigos na cultura grega: a existência de uma noção como *páthos*, que significa uma paixão da alma, [TD: assim como uma doença do corpo,] um campo metafórico, tal como [TD, em vez de "tal como": que permite aplicar ao corpo e à alma expressões como] tratamento, amputação, incisão, purgação etc. – tudo isso pode ser encontrado em tais textos. Há que se lembrar o princípio familiar aos epicuristas, aos cínicos e aos estoicos, segundo o qual o papel da filosofia é curar as doenças da alma. [TD: Plutarco pode

---

77   Ver, por exemplo, Sêneca, *Cartas a Lucílio*, op. cit., carta 32, 4, p. 121.

um dia dizer que a filosofia e a medicina constituem *mía chôra*, um só campo, um só domínio.]

Gostaria de insistir, porém, sobre a correlação entre medicina e a cultura de si. Epicteto, por exemplo, não queria que sua escola fosse considerada um simples lugar de formação [onde se aprenderiam teorias puramente sofísticas]; não era um lugar de formação; para ele, sua escola era realmente um gabinete médico, chamava-a de *iatreîon* (um *iatreîon* é um dispensário); queria que sua escola fosse um dispensário da alma, queria que seus alunos tivessem consciência do fato de estarem doentes: "Um, dizia ele, com um ombro deslocado, aquele com abscesso, o terceiro com uma fístula, outro com dores de cabeça". "Quereis aprender silogismos? Curai primeiramente vossas feridas, estancai o fluxo de vossos humores, acalmai vossos espíritos."[78]

Inversamente, um médico como Galeno considera ser de sua competência curar a alma das perturbações, das paixões, que são "energias desregradas, rebeldes à razão", que são também "erros que nascem das opiniões falsas". No *Traité de la guérison des passions de l'âme* [Tratado da cura das paixões da alma], ele cita curas bem-sucedidas que realizou: curou um de seus companheiros, que era inclinado à cólera; ajudou um jovem cuja alma estava perturbada por acontecimentos de pouca importância.[79]

Seguramente, todas essas ideias podem parecer bem familiares; e o são, com certeza, uma vez que foram continuamente transmitidas na cultura ocidental. Isso aumenta sua importância histórica. Com efeito, é importante para a história da subjetividade no Ocidente que a relação consigo tenha se tornado uma tarefa permanente da existência. Desse ponto de vista, o cristianismo não rejeitou a lição dos filósofos pagãos. É igualmente importante ver que a relação consigo tenha sido definida como crítica, como relação crítica, como relação de luta e como prática médica. Tampouco nisso o Ocidente renegou as formas da velha cultura de si.

---

78 Foucault se refere a duas passagens de Épictète [Epicteto], *Entretiens*, op. cit.: v. III, 23, 30-31, p. 92; e v. II, 21-22, p. 95. Ver supra, pp. 55-56, nota 31.

79 Galien [Galeno], "Du diagnostic et du traitement des passions propres de l'âme de chacun", op. cit., 4, 8-10, pp. 15-16, 28-39.

Gostaria aqui de sublinhar a diferença entre aqueles jovens ambiciosos que faziam parte do entorno de Sócrates e os homens que trocam cartas com Sêneca ou redigem cadernetas, como Élio Aristides ou Marco Aurélio. Para os primeiros, os jovens socráticos, o perigo principal era a *hýbris*, o *páthos*, a paixão hibrística; essa paixão consiste em ultrapassar [os limites], arriscando seu próprio estatuto. O perigo, para os jovens socráticos, era essa superestima de si mesmo chamada *hýbris*; eles tinham em si mesmos relação, de certo modo, com um excesso de força. Para os homens que se correspondem com Sêneca, ou para Marco Aurélio, ou para Élio Aristides etc., o perigo não é mais essa força excessiva em si mesmos, é agora sua própria fraqueza, [mais que] das doenças hibrísticas. Há como que uma patologização, uma grande medicalização da relação consigo. E creio que isso seja importante.

Eis o último ponto, sobre o qual serei breve. A terceira grande diferença entre o cuidado de si no *Alcibíades* e a prática de si na cultura da época imperial é a seguinte: no diálogo de Platão, a relação erótico-filosófica com o mestre era essencial; constituía o contexto no qual Sócrates e Alcibíades consensualmente compreendiam a responsabilidade pela alma do jovem. O contexto é ao mesmo tempo erótico e filosófico. No primeiro e no segundo séculos, considera-se sempre que a relação consigo deva apoiar-se na relação com um mestre, um diretor, um outro, mas sempre em uma independência cada vez mais marcada no que dizia respeito à relação amorosa, à relação erótica.[80]

De modo geral, admite-se (e tentarei lhes mostrar no seminário)[81] que não é possível ocupar-se de si sem a ajuda de um outro; agora, porém, a relação entre os dois parceiros, o diretor e o dirigido, não é mais uma relação erótica, ela é ou uma relação familiar, ou uma relação de proteção, ou uma relação de uma pessoa de nível elevado com alguém de nível inferior. É uma espécie de serviço de alma que se cumpre mediante uma grande variedade de relações sociais. O *éros* tradicional desempenha aí um papel

---

80　Ver supra, p. 56, nota 33.

81　Ver, no início da quarta sessão do seminário (infra, pp. 234 ss), o comentário do texto de Galeno, "Du diagnostic et du traitement des passions propres de l'âme de chacun", op. cit., 3, pp. 7-11.

apenas ocasional, o que não implica que as relações de afeição ou relações sexuais não fossem frequentemente intensas e presentes nesse tipo de atividade, de prática. Pode-se dizer, porém, creio eu, que as relações afetivas entre o diretor e o dirigido, que o contexto, são muito diferentes do que se encontra no assim chamado amor socrático e diferentes também do que chamamos, em nossa experiência, de "homossexualidade". A correspondência de Marco Aurélio e Frontão, por exemplo, pode ilustrar essa intensidade e essa complexidade. Creio que de nada serve perguntar [se tinham relações sexuais]; há uma relação muito particular, uma relação muito interessante, uma intensa relação afetiva entre os dois, e [é trabalho] dos historiadores sublinhar, fazer aparecer a especificidade dessa experiência, que era uma experiência interior, uma experiência pessoal, mas que pode ser [...].

Este é apenas um esboço do que gostaria de dizer a respeito dessa cultura de si e, na próxima terça-feira, tentarei lhes mostrar quais eram as técnicas de decifração de si.

[TD, *em vez de*
"De modo geral,
admite-se [...]
decifração de si"]

De modo geral, admite-se que não é possível ocupar-se de si sem a ajuda de um outro. Sêneca dizia que ninguém é suficientemente forte para se livrar do estado de *stultitia* em que se encontra: "É preciso que se lhe estenda a mão e que se o puxe para fora".[82] Galeno, do mesmo modo, dizia que o homem ama demais a si mesmo para ser capaz de curar-se de suas paixões: muitas vezes ele vira cambalear homens que não haviam consentido em remeter-se à autoridade de um outro.[83] Esse princípio é verdadeiro para os iniciantes, mas o é também depois, e até o fim da vida. A atitude de Sêneca, em sua correspondência com Lucílio, é característica: ser velho não lhe é de nenhuma utilidade, tem ainda necessidade de ser dirigido; dá conselhos a Lucílio, mas também os pede e se regozija pela ajuda que encontra nessa troca de cartas.

---

82 Sêneca, *Cartas a Lucílio*, op. cit., carta 52, 1-3, pp. 176-77.
83 Galeno, "Du diagnostic et du traitement des passions propres de l'âme de chacun", op. cit., 2, p. 5.

É relevante, nessa prática da alma, a multiplicidade das relações sociais que podem lhe servir de suporte.

Há organizações escolares estritas: a escola de Epicteto pode servir de exemplo; eram ali recebidos ouvintes que estavam de passagem, ao lado de alunos que permaneciam para um estágio mais longo; mas também se ensinava aos que quisessem tornar-se, eles próprios, filósofos e diretores de alma; algumas das *Diatribes* reunidas por Arriano são lições técnicas para futuros praticantes da cultura de si.

Encontramos também, sobretudo em Roma, conselheiros privados: instalados no círculo [de grandes personalidades], faziam parte de seu grupo ou de sua clientela. Davam conselhos políticos, dirigiam a educação dos jovens, ajudavam nas circunstâncias importantes da vida. Assim, Demétrio no entorno de Trásea Peto; quando este último se suicidou – ele era membro da oposição a Nero –, Demétrio foi, de certo modo, o conselheiro de seu suicídio e ocupou os derradeiros instantes de sua vida com um discurso sobre a imortalidade.

Há, porém, muitas outras formas por meio das quais se exerce a direção de alma. Ela duplica e anima todo um conjunto de outras relações: relações de família (Sêneca escreve uma carta de consolação à mãe por ocasião de seu próprio exílio);[84] relações de proteção (o mesmo Sêneca ocupa-se tanto da carreira como da alma do jovem Sereno, um primo da província que acaba de chegar a Roma); relações de amizade entre duas pessoas muito próximas pela idade, cultura e situação (Sêneca e Lucílio); relações com uma personalidade de alto escalão, ao qual, ao apresentar-lhe conselhos úteis, se prestam deveres (assim como Plutarco com Fundanus, a quem envia com urgência suas anotações a propósito da tranquilidade da alma).[85]

Vê-se desenvolver-se o que poderíamos chamar "um serviço de alma", que se cumpre mediante relações sociais múltiplas. O *éros* tradicional tem aí um papel apenas ocasional. Isto não quer dizer que as relações afetivas não fossem frequentemente intensas. Sem dúvida, nossas categorias modernas de amizade e de amor são bastante inadequadas para decifrá-las. A correspondência de Marco Aurélio com seu mestre Frontão pode servir de exemplo dessa intensidade e dessa complexidade.

---

84 Sêneca, *Consolação a minha mãe Hélvia*, op. cit.

85 Plutarque [Plutarco], *De la tranquillité de l'âme*, op. cit., 464E-465A, p. 98. Ver supra, p. 58, nota 38.

Em suma, gostaria de lhes mostrar hoje a permanência do princípio do "cuidado de si" ao menos no pensamento, mas também na cultura do mundo antigo em geral. Essa permanência não exclui certas mudanças profundas. Na época imperial, em particular, assiste-se a um desabrochamento da cultura de si que lhe confere formas bem diferentes daquelas atestadas nos primeiros diálogos platônicos.

A relação consigo torna-se, então, uma atividade complexa e permanente em que o sujeito é, para ele mesmo, o objeto de uma crítica, o lugar de um combate, o núcleo de uma patologia. Essa atividade, porém, que não tem outra finalidade além de si mesmo, nem por isso é uma atividade solitária; desenvolve-se em interferência constante com todo um domínio complexo de relações sociais.

TERCEIRA CONFERÊNCIA

*Transcrição do texto datilografado
da primeira versão da conferência
em francês (BnF NAF 28730, caixa 29,
dossiê 8).*

I

Gostaria hoje de evocar algumas práticas a que a cultura de si deu lugar. Lembro ainda uma vez: tais práticas, tais como aparecem nos dois primeiros séculos de nossa era, não são invenção dessa época; têm atrás de si uma longa história; é certo, porém, que no começo do Império adquiriram uma extensão considerável e formas cada vez mais "sofisticadas".

Duas observações, para começar.

1) A essas formas práticas da cultura de si frequentemente se dava o nome geral de *áskesis* – exercício, treinamento, ascese.[1] Assim, Musônio Rufo dizia (e nisso não fazia senão repetir um ensinamento tradicional) que a arte de viver (*téchne toû bíou*) era como todas as outras artes: não se podia aprendê-la somente pelo ensinamento teórico (*máthesis*), ela requeria prática e treinamento (*áskesis*).[2] Entretanto, o uso dessa palavra na espiritualidade cristã não deve produzir ilusão retrospectiva. Sem dúvida, alguns exercícios da *áskesis* antiga serão utilizados no ascetismo cristão, em particular nas instituições monásticas (por conseguinte, no exame de consciência ou no controle permanente de representações).

---

1 Sobre a ideia grega de *áskesis*, ver SV, pp. 35-36 [pp. 32-33]; HS, pp. 301-06, 398 [pp. 281-86, 373-74]; DV, pp. 266-68 [pp. 93-94]; UP, pp. 84-90.

2 Caius Musonius Rufus [Caio Musônio Rufo], *Sur l'exercice*, in Télès e Musonius, *Predications: Deux prédicateurs dans l'Antiquité*, trad. André-Jean Festugière. Paris: Vrin, 1978, 1-3, p. 69. Cf. HS, pp. 302-03 [pp. 282-83].

Contudo, o sentido geral da ascese cristã será muito diferente daquele da ascese filosófica antiga. Esquematicamente:

- a ascese cristã tem como finalidade última a renúncia a si, enquanto que, para a ascese filosófica, se trata de chegar a constituir consigo mesmo uma relação definitiva de posse e de soberania;
- a ascese cristã tem como tema principal o desapego em relação ao mundo, enquanto que, na ascese filosófica, se trata de dotar o indivíduo de uma preparação, de um "equipamento" que lhe permita afrontar o mundo.

2) Essa prática de si está ligada ao conhecimento de si. Mas nisso também é preciso evitar confusão e precaver-se para não interpretar tudo com base no platonismo.

- A tradição platônica, com efeito, conservou e desenvolveu o tema já presente no *Alcibíades*: a saber, que o cuidado de si deveria assumir como forma principal, se não exclusiva, o conhecimento de si; e que esse conhecimento de si deveria assumir a forma de um ato de memória no qual a alma redescobre sua verdadeira natureza.
- Na prática filosófica dos estoicos, dos cínicos, dos epicuristas, o conhecimento de si não é a principal forma de prática de si, pelo contrário; e, sobretudo, não tem forma de memória, mas, antes, de preparação para o porvir.

Gostaria hoje, primeiramente, de analisar a prática de si como preparação para o porvir; depois, de buscar quais formas de conhecimento de si estavam ligadas a essa preparação para o porvir. Temos o hábito de relacionar conhecimento de si e memória: talvez seja uma influência remota do platonismo; é uma influência sempre atual do cristianismo; é também, sem dúvida, o presente efeito da psicanálise. Para nós, a hermenêutica de si é sempre, mais ou menos, decifração do passado. É interessante ver, na cultura de si de que falo, formas de conhecimento de si que se situam em uma relação totalmente outra com o tempo: a preparação inquieta e desconfiada do futuro.[3]

II

A ascese como preparação

Sêneca, no *De beneficiis* [Sobre os benefícios], cita o texto de um filósofo cínico muito próximo do estoicismo: Demétrio. Na passagem, Demétrio recorre à metáfora bastante comum do atleta: devemos exercitar-nos (*exercitatio*) como o faz um atleta; ele não aprende todos os movimentos possíveis, não tenta fazer proezas inúteis; prepara-se para alguns movimentos que lhe sejam necessários na luta a fim de triunfar sobre seus adversários.[4] Do mesmo modo, não temos de realizar façanhas em nós mesmos (a ascese filosófica desconfia dos personagens – *theîoi ándres* –, frequentes na Antiguidade, que enaltecem as maravilhas de suas abstinências, de seus jejuns, de sua presciência do porvir). Como um bom lutador, devemos aprender exclusivamente aquilo que nos permitirá resistir aos acontecimentos possíveis de se produzir; devemos aprender a não nos deixar perturbar por eles, a não nos deixar levar pelas emoções que eles poderiam suscitar em nós.

Ora, do que precisamos para manter o domínio diante dos acontecimentos que se podem produzir? Precisamos de "discursos": de *lógoi*, entendidos como discursos verdadeiros e racionais.

---

3 "[...] se trata, na ascese, de preparar o indivíduo para o futuro, um futuro que é constituído de acontecimentos imprevistos, acontecimentos cuja natureza em geral talvez conheçamos, os quais porém não podemos saber quando se produzirão nem mesmo se se produzirão. Trata -se pois, na ascese, de encontrar uma preparação, uma *paraskeué* capaz de ajustar-se ao que possa se produzir, e a isso somente, no momento exato em que se produzir, caso venha a produzir-se"; HS, p. 306 [p. 286].

4 "O grande lutador não é, diz [Demétrio], aquele que conhece a fundo todas as figuras e todas as capturas que quase não se usam em combate, mas aquele que bem e conscienciosamente treinou-se (*exercuit*) em uma ou duas dentre elas e espreita atentamente seu emprego, pois o que importa não é a quantidade de coisas que sabe, desde que saiba o bastante para vencer"; Sénèque, *Des bienfaits*, trad. François Préchac. Paris: Les Belles Lettres, 2003, VII, I, 4, p. 76 [ed. bras.: Sêneca, *Sobre os benefícios*, trad. Alexandre Pires Vieira. Montecristo, 2019, VII, I, 4].

Lucrécio fala de *veridica dicta* que nos permitem conjurar nossos temores e não nos deixar abater por aquilo que acreditamos serem infortúnios. O equipamento de que precisamos para enfrentar o porvir é um equipamento de discursos verdadeiros. São eles que nos permitem afrontar o real.

Três questões se colocam a seu respeito.

1) A questão de sua natureza. Quanto a isso, as discussões entre as escolas filosóficas e no interior das mesmas correntes foram numerosas. O ponto principal do debate concernia à necessidade de conhecimentos teóricos. Sobre esse ponto, os epicuristas estavam todos de acordo: conhecer os princípios que regem o mundo, a natureza dos deuses, as causas dos prodígios, as leis da vida e da morte é, do ponto de vista deles, indispensável a fim de se preparar para os acontecimentos possíveis da existência. Os estoicos se dividiam segundo sua proximidade com as doutrinas cínicas: uns atribuíam importância maior aos *dógmata*, princípios teóricos que complementam as prescrições práticas; outros, ao contrário, atribuíam o lugar principal às regras concretas de conduta. As cartas 90-91 de Sêneca expõem muito objetivamente tais teses.[5] Aqui somente as menciono; a única coisa que gostaria de assinalar é que esses discursos verdadeiros de que precisamos concernem apenas àquilo que somos em nossa relação com o mundo, em nosso lugar na ordem da natureza, em nossa dependência ou independência no que diz respeito aos acontecimentos que se produzem. Não são, de forma alguma, uma decifração de nossos pensamentos, de nossas representações, de nossos desejos.

2) A segunda questão que se coloca concerne ao modo de existência desses discursos verdadeiros em nós. Dizer que são necessários para nosso porvir é dizer que devemos estar em condições de recorrer a eles quando a necessidade se fizer sentir. Quando um acontecimento imprevisto ou um infortúnio se apresenta, é preciso que, a fim de nos protegermos, possamos apelar aos discursos verdadeiros que [têm] relação com eles. É preciso que eles

---

5   Id., *Cartas a Lucílio*, trad. J. A. Segurado Campos. Lisboa: Fundação Calouste Gulbenkian, 2021, cartas 90 e 91, pp. 439-62.

estejam em nós, à nossa disposição. Para isso, os gregos têm uma expressão corrente, *prócheiron échein*, que os latinos traduzem por *habere in manu, in promptu habere* – ter à mão.

É preciso compreender que, nesse caso, se trata de algo bem diferente de uma simples lembrança a ser evocada caso a ocasião se apresente.

Plutarco, por exemplo, para caracterizar a presença desses discursos verdadeiros em nós, recorre a muitas metáforas. Compara-os a um medicamento (*fármakon*) de que devemos estar munidos para prevenir todas as vicissitudes da existência (Marco Aurélio compara-os ao estojo que um cirurgião deve sempre ter à mão); Plutarco fala deles também como de amigos dentre os quais "os mais seguros e melhores são aqueles cuja presença útil na adversidade nos traz socorro"; em outra parte, evoca-os como uma voz interior que se faz ouvir por si mesma quando as paixões começam a agitar-se; é preciso que estejam em nós como "um mestre cuja voz basta para apaziguar o rosnar dos cães".[6] Encontramos em uma passagem de Sêneca (*De Beneficiis*) uma gradação desse tipo, que vai desde o instrumento de que dispomos até o automatismo do discurso que em nós falaria de si mesmo; a respeito dos conselhos dados por Demétrio, Sêneca diz que é preciso "segurá-los com as duas mãos" (*utraque manu*) sem jamais os soltar; mas também é preciso fixá-los, atá-los (*adfigere*) ao espírito, até fazer deles uma parte de si mesmo (*partem sui facere*) e conseguir finalmente, por uma meditação cotidiana, que "os pensamentos salutares se apresentem por si mesmos" (*sua sponte occurrant*).[7]

Vocês veem que temos aí um movimento muito diferente daquele que Platão prescreve quando pede à alma que se volte sobre si mesma a fim de reencontrar sua verdadeira natureza. Plutarco ou Sêneca sugerem, ao contrário, a absorção de uma verdade dada por

---

6   "Assim como os cães raivosos são excitados por qualquer voz e só se acalmam por uma única, aquela que lhes é familiar, também as paixões, quando se tornam selvagens, não podem facilmente apaziguar-se, se não houver argumentos habituais e familiares para dominar sua excitação"; Plutarque [Plutarco], *De la tranquillité de l'âme*, trad. J. Dumortier e Jean Defradas. Paris: Les Belles Lettres, 1975, 465C, p. 99. Oeuvres Morales.

7   Sénèque, *Des bienfaits*, op. cit., VII, II, 1, p. 77 [ed. bras.: Sêneca, *Sobre os benefícios*, op. cit., VII, II, 1].

um ensinamento, uma leitura ou um conselho; e que a assimilemos até fazer dela uma parte de nós mesmos, até fazer dela um princípio interior, permanente e sempre ativo, de ação. Em uma prática como essa, não encontramos, pelo movimento da reminiscência, uma verdade escondida no fundo de nós mesmos; interiorizamos verdades recebidas por uma apropriação sempre crescente.

3) Coloca-se, então, uma série de questões técnicas acerca dos métodos dessa apropriação. Evidentemente, a memória tem aí um papel significativo; porém, não na forma platônica da alma que redescobre sua natureza originária e sua pátria, e sim na forma de exercícios progressivos de memorização. Falaremos disso mais precisamente em um próximo seminário.[8] Gostaria apenas de indicar alguns pontos relevantes nessa "ascese" da verdade, que passo a expor.

- Importância da escuta. Enquanto Sócrates interrogava, buscando que se dissesse o que se sabia (sem se saber que se o sabia), para os estoicos ou os epicuristas (como nas seitas pitagóricas), o discípulo deve primeiro se calar e escutar. Em Plutarco[9] ou em Fílon de Alexandria,[10] encontramos toda uma regulamentação da boa escuta (a atitude física a tomar, a maneira de dirigir a atenção, o modo de reter o que acaba de ser dito).[11]
- Importância também da escrita. Havia naquela época uma cultura do que poderíamos chamar de escrita pessoal: tomar notas sobre as leituras, as conversas, as reflexões que se ouviam ou se faziam consigo mesmo; manter cadernos de

---

8   Talvez por falta de tempo, Foucault não retornará ao assunto no decurso do seminário; podemos, entretanto, fazer referência às análises que ele desenvolveu nas lições de 3 e 24 de março de 1982 do curso A Hermenêutica do Sujeito, no Collège de France. Cf. HS. Ver também "Les techniques de soi" [1982], in DE II, n. 363, pp. 1615-19 ["As técnicas de si", p. 18].

9   Plutarco, Como ouvir, trad. João Carlos Cabral Mendonça. São Paulo: Martins Fontes, 2003.

10   Philon d'Alexandrie [Fílon de Alexandria], De vita contemplativa, trad. Pierre Miquel. Paris: Éditions du Cerf, 1963, 77, p. 139. Les Oeuvres de Philon d'Alexandrie, v. 29.

11   Sobre a "arte da escuta", ver HS, pp. 317-34 [pp. 297-313], "Les techniques de soi", op. cit., pp. 1615-16 ["As técnicas de si", p. 10].

apontamentos sobre assuntos importantes (que os gregos chamavam de *hypomnémata*), a serem relidos de tempos em tempos para reatualizar o que continham.[12]

- Importância, igualmente, dos retornos sobre si, porém no sentido de exercícios de memorização daquilo que foi aprendido. É esse o sentido preciso e técnico da expressão *anachóresis eis heautón*; é nesse sentido que Marco Aurélio a emprega: voltar-se para si mesmo e examinar as "riquezas" aí depositadas; deve-se ter em si mesmo uma espécie de livro que se relê de tempos em tempos.[13] Deparamos aqui com a prática das artes de memória estudadas por [Frances] Yates.[14]

Temos, portanto, todo um conjunto de técnicas cuja finalidade é vincular a verdade e o sujeito. Mas é preciso compreender: não se trata de descobrir uma verdade no sujeito nem de fazer da alma o lugar em que, por um parentesco de essência ou um direito de origem, reside a verdade; tampouco se trata de fazer da alma o objeto de um discurso verdadeiro. Estamos ainda muito longe do que seria uma hermenêutica do sujeito. Trata-se, ao contrário, de dotar o sujeito de uma verdade que ele não conhecia e que não residia nele; trata-se de fazer dessa verdade aprendida, memorizada, progressivamente aplicada, um quase-sujeito que reine soberanamente em nós.[15]

Para dizer novamente, de maneira esquemática: em Platão, o exercício, a *áskesis*, era um instrumento útil para ajudar a reminiscência que descobria o parentesco da alma com as essências.

---

12   Ver supra, p. 50, nota 15.

13   Sobre a prática da anacorese, do retiro em si mesmo, em Marco Aurélio, ver HS, p. 50 [p. 47]; "L'herméneutique du sujet" [1982], in DE II, n. 323, pp. 1180-81; "Débat au Département de Français de l'Université de Californie à Berkeley", in CCS, pp. 167; DV, pp. 292-93, nota b; SS, p. 66 [p. 57].

14   Frances A. Yates, *A arte da memória*, trad. Flavia Bancher. Campinas: Editora Unicamp, 2007.

15   Sobre o processo de "subjetivação da verdade", ver HS, pp. 233, 303-313, 316 [pp. 217, 283-92, 296]; "L'écriture de soi" [1983], in DE II, p. 1238 ["A escrita de si", p. 156]; "L'éthique du souci de soi comme pratique de la liberté" [1984], entrevista a Helmut Becker, Raúl Fornet-Betancourt e Alfredo Gomez-Müller, in DE II, n. 356, p. 1532 ["A ética do cuidado de si como prática da liberdade"]; "Les techniques de soi", op. cit., p. 1618 ["As técnicas de si", p. 12].

Nas técnicas filosóficas de que falamos aqui, a aprendizagem e a memorização são os instrumentos úteis para a *áskesis*, cujo objetivo é fazer com que a verdade fale em nós e aja incessantemente em nós.

O que não quer dizer que não haja necessidade, nesses exercícios, de certo conhecimento de si. Mas é muito diferente do que era a memória platônica da alma ou do que será a hermenêutica cristã da alma. Esse conhecimento de si apresenta-se sob duas formas principais: a prova e o exame.

III

As provas

Trata-se de exercícios nos quais o sujeito se coloca, em pensamento ou realmente, em uma situação tal que possa verificar se é capaz de afrontar os acontecimentos que se apresentam e de fazer uso dos discursos verdadeiros com os quais está armado. Trata-se, de certo modo, de testar a *paraskeué*. As diferentes provas possíveis repartem-se em dois polos. Para um, os gregos empregavam os termos *meléte*, *meletân*; para o outro, *gymnasía*, *gymnátzein*.[16]

1) Os latinos traduzem *meléte* por *meditatio*. O sentido um pouco vago que hoje damos a essa palavra não nos deve fazer esquecer que se tratava de um termo técnico. Foi emprestado da retórica: designava o trabalho a que alguém se dedicava para preparar uma improvisação; os temas principais, os argumentos eficazes e a maneira de responder às possíveis objeções eram repassados em pensamento; a situação real era antecipada. A meditação filosófica é do mesmo gênero. Comporta uma parte de memorização e de reativação daquilo que se sabe; é também uma maneira de se colocar imaginariamente em uma situação possível para se aferir os raciocínios que então se efetuariam, a conduta que se teria – em suma, o uso prático que se faria dos princípios verdadeiros que se conhece. É um exercício de imaginação teórico-prático.

---

16 A propósito dessa distinção, ver HS, pp. 406-07 [pp. 381-83]; "Les techniques de soi", op. cit., p. 1618 ["As técnicas de si", p. 13].

O mais célebre desses exercícios de pensamento era a *prae-meditatio malorum*, a meditação dos males futuros.[17] Era também um dos mais discutidos. Os epicuristas o rejeitavam, dizendo que era inútil sofrer antecipadamente por males que ainda não tinham ocorrido, sendo melhor se exercitar em trazer de volta ao pensamento a lembrança dos prazeres passados a fim de se proteger melhor dos males atuais. Os estoicos estritos – como Sêneca e Epicteto –, mas também homens como Plutarco, cuja atitude em relação ao estoicismo é muito ambivalente, praticam com muita aplicação a *praemeditatio malorum*. É preciso compreender em que ela consiste: em aparência, é uma previsão sombria e pessimista do porvir. Na verdade, é algo bem diferente.

- Inicialmente, não se trata de fazermos para nós mesmos uma *representação* do porvir tal como é possível que se produza, e sim, bastante sistematicamente, de imaginar o pior que possa ocorrer, mesmo que as chances sejam poucas. É o que Sêneca diz a respeito do incêndio que destruiu toda a cidade de Lyon: esse exemplo deve ensinar-nos a considerar o pior como sempre certo.[18]
- Depois, não devemos encarar tais coisas como se pudessem produzir-se em um porvir mais ou menos longínquo, mas sim fazer para nós mesmos uma representação delas como se já fossem atuais, já se estivessem realizando. Imaginemos, por exemplo, que já somos exilados, já submetidos ao suplício.
- Enfim, se fazemos para nós mesmos a representação dessas coisas como atuais, não é para viver por antecipação os sofrimentos ou as dores que [elas] nos causariam, mas para nos convencermos de que não são, de modo algum, males reais e de que somente as tomamos por verdadeiros infortúnios devido à opinião que delas temos.

---

17   Para uma análise mais detalhada do exercício da *praemeditatio malorum*, ver HS pp. 445-54 [pp. 421-25].

18   Sêneca, *Cartas a Lucílio*, op. cit., carta 91, pp. 455-62. Ver também ibid., carta 24, 2, p. 87.

Vemos, pois: esse exercício não consiste em considerar um porvir possível de males reais para com ele nos acostumarmos, mas em anular ao mesmo tempo o porvir e o mal. O porvir: porque fazemos para nós mesmos uma representação dele como se já estivesse dado em uma atualidade extrema. O mal: porque nos exercitamos a não mais considerá-lo como tal.

2) No outro extremo dos exercícios, encontramos aqueles que se efetuam realmente. Os gregos os designam pelo verbo *gymnátzein*: treinar-se. Tais exercícios contavam com uma longa tradição anterior: eram as práticas de abstinência, de privação ou de resistência física. Podiam ter valor de purificação (como as abstinências sexuais e alimentares dos pitagóricos) ou atestar a força "demoníaca" de quem os praticava (veja-se Sócrates suportando, sem se dar conta, o frio na batalha de Mantineia).[19] Porém, na cultura de si, esses exercícios têm um outro sentido: estabelecer e testar a independência do indivíduo em relação ao mundo exterior.

Cito dois exemplos. Um deles em Plutarco, *O daímon de Sócrates*. Um dos interlocutores evoca uma prática cuja origem, aliás, atribui aos pitagóricos. Trata-se, primeiro, de dedicar-se a atividades esportivas que abram o apetite; em seguida, de colocar-se diante de mesas repletas dos mais saborosos pratos; e, depois de tê-los contemplado, oferecê-los aos servos, enquanto, para si mesmo, se toma a comida simples e frugal de um pobre.[20]

Sêneca, na carta 18 a Lucílio, conta que toda a cidade está preparando a Saturnália. Por razões de conveniência, ele pretende, de algum modo, participar das festas. Mas sua preparação consistirá em, durantes vários dias, vestir-se com uma roupa de burel, dormir sobre um catre e se alimentar somente de pão rústico. Não a fim de ter mais apetite para as festas, e sim de constatar, ao longo delas, que a pobreza não é um mal e que ele é inteiramente capaz de suportá-la.[21] Outras passagens, no próprio Sêneca ou em Epicuro, evocam a utilidade de curtos períodos de provas voluntárias.

---

19 Ver supra, p. 37, nota 28.

20 Plutarque [Plutarco], *Le démon de Socrate*, trad. Jean Hani. Paris: Les Belles Lettres, 1980, 585A, p. 95. Oeuvres Morales, v. VIII.

21 Sêneca, *Cartas a Lucílio*, op. cit., carta 18, 1-5, pp. 61-62.

Também Musônio Rufo recomenda estágios no campo: viver como os camponeses e dedicar-se, como eles, aos trabalhos agrícolas.

3) Entre o polo da *meditatio*, em que nos exercemos em pensamento, e o da *exercitatio*, em que treinamos realmente, há uma série de outras práticas possíveis destinadas a pôr-se a si mesmo à prova.

É sobretudo Epicteto quem nos dá exemplos disso nas *Diatribes*. São interessantes porque, na espiritualidade cristã, encontraremos alguns que lhes são muito próximos. Trata-se do que poderíamos chamar de "controle das representações".[22]

Epicteto pretende que tenhamos uma atitude de vigilância permanente em relação às representações que possam advir ao pensamento. Ele expressa essa atitude em duas metáforas: a do vigia noturno que não deixa entrar ninguém na cidade nem na casa;[23] e a do cambista ou verificador de moeda – o *argyrónomos* – que, quando lhe é apresentada uma moeda, olha-a, pesa-a, verifica o metal e a efígie.[24] O princípio de que devemos nos comportar, em relação a nossos próprios pensamentos, como um cambista vigilante encontra-se quase nos mesmos termos em Evágrio Pôntico e em Cassiano.[25] No caso destes, porém, trata-se de prescrever uma atitude hermenêutica em relação a si mesmo: decifrar o que pode haver de concupiscência em pensamentos aparentemente inocentes, reconhecer os que vêm de Deus e os que vêm do Sedutor. Em Epicteto, é diferente: trata-se de saber se fomos ou não tocados ou sensibilizados pela coisa que é representada e por qual razão o fomos ou não.

---

22 Sobre o exame das representações em Epicteto, ver HS, pp. 285-88 [pp. 267--70]; "L'herméneutique du sujet", op. cit., p. 1183; "Les techniques de soi", op. cit., pp. 1621-22 ["As técnicas de si", op. cit., p. 14]; "Débat au Département de Français", op. cit., pp. 166-67; DV, pp. 286-90 [pp. 106-09].

23 Épictète [Epicteto], *Entretiens*, v. III, trad. Joseph Souilhé e Amanda Jagu. Paris: Les Belles Lettres, 1963, 12, 15, p. 45.

24 Id., *As diatribes de Epicteto*, livro I, 20, 7-9, pp. 76-77.

25 Sobre o exame de si no cristianismo dos primeiros séculos, especialmente em Cassiano, ver GV, pp. 290-98 [pp. 268-76]; OHS, pp. 78-82; MFDV, pp. 143-49; HS, pp. 286-87 [pp. 268-69]; "Le combat de la chasteté" [1982], in DE II, n. 312, pp. 1124-25 ["O combate da castidade"]; "Les techniques de soi", op. cit., pp. 1628-30 ["As técnicas de si", pp. 18-21]; DV, pp. 287-88 [p. 107].

Nesse sentido, Epicteto recomenda a seus alunos um exercício de controle inspirado nos desafios sofísticos, que eram muito valorizados nas escolas; mas, no lugar de se lançarem uns aos outros questões difíceis de resolver, propõem-se certas situações diante das quais se deve reagir: "– O filho de alguém morreu. Responde-se: Isso não depende de nós, não é um mal. – O pai de alguém o deserdou. Que te parece? – Não depende de nós, não é um mal [...]. – Ele afligiu-se com esse fato. – Isso depende de nós, é um mal. – Ele valentemente o suportou. – Isso depende de nós, é um bem".[26] Epicteto sugere também uma espécie de exercício-passeio no qual estamos expostos a todas as representações que podem nos advir do mundo exterior e pomos à prova nossa maneira de reagir:

> Acabas de sair pela manhã, examina então, todos aqueles que vês, todos os que escutas, e responde como se te interrogassem. O que viste? Um belo homem, uma bela mulher? Aplica a regra: é algo independente de ti ou dependente de ti? Independente. Rejeita-a. O que viste? Alguém que chora a morte do filho? Aplica a regra: a morte não depende de nós. Rejeita para longe de ti. Encontraste um cônsul? Aplica a regra: o que é o consulado? Algo independente de nós ou dependente? Rejeita igualmente, isso não resiste à prova, suprime. Se agíssemos assim e nos aplicássemos a esse exercício todos os dias, desde a aurora até a noite, isso nos reverteria alguma utilidade.[27]

Vemos, pois: esse controle das representações não tem por objetivo decifrar sob as aparências uma verdade escondida e que seria a do próprio sujeito; ao contrário, nessas representações tais como [se] apresentam, ele encontra a ocasião de evocar alguns princípios verdadeiros – concernentes à morte, à doença, ao sofrimento, à vida política etc.; e, por meio dessa evocação, podemos ver se somos capazes de reagir conforme tais princípios – se eles realmente se tornaram, segundo a metáfora de Plutarco, a voz do mestre que se eleva ao bramirem as paixões e que sabe fazê-las calar.[28]

---

26 Épictète [Epicteto], *Entretiens*, op. cit., v. III, 8, 1-3, p. 32.
27 Ibid., v. III, 3, 14-16, p. 18.
28 Ver supra, p. 90, nota 6.

4) No ápice de todos esses exercícios, encontramos a célebre *meléte thanátou* – meditação ou, antes, exercício da morte.[29] Com efeito, ela não consiste em uma simples evocação, ainda que insistente, de que estamos destinados a morrer. É uma maneira de tornar a morte atual na vida. Dentre todos os outros estoicos, Sêneca exercitou-se muito nessa prática. Ela tende a fazer que vivamos de modo que cada dia seja como o último

Para compreender o exercício que Sêneca propõe, é preciso lembrar das correspondências tradicionalmente estabelecidas entre os diferentes ciclos do tempo: os momentos do dia, da aurora ao crepúsculo, são relacionados simbolicamente com as estações do ano – da primavera ao inverno –; e tais estações, por sua vez, são relacionadas com as idades da vida, da infância à velhice. O exercício da morte, como evocado nas cartas de Sêneca,[30] consiste em viver a longa duração da vida como [se ela] fosse tão [curta] como um dia e viver cada dia como se a vida inteira nele coubesse; devemos estar todas as manhãs na infância da vida e viver a duração do dia como se a noite fosse o momento da morte. "No momento de dormir", afirma ele na carta 12, "digamos, com alegria, o semblante risonho: eu vivi".[31] É o mesmo tipo de exercício no qual pensava Marco Aurélio quando escrevia que "a perfeição dos costumes" (*teleiótes toûs êthous*) consiste em "conduzir cada dia da vida como se fosse o derradeiro".[32] Ele pretendia até mesmo que cada ação fosse executada "como se fosse a última".[33]

O valor particular da meditação sobre a morte não está apenas no fato de que ela antecipa o que a opinião em geral representa como o maior dos infortúnios, não está apenas no fato de permitir convencer-se de que a morte não é um mal; ela oferece a possibilidade de lançar, como que por antecipação, um olhar retrospectivo sobre a própria vida. Considerando-se prestes a morrer, é possível julgar, em seu valor próprio, cada uma das ações que

---

29   A propósito da *meléte thanátou*, ver HS, pp. 457-60 [pp. 429-32], e "L'herméneutique du sujet", op. cit., p. 1184.

30   Após "Sêneca" o datilograma da conferência comporta um espaço branco como se Foucault quisesse acrescentar algumas referências mais precisas.

31   Sêneca, *Cartas a Lucílio*, op. cit., carta 12, 9, p. 32.

32   Marco Aurélio, *Meditações*, trad. Edson Bini. São Paulo: Edipro, 2019, VII, 69.

33   Ibid., II, 5.

se está praticando. A morte, dizia Epicteto, alcança o lavrador enquanto lavra, o marujo enquanto navega; "E tu, em que ocupação queres ser alcançado?".[34] E Sêneca considera o momento da morte como aquele em que, de algum modo, se poderá ser juiz de si mesmo e medir o progresso moral que se terá realizado até o último dia. Na carta 26, escreve ele: "É na morte que me darei conta do progresso moral que terei podido fazer [...]. Espero o dia em que serei juiz de mim mesmo e saberei se minha virtude está nos lábios ou no coração".[35]

---

34 Épictète [Epicteto], *Entretiens*, op. cit., v. III, 5, 5-6, p. 23.

35 "O que eu tiver feito de útil, ficarei a devê-lo à morte. Por conseguinte, preparo-me sem receios para aquele dia em que, sem artifícios ou disfarces, hei-de ajuizar sobre mim mesmo, se apenas digo grandes frases ou se as sinto, se todas as palavras corajosas que proferi contra a Fortuna foram ou não algo mais do que fingimento ou mascarada!"; Sêneca, *Cartas a Lucílio*, op. cit., carta 26, 5, p. 99.

SEGUNDA VERSÃO
Manuscrito em inglês, com algumas
páginas datilografadas (BnF NAF
28730, caixa 29, dossiê 7).

Na conferência anterior, tentei ressaltar a importância – a importância social – da cultura de si nos dois primeiros séculos de nossa era. Propus apenas um delineamento desse fenômeno histórico. Minha intenção era simplesmente esboçar um quadro com vistas a uma análise mais precisa.

O primeiro ponto que evocarei versará sobre a noção de *áskesis*, que é a palavra geralmente utilizada pelos gregos para designar as práticas e os exercícios ligados à cultura de si.

O segundo ponto versará sobre o papel do *lógos* e da verdade nessa *áskesis*. Isso na primeira hora.

Durante a segunda hora, tentarei analisar dois principais tipos de exercícios:

- as provas, os testes;
- e o exame, o exame de si que constitui o cerne do que pretendo desenvolver nestas conferências.

I

O nome *áskesis* era regularmente dado às diversas formas da cultura de si: *áskesis* significa exercício, treinamento. Musônio Rufo, por exemplo, escreveu, no meio do primeiro século (depois de Jesus Cristo) um tratado sobre a *áskesis*, do qual foi conservado um fragmento graças à *Antologia* de Estobeu. Musônio Rufo dizia (e nisto não fazia senão repetir um ensinamento tradicional) que a arte de viver (*téchne toû bíou*) era como as outras artes; não se podia aprendê-la somente pelo ensinamento teórico (*máthesis*);

ela requeria prática e treinamento (*áskesis*). Musônio distingue entre três tipos de *áskesis*:

- o treinamento e os exercícios concernentes ao próprio corpo;
- o treinamento e os exercícios concernentes à alma;
- e o treinamento concernente ao mesmo tempo à alma e ao corpo.

E, para Musônio, somente esses dois últimos tipos de exercícios faziam parte do treinamento filosófico.[36] A exclusão da ginástica da vida filosófica é característica dessa cultura. Sabemos que Platão, ainda que fizesse (por exemplo, no *Alcibíades*) uma distinção muito clara entre o cuidado do corpo e o cuidado da alma, impunha aos jovens – em *A república* e em *As leis* – um treinamento físico muito duro para fazer deles não somente bons soldados mas também cidadãos virtuosos.[37] De Platão a Musônio, é evidente que houve uma mudança: uma mudança do corpo considerado como condição e expressão da qualidade da alma em direção ao corpo, ou melhor, em direção às relações e interações entre o corpo e a alma, como um domínio perigoso onde podem surgir as paixões. Desse ponto de vista, não é necessário referir-se a Élio Aristides; basta ler as cartas de Sêneca: elas estão repletas de pequenas informações sobre as doenças, sobre os males de cabeça, sobre o ar ruim que ele tem de respirar. A correspondência entre Marco Aurélio e Frontão mostra a mesma coisa. As relações do corpo e da alma são percebidas e experimentadas como o berço do *páthos*, da paixão. A medicina sucede a ginástica como principal cuidado ético concernente ao corpo.

Mas retornemos à noção geral de *áskesis* como uma das mais importantes noções dessa cultura de si. Não devemos ler nesse termo a significação que terá na espiritualidade cristã. Seria uma ilusão. Nietzsche – temo eu – foi vítima disso. E talvez também Max Weber.

---

36 Musonius Rufus [Caio Musônio Rufo], *Sur l'exercice*, in Télès e Musonius, *Predications: Deux prédicateurs dans l'Antiquité*, trad. André-Jean Festugière. Paris: Vrin, 1978, pp. 69-71.

37 Cf. HS, pp. 408-09 [pp. 383-84].

Sem dúvida, certas práticas ascéticas antigas foram utilizadas na ascese cristã e na instituição monástica (como o jejum, ou o exame de consciência, ou o controle contínuo dos pensamentos).

Contudo, a significação geral da ascese cristã era muito diferente daquela que tinha na filosofia antiga.

- Esquematicamente, a ascese cristã tem como finalidades últimas, ao mesmo tempo, o desapego do mundo e a renúncia a si. O asceta cristão deve renunciar a si, pois seu eu faz parte do mundo do qual se deve desapegar e, reciprocamente, deve desapegar-se do mundo pois suas relações com o mundo são a expressão de sua indulgência para consigo mesmo, que o desvia de Deus.
- A ascese pagã ou filosófica, ao contrário, devia estabelecer uma relação consigo – uma relação de posse e de soberania; e, ao mesmo tempo, tinha por objetivo essencial dotar o indivíduo de uma preparação que lhe permitisse afrontar o mundo.

Nesse caso, também havia uma relação de reciprocidade. Deve-se ser capaz de resistir a tudo o que pode ocorrer a fim de manter uma relação de completa independência consigo: e deve-se estabelecer uma relação consigo tão forte quanto possível a fim de ser capaz de afrontar o mundo.

Organizar a interconexão entre a relação com o mundo e a relação consigo; mais precisamente: organizar o domínio de si mesmo e a independência em relação ao mundo, esse é o trabalho específico da ascese filosófica. Vocês podem calcular a que ponto isso está distante da forma cristã da ascese.

Mas há ainda uma coisa mais importante.

A ascese cristã tem por finalidade escapar deste mundo e alcançar o outro mundo. A ascese cristã é um "rito de passagem" de uma realidade a outra, da morte à vida, através de uma morte aparente que é um acesso real à verdadeira vida. Eu diria, numa palavra, que a ascese cristã é voltada para a realidade [*reality-oriented*].

A *áskesis* pagã, ao contrário, é voltada para a verdade [*truth-oriented*]. A verdade é ao mesmo tempo um fim e um meio. A *áskesis* é o treinamento graças ao qual alguém se torna capaz de adquirir a verdade; e a posse da verdade é o meio pelo qual se torna capaz de afrontar o mundo conservando a própria soberania sobre si mesmo.[38]

Detenhamo-nos um momento sobre essa noção geral de ascese, pois se trata de uma noção importante de nossa ética e tem sido uma categoria importante de análise histórica desde Nietzsche e Max Weber.[39]

Proporei uma definição da ascese que é, creio, um pouco mais geral do que a definição habitual, que regularmente se refere a uma espécie de renúncia: uma transformação de si voluntária e dispendiosa graças a um conjunto de técnicas regradas que têm por fim não a aquisição de uma aptidão ou de um conhecimento, mas a transformação de si em seu próprio modo de ser.

Creio que há, ou que houve, na civilização ocidental, dois tipos principais de ascese:

- a ascese voltada para a realidade; o fim dessa ascese é ir de uma realidade a outra;
- a ascese voltada para a verdade; o fim dessa ascese é fazer da verdade a regra de nossa relação tanto conosco quanto com o mundo.

---

38 Na última aula do curso A Coragem da Verdade, no Collège de France, Foucault aborda o problema da passagem de um ascetismo pagão (e notadamente cínico) ao ascetismo cristão, assim como de suas relações mútuas, sem, contudo, retomar a distinção entre uma ascese "voltada para *a verdade*" e uma ascese "voltada para *a realidade*". Ao lado de um certo número de "pontos comuns" no nível das práticas de ascese, das formas de resistência e dos modos de exercício, Foucault insiste então sobre duas diferenças maiores entre ascetismo pagão e ascetismo cristão. De um lado, "no ascetismo cristão há, certamente, uma relação com o outro mundo, e não com o mundo outro", isto é, a "vida outra à qual o asceta deve se dedicar e que ele escolheu" não tem somente a finalidade de transformar este mundo mas também, e sobretudo, de "dar aos indivíduos, eventualmente a todos os cristãos, à comunidade cristã inteira, acesso a um mundo outro". De outro lado, no coração do cristianismo, acha-se um princípio inédito que não se encontra no ascetismo pagão: trata-se do "princípio de uma obediência ao outro, neste mundo, a partir deste mundo e para poder ter acesso à verdadeira vida". Assim, o cristianismo inaugura um "novo estilo de relação consigo, um novo tipo de relações de poder, um outro regime de verdade". Cf. CV, pp. 290-94 [pp. 281-83].

39 Friedrich Nietzsche, *A genealogia da moral*, trad. Mário Ferreira dos Santos. Petrópolis: Vozes, 2013; M. Weber, *A ética protestante e o "espírito" do capitalismo*, trad. José Marcos Mariani de Macedo. São Paulo: Companhia das Letras, 2014.

Creio que, durante séculos, a cultura ocidental oscilou entre estes dois tipos de ascese:

- a ascese voltada para a verdade, cuja primeira forma completamente desenvolvida encontra-se na "cultura de si" pagã;
- a ascese voltada para a realidade, cuja primeira forma completamente desenvolvida se encontra na tecnologia de si cristã.

Não quero dizer que essas duas formas de ascese sejam totalmente incompatíveis entre si. Na maior parte do tempo, elas se imbricaram. Mas a tensão entre esses dois tipos [de ascese] pode explicar, creio, muitos traços, muitos aspectos ou muitas crises de nossa cultura.

- No Renascimento, por exemplo, o que foi analisado como o combate entre a Idade Média e a Modernidade, entre a Reforma e a Contrarreforma, entre o dogmatismo e o novo racionalismo, pode ser analisado como uma passagem de uma ascese voltada para a realidade a uma ascese voltada para a verdade; ou, ao menos, como um esforço para encontrar um novo equilíbrio entre esses dois tipos [de ascese]. E, talvez, esse grande movimento que toma impulso no Renascimento e segue, ao longo das Luzes, até hoje (com o problema ético de uma civilização científica) deva ser considerado como a forma moderna, a transformação moderna, da ascese voltada para a verdade.
- Tomarei outro exemplo no polo oposto de nossa história. Pode-se dizer que o platonismo – bem mais que o aristotelismo – foi a "filosofia" da civilização ocidental; ou, pelo menos, a primeira e mais permanente formulação dos problemas éticos e teóricos do Ocidente. A razão disso é que o platonismo forneceu a primeira e mais perfeita formulação do ajustamento recíproco dessas duas asceses, uma vez que o platonismo colocou a verdade no outro mundo e fez do movimento em direção ao outro mundo o meio de adquirir a verdade.
- Consideremos os grandes mitos de nossa civilização ocidental: o mito de Édipo e o mito de Fausto. Ambos podem ser considerados como expressão das relações difíceis entre essas duas asceses. O preço da verdade em termos de realidade.

• Olhemos uma instituição como a psicanálise. Ela se ocupa [precisamente] destes dois problemas: o preço da verdade e o preço da realidade.

Por que evoco esses temas de maneira tão alusiva? Há uma razão de ordem geral: creio que essa perspectiva pode abrir certo domínio de pesquisa; ou, ao menos, que valha a pena nos desembaraçarmos dessa noção demasiado ampla de "ascese" que, acredito, introduziu muita confusão nos estudos históricos.

Há, igualmente, uma razão pessoal. Após ter estudado o problema histórico da subjetividade por meio do problema da loucura, do crime, do sexo, gostaria de estudar o problema da subjetividade revolucionária. É chegado o momento de estudar a revolução não somente como movimento social ou transformação política mas também como experiência subjetiva, como tipo de subjetividade. E tenho a impressão de que uma certa luz pode ser lançada sobre essa subjetividade revolucionária pela interconexão e pelos conflitos entre a ascese voltada para a verdade e a ascese voltada para a realidade. Creio que o fascínio exercido pela ideia de revolução na vida pessoal dos indivíduos deveu-se, em parte, à promessa de que essas duas formas de ascese poderiam ser praticadas juntas: renunciar a esta realidade e ir em direção a outra realidade pela aquisição da verdade e pela constituição de si enquanto sujeito que conhece a verdade.[40]

Eis-nos longe de Musônio. Mas alguns de vocês me haviam sugerido oferecer uma ideia das razões pelas quais empreendi esse gênero de pesquisa.[41] Gostaria de estudar nossa experiência cultural do sexo não como conflito permanente da lei e do desejo, mas do ponto de vista da interconexão histórica, em nossa cultura, da ascese voltada para a verdade e da ascese voltada para a realidade.

---

40 Foucault nunca desenvolverá esse projeto. No entanto, na segunda hora da aula de 29 de fevereiro de 1984 do curso A Coragem da Verdade, no Collège de France, em sua análise do cinismo como "categoria histórica que atravessa, sob formas diversas, com objetivos variados, toda a história ocidental", ele se debruça justamente sobre a revolução não enquanto projeto político, mas enquanto "forma de vida" que coloca o problema "de uma outra vida, uma outra vida que é a verdadeira vida". Cf. cv.

41 Ver a primeira sessão do seminário, infra, pp. 145-48.

II

Retornemos agora a Musônio Rufo e à noção de *áskesis* na cultura pagã tardia. A ideia é que esse treinamento, esses exercícios, o trabalho sobre si mesmo tenham por objetivo a aquisição da verdade como preparação para afrontar o mundo.

Três questões:

- O que é esta preparação? O que significa: preparar-se?
- Como a verdade pode ser adquirida?
- Que gênero de verdade é esse, e qual é o lugar do conhecimento de si?

Responderei brevemente à primeira questão, antes do intervalo. E tentarei dar uma resposta à segunda questão após o intervalo.

A terceira questão será o tema da próxima conferência.

———

Enquanto a ascese cristã tem por finalidade separar o indivíduo do mundo, separar a alma do corpo, separar-se de si mesmo, a ascese filosófica tem por tarefa *preparar*; deve preparar os indivíduos para tudo o que possa acontecer. As palavras *paraskeué* (preparação) e *paraskeuátzesthai* (preparar-se) estão entre as mais frequentes no vocabulário da ascese grega.

O que significam esses termos? Para o que devemos nos preparar? A resposta é clara, ainda que não seja muito precisa: devemos nos preparar para tudo o que pode acontecer e poderia nos afetar.

Não quero comentar mais demoradamente esse princípio, mesmo que ele coloque muitos problemas.

Eu [gostaria], antes, de conceder um pouco mais de atenção a outro aspecto que essa noção levanta.

Há um momento na vida em que essa *áskesis* se conclui, em que ela está completa?

Não quero entrar nos detalhes da discussão teórica sobre a possibilidade de tornar-se sábio. Como se sabe, esse era um tema frequente de discussão entre os estoicos, ou entre eles e seus adversários.

Porém, do ponto de vista que é o meu – quero dizer, do ponto de vista da experiência cultural de si – é interessante notar que existe um único momento em que essa *"paraskeué"* pode enfim ser considerada como completa: quando se é idoso. A velhice é, desse ponto de vista, um momento privilegiado, *o momento privilegiado da vida*.[42] Sabe-se a que ponto o estatuto da velhice era ambíguo na Antiguidade clássica. [A velhice era,] ao mesmo tempo, a idade da sabedoria – e, por essa razão, era valorizada – e a idade da fraqueza e da dependência – e, por essa razão, era subestimada. O *De senectute* de Cícero é também marcado por essa ambiguidade.[43]

Mas, com Sêneca, as coisas são muito claras: a velhice é o momento mais precioso da vida; devemos desejar envelhecer o mais rapidamente possível. Devemos nos apressar rumo aos últimos anos de nossa vida.[44]

Tal revalorização da velhice, comparada à juventude, é um dos mais marcantes traços dessa cultura de si.

A desconfiança em relação à juventude é característica dessa nova ética. Com certeza, ela está vinculada a vários fenômenos sociais.

Por exemplo, ao fato de que os jovens não desempenhavam mais o papel de defensores da cidade. Os soldados, nas fronteiras do Império, eram soldados profissionais. E, por outro lado, o poder político era cada vez mais largamente exercido por administradores, logo depois por burocratas, que perseguiam uma longa carreira.

Mas o que é significativo para nossa análise é o ponto de vista novo que as pessoas começaram a adotar sobre sua própria vida. A vida não deve mais ser comparada a um círculo ou a uma curva elevando-se até o ápice da juventude e declinando quando chega a velhice. É preciso experienciar a vida como uma linha reta conduzindo a um fim, a um ponto final que se situa no fim da vida.

Todo mundo sabe a importância que teve, em nosso conhecimento científico e em nossa racionalidade, a substituição da concepção cíclica do mundo por uma concepção linear do tempo. Mas essa mudança não se produziu até o fim da Idade Média.

---

42   Sobre o estatuto da velhice na cultura de si antiga, ver especialmente HS, pp. 105-08 ss [pp. 97-101 ss].

43   Cicéron [Cícero], *De la vieillesse*, trad. Pierre Wuilleumier. Paris: Les Belles Lettres, 2008.

44   Sêneca, *Cartas a Lucílio*, op. cit., carta 12, pp. 33-37.

Bem antes disso, uma mudança similar ocorreu na experiência interna, ou ao menos em um certo modelo ético de experiência interna. Segundo esse modelo, a vida deve ser organizada como uma rota a ser percorrida o mais rapidamente possível em direção a uma conclusão, em direção a um acabamento. Viver é aproximar-se continuamente de um fim.

Imediatamente, porém, coloca-se uma questão: de que fim devemos nos aproximar? Creio que essa questão, tão evidente para nós, pareceria bastante estranha a um latino e a um grego. Sabe-se que – com exceção dos pitagóricos e de alguns platônicos estritos – a imortalidade, ou ao menos a sobrevivência pessoal após a morte, não era um problema real, um problema importante para os romanos e para os gregos.

O fim que devemos preparar não é a vida após a morte. Nem mesmo é a morte, pois ontologicamente a morte é nada; o que devemos preparar é uma relação permanente de proximidade com a morte; devemos viver o mais perto possível da morte, mas nesta margem do rio. É isso que confere à velhice seu privilégio ontológico.

É essa, igualmente, a razão do papel paradoxal do suicídio nessa ascese, ao menos em Sêneca.

De um lado, segundo Sêneca, deve-se estar preparado para suicidar-se a qualquer momento; e manter permanentemente a consciência de que tal preparação é uma maneira de viver na mais estreita vizinhança com a morte. Mas, de outro lado, não se deve suicidar-se antes que seja necessário, porque o acabamento de nossa vida não se encontra na morte, mas em uma proximidade perpétua, permanente, indefinida com a morte.

Creio que seria interessante estudar a arte do suicídio naquela época.[45] O suicídio era, de certo modo, uma representação filosófica pela qual as pessoas encerravam a vida e davam-se a si mesmas

---

45   Em um artigo que escreveu para o primeiro número da revista *Le Gai Pied* [O pontapé gay], em 1979, consagrado ao que se poderia chamar de uma "arte do suicídio", Foucault afirma que "temos a chance de ter à nossa disposição esse momento absolutamente singular [o da morte]: de todos, ele é o que mais merece que dele nos ocupemos: não para nos inquietar ou nos tranquilizar; mas para dele obter um prazer desmesurado, cuja paciente preparação, sem trégua e sem fatalidade, iluminará toda a vida". Cf. M. Foucault, "Un plaisir si simple", in DE II, n. 264, p. 779.

como exemplo para as outras. Alguns desses suicídios podiam alcançar grande sucesso, como um belo poema, como uma obra de arte, como a proeza de um herói: por exemplo, o suicídio de Trásea Peto. Outras pessoas, porém, constituíam objeto de críticas. Sêneca, por exemplo, critica severamente um certo Pacúvio, que tinha o hábito de beber muito todas as noites; estendia-se então em um leito funerário e fazia os belos rapazes chorarem e se lamentarem sobre ele. Para Sêneca, isso não tinha nada a ver com a filosofia; unicamente com o deboche.[46]

Em todo caso, se insisti, talvez um pouco demais, sobre esses pontos, a razão é que eu gostaria de mostrar a mudança na experiência pessoal de si, de sua vida, de sua idade, de sua temporalidade, através desse tipo de ascese.

Vocês percebem bem que se trata de uma experiência totalmente diferente daquela que um jovem ambicioso como Alcibíades podia ter de si mesmo, quatro séculos antes, quando se deixava convencer por Sócrates a cuidar de si.

III

Gostaria agora de estudar a *áskesis* como aquisição da verdade.[47]

---

46   Sêneca, *Cartas a Lucílio*, op. cit., carta 12, 8, p. 36.

47   A partir daqui, Foucault segue o texto da segunda parte da primeira versão da conferência. Todavia, uma vez que o texto está incompleto, não sabemos se o fim da conferência era ou não idêntico ao da primeira versão. Com efeito, pode-se perguntar se Foucault não a modificou também, pois ele diz na introdução que, após falar das provas e dos testes, tratará do exame de si, retomando talvez as análises do *De ira*, como fará na Universidade de Vermont em outubro de 1982 (cf. M. Foucault, "Les techniques de soi", op. cit., pp. 1616-18 ["As técnicas de si", p. 11--12]); e do *De tranquillitate animi* de Sêneca, já apresentadas na Universidade da Califórnia em Berkeley e no Dartmouth College em outubro e novembro de 1980 (cf. OHS, pp. 42-48. Para os outros comentários foucaultianos do terceiro volume do *De ira*, de Sêneca, ver GV, pp. 235-241 [pp. 218-24]; MFDV, pp. 94-97; HS, pp. 157, 461-64 [pp. 147, 433-36]; DV, pp. 269-73; SS, pp. 77-79 [pp. 65-67]. Para as análises do *De tranquillitate animi*, ver GV, p. 235 [p. 218]; MFDV, pp. 97-101; HS, pp. 86, 126-29, 150-51 [pp. 81, 117-21, 140-42]; DV, pp. 274-84 [pp. 98-106]). Uma observação sobre Sêneca e Sereno na terceira sessão do seminário parece confirmar essa hipótese (ver infra, p. 229).

QUARTA CONFERÊNCIA

Manuscrito da conferência em inglês
(*BnF NAF 28730, caixa 29, dossiê 4*).

Na ocasião de nosso último encontro, tentei esclarecer a noção geral de *áskesis*.

E, supondo que a "*áskesis*", a "ascese", não era necessariamente ligada à renúncia – como habitualmente imaginamos por intermédio de nossa cultura cristã ou pós-cristã –, propus uma definição geral de ascese.

Propus chamar de ascese uma técnica regrada e dispendiosa de transformação de si, e por "transformação de si" não designo:

- a aquisição de aptidões ou de conhecimentos;
- e sim a modificação de si no próprio modo de ser.

De modo que, se quisermos fornecer um esquema mais geral, podemos dizer que, entre as técnicas de si que estou estudando, faz-se a seguinte distinção inicial:

Técnicas de si ⎰ técnicas disciplinares de aquisição
⎱ técnicas ascéticas

Ora, quando utilizo a palavra "aquisição", certamente atribuo uma significação muito ampla à palavra "disciplinar":

- Pode tratar-se da aquisição de um conhecimento ou de uma aptidão.
- Mas quero também falar do seguinte: da regulamentação excessivamente restritiva da conduta. Por exemplo, a disciplina estrita que era imposta aos soldados nos exércitos dos

séculos XVII e XVIII diz respeito a uma "técnica disciplinar".[1] Ela consistia na aquisição de um código de conduta a fim de ser eficaz e, também, de evitar a morte durante a batalha ou a punição durante os exercícios.

As duas [técnicas] estão frequentemente ligadas, e com frequência é bastante difícil isolá-las uma da outra.[2]

- Dentre as técnicas ascéticas de si, creio que, ao menos na cultura ocidental, é possível fazer uma distinção entre a ascese voltada para *a verdade* e a ascese voltada para *a realidade*. Eu disse algumas palavras sobre esse assunto na conferência precedente.[3]

Temo, porém, não ter sido suficientemente claro em nosso último encontro, quando evoquei essa distinção. Gostaria de fornecer um pouco mais de detalhes.

1) Falei da ascese voltada para a realidade como técnicas que tornam o indivíduo capaz de ir de um tipo de realidade a outro. Poderia ter sido mais preciso e dito que elas conferem ao indivíduo essa capacidade, visto que transformam sua própria realidade enquanto sujeito.[4]

Por exemplo, quando falamos da ascese cristã como uma ascese voltada para a realidade, devemos conceber que não se trata apenas de uma questão de ir deste mundo ao mundo do além mas também, ao mesmo tempo, de uma transformação do modo de ser do próprio sujeito.

Esse movimento e essa transformação não podem ser separados nem isolados um do outro.

Se a ascese cristã é capaz de dar acesso ao céu e à beatitude eterna, ela pode fazê-lo pelo fato de o sujeito ter sido transformado

---

1 Cf. SP, pp. 137-38, 153-55, 164-71 ss [pp. 117-18, 129-31, 137-42 ss].

2 Passagem à margem no manuscrito.

3 Ver a segunda versão da terceira conferência, supra, pp. 100-05.

4 Sobre uma página preparatória, Foucault elucida: "Por exemplo, à medida que elas transformam um ser destinado à morte em um ser capaz de fazer parte da imortalidade".

(o problema é saber como ele pôde ser transformado; aparece aqui o problema da graça. É uma outra história – ou talvez a mesma).

Em todo caso, nesse tipo de ascese, não há movimento através da realidade sem uma transformação completa do sujeito.

Os autores cristãos têm uma palavra para designar essa dupla mudança:

- para a passagem de um tipo de realidade a outro;
- e para a modificação do sujeito de um modo de ser a outro.

Essa palavra é *metánoia*.[5] Etimologicamente: *mudança de estado de espírito*.

Na literatura cristã, essa palavra traz as seguintes referências:

a. Refere-se à mudança de direção do olho da alma quando a atenção se desloca da terra para o céu, da carne para o mundo espiritual, do baixo para o alto – é a *metánoia*;
b. Mas a palavra *metánoia* faz igualmente referência a uma mudança no estatuto da alma. Precisamente, à mudança que conduz da Queda, do afastamento de Deus, até a salvação, a proximidade com Deus, a vida eterna.

Ao fazer uso dessa palavra emprestada pelos autores cristãos do vocabulário ético grego, poderíamos dizer que a ascese voltada para a realidade tem uma *função metanoiética*.

2) Gostaria igualmente de desenvolver um pouco mais aquilo que eu disse a propósito da ascese voltada para a verdade.

Eu disse a vocês que tais técnicas tornam os indivíduos capazes de adquirir a verdade.

As palavras "adquirir" e "aquisição", que utilizei em nosso último encontro, não eram exatamente as palavras apropriadas.

---

5   A noção de *metánoia* é o objeto de uma série de análises muito detalhadas por parte de Foucault nos cursos Do Governo dos Vivos e A Hermenêutica do Sujeito, no Collège de France. Cf. GV, pp. 125-31, 140-42, 174-75, 222 [GV, pp. 118-24, 132-34, 163-65, 205-06]; HS, pp. 201-09 [pp. 188-95]. Para uma precisão maior, ver Laura Cremonesi et al., in OHS, p. 100, nota 26.

Ao falar de ascese voltada para a verdade, não penso nos procedimentos que colocam os indivíduos em posse do conhecimento (os procedimentos que permitem aos indivíduos simplesmente aumentar seu conhecimento devem ser considerados como "técnicas de aquisição", e não como técnicas de ascese). Por técnicas voltadas para a verdade, eu fazia referência a um gênero particular de técnicas: as técnicas que fazem com que a aquisição da verdade seja capaz de transformar o indivíduo em seu modo de ser e que, reciprocamente, fazem com que o indivíduo, pela transformação de seu modo de ser, seja capaz de adquirir a verdade.

Trata-se mais de uma questão de apropriação, de assimilação da verdade, do que de aquisição da verdade, uma vez que a descoberta da verdade e a transformação do sujeito estão em relação estrita: são recíprocas e às vezes simultâneas.

Tomarei o exemplo da iluminação: uma transformação radical é necessária para a iluminação; sem uma purificação prévia, o sujeito não pode receber a luz da verdade.

Mas, reciprocamente, a luz da verdade, iluminando o sujeito, transforma-o; iluminá-lo não aumenta simplesmente o conhecimento do indivíduo nem amplia simplesmente sua clarividência. Modifica seu estatuto; transforma uma existência de obscuridade em uma existência de luz.

Os gregos tinham uma palavra para essa transformação do sujeito em seu modo de ser: *ethopoíesis*, formação e transformação do *êthos*.[6]

Com essa palavra, eu diria que a aséese voltada para a verdade tem uma função *etopoiética*.

---

6 Sobre a noção de "*ethopoíesis*", ver HS, p. 227-28 [pp. 211-12]; "L'écriture de soi" [1983], in DE II, p. 1237 ["A escrita de si", p. 147]; DV, p. 56, nota a.

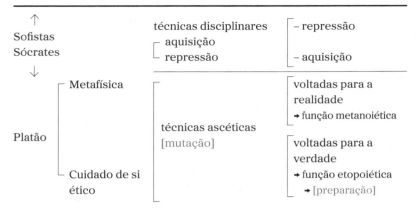

Eis o esquema geral.

Retornemos agora à análise das técnicas utilizadas pela ascese voltada para a verdade nos primeiros tempos da época imperial.

Na conferência anterior, mencionei dois instrumentos principais para adquirir a verdade, de tal modo que a verdade, os discursos verdadeiros, integrem-se ao sujeito e não sejam apenas um objeto de conhecimento.

Esses dois instrumentos eram:

- a escuta ou, mais precisamente, a arte da escuta, ligada a uma arte de guardar o silêncio;
- a escrita ou, mais precisamente, um gênero de escrita pessoal que assumiu como um de seus principais aspectos a forma dos *hypomnémata*.

Como podem notar, essas duas técnicas são, ao mesmo tempo, próximas e distantes dos temas platônicos mais conhecidos.

Também para Platão, o problema estava em encontrar uma via para o discurso verdadeiro; ou melhor: ele queria estabelecer ou descobrir uma relação ontológica entre a alma e os discursos verdadeiros.

Com tal finalidade, ele utilizava a arte de colocar questões e de responder a elas.

A arte da escuta e de guardar o silêncio representa uma ruptura com essa tradição platônica. E, seguramente, tal ruptura tem algo a ver com a profissionalização e a "escolarização" do ensino filosófico.

E, como também sabemos, a fim de dar lugar à reminiscência enquanto movimento de uma realidade a outra, Platão sentia uma profunda desconfiança em relação aos escritos, aos *hypomnémata*.

O uso sistemático dos *hypomnémata* na cultura de si de que lhes falo é uma ruptura com a tradição platônica; um uso muito diferente da memória.

E, agora, partamos às técnicas que se ocupam:

- não diretamente da assimilação;
- e sim do controle dessa assimilação.

É aí que encontramos o conhecimento de si.

É o principal ponto que eu gostaria de destacar nesta conferência.

Encontramos nessa cultura de si muitos procedimentos e técnicas que, supostamente, nos trazem o conhecimento de nós mesmos.

Tal conhecimento de si não tem por objetivo a constituição da verdade (de discursos verdadeiros) sobre nós mesmos; seu objetivo é controlar o processo pelo qual adquirimos discursos verdadeiros, nos integramos com nós mesmos, transformamos a nós mesmos graças a eles. E controlar esse processo quer dizer ter consciência dele, medi-lo e, ao mesmo tempo, reforçá-lo, acelerá-lo.

Não se trata de fazer aparecer, em discursos verdadeiros, o eu em sua realidade; trata-se de fazer com que os discursos verdadeiros transformem o eu por uma apropriação permanentemente controlada da verdade.

O conhecimento de si, em uma tal tecnologia, não deve ser concebido como uma hermenêutica de si, decifrando uma realidade escondida sob a superfície aparente das representações. Deve ser concebido como a prova necessária do processo de apropriação da verdade, na sua função *etopoiética*.

Pode ser que tudo isso nos pareça banal ou bizarro. Gostaria somente de lembrar que tal noção de conhecimento de si não é muito comum em nossa cultura. Sabemos bem que as duas principais formas de conhecimento de si em nossa cultura são:

a. O conhecimento de si, uma vez que nossa realidade está escondida de nós: é o conhecimento hermenêutico de si.

b. E o conhecimento das condições estruturais ou transcendentais que nos tornam capazes de conhecer a verdade: é o conhecimento crítico de si.

Na cultura de si pagã, encontramos um tipo de conhecimento de si que se ocupa não das condições gerais e permanentes do conhecimento – como no conhecimento de si crítico –, e sim do processo real, ativo, de apropriação da verdade; e não se ocupa de uma realidade escondida dentro de nós mesmos: ocupa-se da distância que falta percorrer, que falta atravessar, para se tornar verdadeiramente sujeito dessa verdade (é a diferença em relação ao conhecimento de si hermenêutico).

Os gregos tinham uma palavra para designar uma proposição verdadeira quando estava profundamente enraizada no espírito e quando não consistia somente em uma opinião, mas em uma matriz para a conduta. Esse discurso verdadeiro considerado como convicção, como crença firme, como regra efetiva de conduta, era chamado *gnóme*.[7]

Gostaria de propor a denominação de "conhecimento de si gnômico" para essa prova permanente de apropriação da verdade e de sua função *etopoiética*. E opor esse [conhecimento de si] gnômico:

- ao conhecimento de si hermenêutico;
- ao conhecimento de si crítico.[8]

---

7 "O termo *gnóme* designa a unidade da vontade e do conhecimento; designa também uma curta frase pela qual a verdade aparece em toda a sua força e se incrusta na alma das pessoas"; OHS, p. 50. Sobre a noção de *gnóme*, ver também OHS, pp. 51-52, nota a; MFDV, p. 130; "Débat au Département de Français de l'Université de Californie à Berkeley", in CCS, p. 162. Para uma precisão maior, ver L. Cremonesi et al., in OHS, pp. 62-63, nota 35.

8 Nas conferências proferidas no Dartmouth College em novembro de 1980, Foucault havia traçado a oposição entre um "eu gnômico", para o qual "a força da verdade está unificada com a forma da vontade", e um "eu gnosiológico", que coloca o problema da descoberta e da decifração da verdade secreta de si por meio de um trabalho hermenêutico; OHS, pp. 50-51, 88-89. Essas duas configurações históricas do "eu" parecem corresponder de maneira bastante precisa ao que Foucault chama, em Toronto, de "conhecimento de si gnômico" e "conhecimento

Temo ter sido demasiadamente abstrato. E talvez vocês estejam um pouco desorientados por essa pretensiosa terminologia grega. Antes de lhes oferecer um delineamento para esclarecer esses "exercícios gnômicos", gostaria de dar um exemplo preciso. Trata-se da passagem de Marco Aurélio que foi interpretada como testemunho de uma influência platônica em Marco Aurélio e como um sinal de certa tendência mística em sua filosofia.[9]

---

de si hermenêutico". Nas conferências proferidas na Universidade da Califórnia em Berkeley, em outubro de 1980, Foucault havia complicado esse esquema binário, falando também de um "eu gnóstico" que deve ser descoberto no interior do indivíduo "como uma parcela, uma centelha esquecida da luz primitiva"; OHS, p. 68, nota a, p. 91, nota a. Em contrapartida, em Toronto, a terceira forma de conhecimento de si na cultura ocidental é constituída, segundo Foucault, pelo "conhecimento de si crítico", isto é, pelo "conhecimento das condições estruturais ou transcendentais que nos tornam capazes de conhecer a verdade", tal como foi inaugurado na modernidade cartesiana e kantiana. No manuscrito da quinta conferência, Foucault apresenta o gnosticismo antes como uma das "tentações" permanentes no seio da história do cristianismo, consistindo em reunir "a revelação da verdade e a descoberta de nossa própria realidade". Ver infra, p. 141.

9   O manuscrito não especifica qual o texto de Marco Aurélio a que Foucault faz alusão. Trata-se de uma passagem dos *Pensées* [*Meditações*] sobre o retiro em si mesmo que se encontra no livro IV, 3: "A gente procura para si retiros nas casas de campo, na beira-mar, nas serras; tu também costumas anelar vivamente por isolamentos desse gênero. Tudo isso, porém, é o que há de mais estulto, quando podes retirar-te em ti mesmo à hora que o desejes. A lugar nenhum se recolhe uma pessoa com mais tranquilidade e mais ócios do que na própria alma, sobretudo quando tem no íntimo aqueles dons sobre os quais basta inclinar-se para gozar, num instante, de completo conforto; por conforto não quero dizer senão completa ordem. Proporciona a ti mesmo constantemente esse retiro e refaze-te; mas haja nele aquelas máximas breves e elementares que, apenas deparadas, bastarão para fechá-lo a todo sofrimento e devolver-te livre de irritação contra o ambiente aonde regressas. Com efeito, com o que te irritas? Com a maldade humana? Reaviva o juízo de que os viventes racionais nasceram uns para os outros; que a paciência é uma parte da justiça; que não pecam por querer; que tantos já, após ódios ferrenhos, suspeitas, rancores, jazem transpassados pela lança e reduzidos a cinza; e sossega, enfim. Porém estás irritado também com os quinhões do todo que te couberam? Recorda a disjuntiva ou uma providência, ou os átomos e todas as provas de que o mundo é como uma cidade. Porém ainda te afetarão os interesses do corpo? Considera que a inteligência não se imiscui nas agitações, suaves ou violentas, do alento, uma vez que, recolhida, haja compreendido o seu poder próprio; recorda, enfim, tudo quanto ouviste e admitiste sobre a dor e o prazer. Porém a gloríola te fascinará? Volta a atenção para a rapidez com

Trata-se, creio, de algo bem diferente. Trata-se, a meu ver, de um exercício muito preciso de conhecimento de si gnômico. Não é difícil identificar sua função e sua finalidade:

- Pôr à prova as verdades que acreditamos nos serem apropriadas.
- Lembrá-las tão clara e completamente quanto pudermos.
- Confrontá-las com uma situação real e efetiva.
- Reforçá-las graças a essa completa inspeção.

À primeira vista, poderíamos imaginar que esse texto de Marco Aurélio é um simples "retiro em si mesmo" passivo ou algo como um "exame de consciência" cristão.[10]

---

que tudo se esquece, para a extensão do tempo infinito num sentido e no outro, para o vazio da repercussão, para a volubilidade e falta de critério dos aparentes aplausos e na estreiteza do espaço onde se circunscrevem. A terra toda não passa de um ponto, e que diminuto cantinho dela é realmente a parte habitada! E ali quantos são e quem são os que te hão de louvar? Por fim, lembra-te de teu retiro para dentro dessa nesga de terra tua e, antes de tudo, nada de tormentos e contensões; sê livre e encara as coisas como um varão, como um ser humano, como um cidadão, como um vivente mortal. Entre as noções mais à mão, sobre as quais te inclinarás, estejam estas duas: primeira, que as coisas não atingem a alma; param fora, quietas, e os embaraços vêm exclusivamente dos pensamentos de dentro; segunda, que tudo quanto estás vendo se transformará dentro de instantes e deixará de existir. Pensa constantemente em quantas transformações tu mesmo presenciaste. O mundo é mudança; a vida, opinião"; Marco Aurélio, *Meditações*, in Epicuro et al., *Antologia de textos*. São Paulo: Abril Cultural, 1985, p. 273. Foucault havia preparado, para a sexta e última sessão do ciclo de conferências sobre a *parresía*, proferida na Universidade da Califórnia em Berkeley, no outono de 1983, um comentário sobre esse mesmo texto, o qual não teve tempo de proferir, mas cujo manuscrito foi conservado; cf. DV, pp. 290-94, nota b. Em Berkeley como em Toronto, Foucault começa por recusar a interpretação platônica ou neoplatônica desse texto.

10   Ver supra, p. 92, nota 13. A série de páginas enumeradas do manuscrito da conferência interrompe-se aqui. Encontram-se em seguida duas páginas não numeradas que não são a sequência do texto, uma vez que este prosseguia com a análise do texto de Marco Aurélio, mas que provavelmente são o começo de uma segunda parte da conferência. O fim da conferência não foi encontrado.

II

Minha tese é que:

a. O papel do conhecimento de si é verdadeiramente importante na cultura de si, ainda que se trate mais de uma consequência da regra "cuida de ti" do que de um princípio autônomo.
b. Esse conhecimento de si apoia-se em técnicas que, em sua maioria, são testes, provas para o processo de assimilação da verdade.

Para um breve apanhado desses exercícios de ascese de verdade, creio que podemos utilizar uma distinção que era corrente nessa literatura.

QUINTA CONFERÊNCIA

Manuscrito da conferência em inglês
(*BnF NAF 28730, caixa 29, dossiê 9*).

Introdução

1) Como vocês sabem, os filósofos têm sua própria maneira de se interessar pela verdade. Uma maneira um tanto ardilosa. Não quero dizer que eles não pretendem dizer a verdade; não digo que não conseguem dizer, de tempos em tempos, alguma coisa verdadeira. Conseguem mais ou menos que os outros? Esse não é meu assunto. Mas, como todo mundo – nem mais nem menos que os outros –, eles se servem de afirmações; e, dessa maneira, pretendem dizer a verdade.

Mas pretendem dizer a verdade a respeito da própria verdade:

- quer a respeito dos critérios a serem utilizados para definir se uma proposição é verdadeira ou não;
- quer a respeito das condições necessárias a serem aceitas para formular uma proposição verdadeira;
- quer a respeito do estatuto do erro (do estatuto epistemológico ou ontológico do erro).

Há, igualmente, uma série de questões a respeito da verdade que merecem, creio, ser colocadas. Tais questões são do seguinte tipo:

- Por que queremos conhecer a verdade?
- Por que preferimos a verdade ao erro?
- Por que somos obrigados a dizer a verdade? Qual a natureza dessa obrigação?

Questões desse gênero são, creio, menos familiares que as outras.

Não presumo que ninguém as tenha colocado. Por exemplo:

- Encontramos em Platão uma teoria do *Éros* como desejo da verdade.
- Encontramos em Aristóteles uma teoria da curiosidade.
- Em Schopenhauer ou em Nietzsche, encontramos uma concepção da *Wille zum Wissen* (vontade de conhecimento), da *Wille zur Wahrheit* [(vontade de verdade)].
- Ou, ainda, encontramos em William James um desenvolvimento teórico da questão: por que preferimos a verdade ao erro?
- E, como vocês sabem, poderíamos dizer que Heidegger passou da questão "por que o ser?" para a questão "por que a verdade?".

Perdoem-me por fazer referência a tão temerários parentescos. Minha intenção é apenas assinalar esse domínio de pesquisa que não se ocupa

- nem das leis internas das proposições verdadeiras,
- nem das condições gerais dos discursos verdadeiros,
- nem dos fatores de erro ideológicos ou mitológicos,

e sim da vontade de verdade, do fato de aceitarmos que estamos ligados pela obrigação de dizer a verdade.[1]

2) O que busco fazer, nesse domínio geral, é analisar várias formas históricas dessa "vontade de verdade" a propósito do ser humano, da conduta humana, da consciência humana.

---

1   O problema da vontade de verdade (por que queremos conhecer a verdade? por que preferimos a verdade ao erro?) foi inscrito por Foucault no coração de seu primeiro curso no Collège de France. Cf. *L'ordre du discours: Leçon inaugurale au Collège de France prononcée le 2 décembre 1970*. Paris: Gallimard, 1971 [*A ordem do discurso: Aula inaugural no Collège de France, pronunciada em 2 de dezembro de 1970*]; e *Leçons sur la volonté de savoir: Cours au Collège de France, 1970-1971*, org. D. Defert. Paris: Seuil/Gallimard, 2011 [*Aulas sobre a vontade de saber: Curso no Collège de France (1970-71)*]. Nunca verdadeiramente abandonado, esse problema – reformulado nos termos da questão da obrigação de dizer a verdade e das formas históricas do dizer-verdadeiro – constitui, aliás, o fio condutor das pesquisas foucaultianas dos anos 1980.

Por exemplo, por que e como a loucura foi introduzida em determinado jogo da verdade e do erro, e por que se deslocou de determinado jogo da verdade e do erro para outro?

Por que certo tipo de jogo da verdade e do erro introduziu-se em um dado momento em nossa relação com a loucura?[2]

Mesma questão a propósito do crime,[3] mesma questão a propósito do sexo e da conduta sexual.[4]

Ao colocar a questão do sexo e da conduta sexual, fui levado a analisar os jogos da verdade e do erro em nossa relação com nós mesmos.

——

Isso é suficiente para o projeto geral. Não estou seguro de que este apanhado seja capaz de dar uma resposta a quem se surpreendeu com todas essas pequenas tolices a propósito de Sêneca ou de Marco Aurélio etc. Mas o que é interessante na história da verdade é que ela é estranha, bizarra e parece por vezes estúpida (creio que poderíamos dizer o mesmo a respeito da estrutura lógica dos discursos verdadeiros). Temo que, se não fosse tão bizarra, a verdade se mostraria mais enfadonha.

Em todo caso, o que eu tinha a intenção de lhes mostrar nas conferências anteriores era uma forma muito particular de jogo de verdade a propósito de si mesmo na cultura greco-romana.

Esse jogo de verdade apresenta [cinco] [TM: três] características principais:

1) Ele encontrou lugar no contexto geral de algo que foi um tema verdadeiramente importante, um dos principais preceitos da ética antiga: o cuidado de si.

2) Este preceito, "cuida de ti mesmo", ocasionou, na época helenística e imperial, uma prática social bastante ampla e, ao mesmo tempo, um conjunto de técnicas muito precisas. Tais técnicas, podemos encontrá-las nas obras de técnicos do cuidado de si, quero

---

2 Cf. HF.
3 Cf. SP.
4 Cf. VS.

dizer, dos filósofos, pois é como esse gênero de técnicos que eles mesmos se apresentam.

3) A essas técnicas os gregos davam o nome de *áskesis*; devemos, porém, estar conscientes do fato de que tal ascese é profundamente diferente daquilo que tradicionalmente chamamos de "ascese", que implica a renúncia como um de seus principais traços.

A ascese deve ser entendida como um conjunto de técnicas dispendiosas e regradas para transformar-se a si mesmo.

4) O quarto ponto era que tal ascese tinha por objetivo a aquisição da verdade:

- A razão pela qual se devia exercitar-se era por ser preciso adquirir a verdade e, melhor ainda, por ser preciso assimilar a verdade, para fazer do *lógos* a matriz permanente da própria conduta.
- E a maneira de assimilar a verdade era aprendê-la, interiorizá-la, por meio de procedimentos como:
  - a arte da escuta,
  - o exercício de escrever,
  - um esforço regular de memorização daquilo que se aprendeu.

5) O quinto ponto era que – surpreendentemente – essa ascese voltada para a verdade não dava lugar a um desenvolvimento particular do conhecimento de si.

- Não pretendo dizer que o conhecimento de si não tinha importância nessa cultura de si. Seria ridículo dizer algo assim a propósito de uma cultura que deu tanta importância ao preceito *gnôthi seautón*.
- O que queria mostrar é que o conhecimento de si era principalmente um procedimento de controle da aquisição, da assimilação da verdade.

Portanto, ele tem um papel permanente a desempenhar, uma função permanente a exercer.

Mas esse conhecimento de si não constitui o eu enquanto objeto específico e autônomo de um discurso verdadeiro.

Sua tarefa não é descobrir a realidade escondida daquilo que somos.

Sua tarefa é assegurar o controle permanente do processo mediante o qual nos tornamos o próprio *Lógos*.

Chegamos assim à conclusão – a esta conclusão paradoxal de que:

- em uma cultura em que o cuidado de si era tão importante,
- em uma cultura em que o *gnôthi seautón* era tão frequentemente citado e tão altamente valorizado,
- e em uma ascese que tinha a aquisição da verdade como principal objetivo,
- em tal cultura, o conhecimento de si não adquiriu a amplitude e a complexidade que adquiriria mais tarde.

E, inversamente, podemos perceber o nascimento e os primeiros desenvolvimentos de um conhecimento de si específico e autônomo na espiritualidade cristã – nessa espiritualidade cristã da qual um dos principais preceitos é: renuncia a ti mesmo.

Muito paradoxalmente – mas creio que a maioria de vocês, que conhece bem esse tipo de transformação histórica, não se surpreenderá de verdade –, a grande hermenêutica de si não se enraíza em uma cultura dominada pelo cuidado de si, mas em uma espiritualidade dominada pela renúncia a si.

—

Duas breves observações antes de começar:

1) Creio que encontramos aqui uma das razões pelas quais temos a impressão de conhecer tão bem o preceito *gnôthi seautón*, ao passo que o preceito *epímele seautoû* nos parece um pouco estranho ou, ao menos, egoísta.

É-nos bastante difícil aceitar como fundamento de nossa ética o princípio segundo o qual deveríamos conceder a nós mesmos mais importância do que a qualquer outra coisa. Antes, temos a tendência de reconhecer nele a base de uma imoralidade que permite ao indivíduo escapar a todas as regras.[5]

Através de nossa herança cristã, nós nos reconhecemos facilmente no *gnôthi seautón*; quase não reconhecemos nossa ética no *epímele seautoû*. O princípio do cuidado de si é para nós bem mais um princípio de conduta econômica; ou um princípio para escolhas estéticas; ou mesmo uma *mot d'ordre* [palavra de ordem][6] para uma revolta ética.

2) A segunda observação que gostaria de fazer versa sobre a diferença entre o conhecimento de si e a teoria da alma.

- Quando falo de conhecimento de si, entendo com isso aquele gênero de conhecimento pessoal que se pressupõe que todo indivíduo deve constituir sobre si mesmo por meio de técnicas apropriadas.

E isso não é a mesma coisa que a teoria da alma, a teoria do espírito, a análise do intelecto, ainda que tenha relações com elas...

- As técnicas propostas ou impostas aos indivíduos para constituir ou desenvolver seu conhecimento de si são, bem entendido, mais ou menos dependentes das teorias da alma que lhes são contemporâneas.
- E, na maioria das vezes, tais teorias repousam e apoiam-se nessas técnicas, delas dependendo.

Consideremos a concepção de memória em Platão: ela é, ao mesmo tempo, um elemento técnico do conhecimento de si e uma parte de sua teoria da alma.

Insisto, porém, no fato de que, nesta pesquisa sobre o cuidado e o conhecimento de si, ocupo-me de outra coisa que não de teorias ou concepções da alma, do espírito, do corpo etc.

---

5 Ver supra, pp. 38-40 e p. 39, nota 34.
6 Em francês no texto.

I

No cristianismo primitivo, encontramos mudanças consideráveis na cultura de si.

Como se sabe, o problema da continuidade entre a cultura pagã e a cultura cristã na Antiguidade tardia é um dos mais surpreendentes que um historiador das ideias pode encontrar.

No domínio preciso da cultura de si e do conhecimento de si, é possível identificar profundas continuidades e descontinuidades muito nítidas.

De maneira bastante esquemática, podemos dizer que o cristianismo pertence à vasta categoria das religiões da salvação. Isso significa que o cristianismo é uma daquelas religiões incumbidas de conduzir o indivíduo:

- de uma realidade à outra,
- da morte à vida,
- do tempo à eternidade,
- deste mundo ao outro mundo.

E, para realizar essa mudança, o cristianismo propõe ou impõe um conjunto de condições, de ritos, de procedimentos e de regras de conduta, bem como um certo tipo de transformação de si, que são característicos de uma ascese voltada para a realidade.[7]

Mas o cristianismo não é somente uma religião da salvação: ele é uma confissão.

Isso significa que o cristianismo pertence a uma categoria de religiões bem mais estreita: uma religião que impõe a seus adeptos obrigações de verdade bastante estritas. Sabe-se bem que, nas religiões gregas e romanas, as obrigações rituais eram muito estritas; os deveres éticos e as regras de conduta pessoal eram bastante vagos; e as obrigações de acreditar nisto ou naquilo eram ainda mais imprecisas. É muito difícil, em nossos dias, imaginar no que exatamente acreditava um grego; o que ele aceitava como verdadeiro no domínio religioso; que gênero de incredulidade era considerado ímpio e, no fim das contas, condenado.

---

7   O último segmento da frase está entre colchetes no manuscrito.

As obrigações de verdade no cristianismo, por sua vez, são numerosas.

Por exemplo: obrigação de aceitar um conjunto de proposições que constituem um dogma; obrigação de considerar certos textos ou livros como fonte permanente de verdade; obrigação, igualmente, não apenas de acreditar em certas coisas mas também de mostrar que se acredita nelas: todo cristão tem a obrigação de manifestar sua fé. Ao menos no ramo católico do cristianismo, todo mundo deve, supostamente, aceitar as decisões de certas autoridades institucionais em matéria de verdade.

Porém, o cristianismo exige outra forma de obrigação de verdade muito diferente dessas que acabo de mencionar. Cada qual tem o dever de saber quem é, de saber o que se passa em si, de ter consciências das faltas que pode ter cometido, de identificar as tentações a que está exposto; e, ademais, todo mundo é obrigado a revelar tais coisas ou a Deus (a despeito do fato ou por causa do fato de Deus conhecê-las melhor que ninguém) ou a outras pessoas; portanto, testemunhar publicamente ou em segredo contra si mesmo. Certamente, as formas assumidas por essa obrigação não são as mesmas na Igreja católica e nas comunidades protestantes.

De todo modo, eis o essencial: esses dois conjuntos de obrigações de verdade – as que recaem sobre a fé, o Livro, o dogma, e as que concernem ao eu, ao coração – estão ligados um ao outro.[8] Pressupõe-se que um cristão deva ser sustentado pela luz da fé se quiser explorar a si mesmo, se quiser ser capaz de decifrar o que são os profundos e perigosos movimentos de seu coração. Reciprocamente, o acesso à verdade da fé não é concebível sem uma purificação da alma: sem esse difícil esforço para dissipar a obscuridade interna, seria impossível aceder à luz. A pureza da alma é uma consequência do conhecimento de si; e a pureza da alma é uma condição não somente da compreensão do texto, do Livro, mas também da força da fé.

---

8   Para uma descrição análoga das "obrigações de verdade" no seio do cristianismo, ver OHS, pp. 66-68; MFDV, pp. 89-91; "Les techniques de soi" [1982], in DE II, n. 363, pp. 1623-24 ["As técnicas de si", pp. 15-16]. No curso Do Governo dos Vivos, no Collège de France, Foucault apresenta essa mesma dualidade em termos de "regimes de verdade". Cf. GV, pp. 81-82, 99-100 [pp. 76-78, 92-94].

Santo Agostinho emprega uma fórmula muito significativa: *"Qui facit veritatem venit ad lucem"*.[9]

- *Facere veritatem*: significa "fazer a verdade em si".
- *Venire ad lucem*: "aceder à luz".
- Fazer a verdade em si (*facere veritatem*) e aceder à luz (*venire ad lucem*) são dois conceitos estreitamente ligados.

Detenhamo-nos aqui um instante; e lancemos rapidamente um olhar para trás, sobre a cultura de si pagã desenvolvida na filosofia dos primeiros séculos.

1) Primeiramente, podemos ver uma diferença muito determinada.
Enquanto religião da salvação, o cristianismo propõe ou impõe um gênero de ascese (uma transformação de si custosa e regrada) que está orientada para um movimento de uma realidade à outra (um tipo [de realidade] ➜ um nível).

2) Mas essa ascese voltada para a realidade mantém uma relação bastante estreita com um conjunto de numerosas obrigações de verdade que se apresentam, elas mesmas, como condição necessária desse movimento de uma realidade à outra.

- De modo que, no quadro geral dessa ascese orientada para a realidade, que é um dos principais traços da religião cristã, o lugar e o papel de uma ascese voltada para a verdade foram muito importantes desde os primeiros tempos do cristianismo.
- O cristianismo integrou, ou procurou integrar, à sua ascese voltada para a realidade uma ascese voltada para a verdade, a fim de fazer desta última um elemento ou uma condição da primeira.

---

9 "Mas Vós amastes a verdade, pelo quem a pratica alcança a luz" (*Ecce enim veritatem dilexisti, quoniam qui facit eam venit ad lucem*); Santo Agostinho, *As confissões*, trad. J. Oliveira Santos, S. J. e A. Ambrósio de Pina, S. J. São Paulo: Abril Cultural, 1973, p. 195. Os Pensadores.

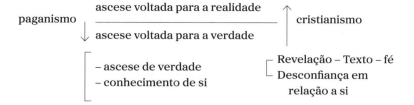

Temos muitos testemunhos de autores cristãos sobre essa tentativa de integrar uma ascese voltada para a verdade no quadro de uma ascese voltada para a realidade. E, precisamente, de integrar a forma pagã, a forma filosófica da ascese voltada para a verdade.

Os cristãos conseguiram ser ao mesmo tempo muito hostis à religião greco-romana e profundamente respeitosos ou secretamente dependentes da ética filosófica.

Lembremos dos inumeráveis empréstimos que Clemente de Alexandria toma da ética estoica. Lembremos dos grandes elogios que Santo Agostinho fazia de Sêneca.

Lembremos que, durante séculos, o *Enchiridion*[10] foi considerado um texto cristão, escrito por São Nilo.

Uma parte importante, ou pelo menos uma certa parte, da "ascese voltada para a verdade" que caracterizava a ética filosófica pagã encontrou lugar no quadro geral da ascese cristã voltada para a realidade.

3) Mas – e este é o terceiro ponto – tal ascese voltada para a verdade foi profundamente transformada por algumas razões que tentarei lhes explicar mais tarde.

Sinteticamente, essa transformação consiste no que se segue.

- Lembramos que, segundo Sêneca, Plutarco, Epicteto, Marco Aurélio, conhecer-se a si mesmo não era outra coisa senão experimentar a si mesmo no processo de assimilação da verdade. Devia-se conhecer a si mesmo à medida que se devia saber onde se situava o caminho de uma completa assimilação da verdade. Conheciam-se as verdades necessárias?

---

10 Flavio Arriano, *O manual de Epicteto*, trad. Aldo Dinnuci. Campinas: Auster, 2020.

Era-se capaz de recordar tais verdades tantas vezes quanto necessário? Tais verdades estavam realmente à nossa disposição? Esta era a forma geral do conhecimento de si: o controle permanente da assimilação da verdade; consequentemente, ela não podia ser isolada de tal assimilação, nem em sua forma nem em sua cronologia.

- Ao contrário, o que caracteriza a ascese cristã da verdade é:
  - não somente o fato de ter se inserido no quadro de uma ascese voltada para a realidade
  - mas também o fato de que os dois traços dessa ascese de verdade (a assimilação da verdade e o conhecimento de si) separaram-se e tornaram-se relativamente independentes um do outro, cada qual tomando uma forma particular.

Não quero dizer que se tornaram inteiramente isolados ou duas formas separadas de atividade. Disse-lhes – e este tema é constante na tradição cristã – que a luz da verdade não podia penetrar na alma dos homens sem uma purificação prévia por meio do conhecimento de si, e que esta purificação não podia ser efetuada sem a luz da verdade.

Entretanto, a despeito dessa relação recíproca, ambos os processos são diferentes; têm suas próprias formas, suas próprias obrigações, suas próprias técnicas, ainda que haja algumas similitudes entre eles.

O que gostaria de lhes mostrar hoje é que a forma cristã da ascese quebrou a unidade do "conhecimento de si gnômico". E que suscitou dois tipos diferentes de relação:

- Relação com a verdade revelada, através do *Lógos*, através da Palavra, através do Livro. Relação com a verdade enquanto ela é revelada através das figuras do texto.

E essa relação tomou a forma da fé.

- Há outra relação com nossa realidade interior, com uma realidade que é escondida e submersa nas profundezas do nosso coração, no segredo de nossa consciência, nos movimentos bem pouco perceptíveis de nosso pensamento.

E essa relação deve tomar a forma da desconfiança (para com nós mesmos).

Gostaria de insistir sobre essa distinção entre a verdade no Texto e a realidade do eu; sobre sua diferença e sua relação profunda e muitas vezes obscura. Creio que esse é um dos principais traços da cultura ocidental e uma das principais características de nossa subjetividade. O equilíbrio, os conflitos, a reunião, o afastamento uma da outra, da verdade no texto e da verdade no eu foram, creio, um dos desafios permanentes da cultura ocidental.

O distanciamento – as diferenças e as relações – entre as ciências sociais e as ciências naturais é um traço bem conhecido de nosso campo teórico – ao menos de nossa vida universitária. O distanciamento entre estas duas relações (a relação da verdade com o texto e a relação da verdade com o eu) foi, durante muito mais tempo, um desafio permanente.

——

Mas, antes de estudar algumas das consequências desse distanciamento, gostaria de esclarecer tal distinção. E mostrar até que ponto os cristãos dos primeiros tempos – pelo menos alguns dentre eles – eram conscientes dessa distinção.

Vou referir-me a um ou dois textos das *Conferências* de Cassiano.

Talvez eu deva dizer algumas palavras sobre Cassiano. Ele foi contemporâneo de Santo Agostinho. Nasceu onde hoje é a Iugoslávia, um lugar em que se falava latim ou grego; no fim do século IV, visitou a Ásia Menor porque se sentia atraído pela vida espiritual no monaquismo oriental e por aquelas instituições relativamente novas – os mosteiros. Naquele momento, havia muita tensão, no seio das práticas ascéticas cristãs, entre a prática anacorética, que implicava um retiro pessoal longe das cidades e uma vida solitária (ou semissolitária), e as instituições cenobíticas, que implicavam uma vida em comum, regras comuns, uma estrutura hierárquica estrita e um sistema disciplinar. Muito resumidamente, poderíamos dizer que, quando Cassiano visitou a Galileia e o Egito, as instituições cenobíticas estavam suplantando a tradição anacorética. Isso não significa que a anacorese tivesse desaparecido; mas havia uma reação muito forte contra certos excessos ligados a esse tipo de vida solitária e contra as promessas que eram altamente valorizadas por alguns anacoretas.

As regras de vida cenobíticas eram uma tentativa de fornecer um quadro disciplinar – emprestado em parte do exército romano – a esse ascetismo considerado demasiadamente individualista.

De todo modo, Cassiano visitou instituições cenobíticas, retornou ao Ocidente, ficou algum tempo em Roma, [depois] instalou-se no sul da França, onde escreveu uma espécie de reportagem sobre suas visitas nos mais célebres lugares da vida espiritual oriental. E essa reportagem supostamente era – e foi de fato – uma espécie de programa para a fundação de instituições monásticas no Ocidente.

Cassiano não deve ser comparado a Santo Agostinho. Ele não tem originalidade: suas concepções teológicas ou filosóficas não são de grande porte. Mas é por isso que se pode aceitá-lo como um testemunho digno de fé para os mais correntes assuntos dessa espiritualidade. Ele foi um intermediário (entre o Oriente e o Ocidente), foi não somente uma testemunha como também um agente importante. Escreveu dois livros:

- Um deles, *Instituições cenobíticas*,[11] é uma exposição das diferentes regras de vida cenobíticas. Trata-se realmente de um programa para a fundação de mosteiros na Europa ocidental.
- Mas o outro livro, *Conferências*,[12] é uma exposição bastante ampla e (do nosso ponto de vista) muito mais interessante da doutrina espiritual que tinha a maior influência nessas instituições monásticas.

Uma dessas conferências é consagrada à *Scientia spiritualis*, ao conhecimento espiritual, e mostra a que ponto eram claros para Cassiano – e, com ele, para as figuras maiores dessa espiritualidade – os laços, a proximidade e as diferenças entre a interpretação do texto e o conhecimento de si.

Vocês encontrarão essa análise na décima quarta conferência, no parágrafo VIII.[13]

---

11 João Cassiano, *Instituições cenobíticas*, trad. Mosteiro da Santa Cruz. Juiz de Fora: Subiaco, 2015.

12 Id., *Conferências*, trad. Aída Batista do Val. Juiz de Fora: Subiaco, 2006-11, 3 v.

13 "Voltemos, porém, à exposição da ciência espiritual, que motivou nossa preleção. De fato, a prática [πρακτική], como anteriormente já mencionamos, se aplica a diversas profissões e diferentes condições de vida, enquanto a teoria

[θεωρητική] compreende apenas duas partes: uma que se destina à interpretação histórica da Sagrada Escritura e a outra à inteligência espiritual. Por isso, Salomão, ao enumerar a multiforme graça da Igreja, acrescentou: *Ela não teme a neve em sua casa, porque toda sua família tem vestes duplas* (Pr 31, 21 – LXX)".

Por sua vez, a ciência espiritual compreende três gêneros: a tropologia, a alegoria e a anagogia, segundo o que nos afirmam os Provérbios: *Escrevei essas coisas em três caracteres sobre a extensão de vosso coração* (Pr 22, 20 – LXX).

O gênero histórico se refere ao conhecimento das coisas passadas e visíveis. O Apóstolo fala historicamente, ao declarar: *Está escrito que Abraão teve dois filhos, um da escrava e outro da mulher livre. O da escrava nasceu segundo a carne e o que nasceu da mulher livre foi filho da promessa* (Gl 4, 22-23). O que segue, porém, pertence ao gênero alegórico, uma vez que o Apóstolo mostra que aquele acontecimento é, de fato, figura de outro mistério que se iria realizar posteriormente.

E a esse respeito, ensina: Esses fatos têm o sentido alegórico, pois essas mulheres representam as duas Alianças. A primeira, Agar, que vem do monte Sinai, gera filhos para a escravidão. Porque Sinai é um monte da Arábia, mas corresponde à Jerusalém atual, que é escrava com seus filhos (Gl 4, 24-25).

Em seguida, o Apóstolo passa ao sentido anagógico. A anagogia parte do mistério espiritual, para, em seguida, elevar-se aos segredos do céu mais sublimes e sagrados. Assim, ele afirma: *A Jerusalém do alto, ao contrário, é livre e é nossa mãe, pois está escrito: Rejubila-te, estéril, que não dás à luz, prorrompe em gritos de alegria, tu que não sentes as dores do parto, porque os filhos da mulher abandonada são mais numerosos do que os da mulher que tem marido* (Gl 4,26-27).

A tropologia nos apresenta a interpretação moral, que tem por escopo a correção dos costumes e a formação ascética. Como se entendêssemos uma como a expressão da vida ativa (πρακτική), e a outra como ciência contemplativa ou ainda como se quiséssemos interpretar Jerusalém e Sião como figuras da alma do homem, segundo a palavra: *Louva o Senhor, Jerusalém, louva o teu Deus, Sião* (Sl 147, 12).

Podemos, pois, concluir que de uma única configuração é possível deduzir quatro interpretações. De modo que a única e mesma Jerusalém pode ter quatro acepções diferentes. No sentido histórico, será a cidade dos judeus; segundo o sentido alegórico, a Igreja de Cristo, no sentido anagógico, a cidade celeste, *que é a mãe de todos nós* (Gl 4, 26), e, por fim, no sentido tropológico, a alma do homem, que algumas vezes é louvada e outras censurada pelo Senhor.

Desses quatro gêneros de interpretação, vejamos o que diz o Apóstolo: *Ora, irmãos, suponhamos que eu me apresente entre vós falando em línguas: em que vos serei útil, se não vos comunicar nem revelação, nem conhecimento, nem profecia, nem ensinamento?* (1Cor 14, 6).

A *revelação* diz respeito à alegoria que manifesta, ao explicar, segundo o sentido espiritual, as verdades ocultas sob o relato histórico.

Assim, por exemplo, se tentarmos desvendar o sentido das seguintes palavras: Nossos pais estiveram todos debaixo da nuvem e todos passaram pelo mar; na nuvem e no mar todos foram batizados em Moisés; todos comeram do mesmo alimento espiritual e todos beberam da mesma bebida espiritual; de fato, bebiam

Segundo uma tradição bem conhecida e que se enraíza na cultura pagã, Cassiano distingue dois tipos de "ciência":

- a *scientia praktiké*, que deixaremos de lado no momento,
- e a *scientia theoretiké*. Na "ciência teórica", ele propõe, como primeira divisão, [distinguir]:
  - "a interpretação histórica",
  - "a inteligência espiritual"; e, nessa inteligência espiritual, ainda uma tripartição:
    - o conhecimento alegórico,
    - o conhecimento anagógico,
    - o conhecimento tropológico.

---

de uma rocha espiritual que os acompanhava. Essa rocha era Cristo (1Cor 10, 1-4). Deveríamos ver nessa passagem uma alegoria que prefigura o corpo e o sangue de Cristo que recebemos diariamente.

A *ciência*, também mencionada pelo Apóstolo, faz parte da tropologia, que nos faz discernir com prudência a utilidade e a honestidade das coisas que dependem de um julgamento prático, isto é, cuja avaliação fica a nosso próprio critério. Como quando nos mandam julgar se *convém a uma mulher ter a cabeça coberta quando ora ao Senhor* (lCor 11, 13). Esse tipo de interpretação, como já explicamos, comporta uma avaliação moral.

A *profecia*, citada pelo Apóstolo em terceiro lugar, refere-se à anagogia, que dá ao discurso uma interpretação das coisas invisíveis e futuras, como no seguinte texto: *Irmãos, não queremos deixar-vos na ignorância a respeito dos mortos, para que não fiqueis tristes como os outros, que não têm esperança. Com efeito, se cremos que Jesus morreu e ressuscitou, cremos também que Deus, por meio de Jesus, levará com ele todos os que adormeceram. Eis o que temos a vos dizer, de acordo com o ensinamento do Senhor: nós, os vivos, se ficarmos aqui na terra até a vinda do Senhor, não passaremos à frente dos que tiverem morrido, pois o Senhor mesmo, à voz do arcanjo e ao som da trombeta de Deus, descerá do céu. Então acontecerá, em primeiro lugar, a ressurreição dos que morreram em Cristo* (lts 4, 12-15). Esse foi, pois, um texto de exortação anagógica.

A *doutrina* se atém à simples exposição histórica, sem que a ela se acrescente qualquer sentido, além do que se deduz das próprias palavras. Assim, quando Paulo escreve: *De fato, eu vos transmiti primeiramente o que eu mesmo tinha recebido, a saber: que o Cristo morreu por nossos pecados, segundo as Escrituras, foi sepultado e ao terceiro dia foi ressuscitado, segundo as Escrituras, e apareceu a Cefas* (1Cor 15, 3-5). E também, quando afirma: *Deus enviou seu Filho, nascido de mulher, nascido sob a lei, para resgatar os que estavam sob a lei* (Gl 4,4-5). E ainda: *Escuta, Israel, o Senhor teu Deus é o único Senhor* (Dt 6, 4).; id., "Primeira conferência do abade Nesteros: A ciência espiritual", in *Conferências*, v. 2, op. cit., 8, pp. 189-92.

Consequentemente, temos quatro tipos de conhecimento:

O conhecimento histórico Mostra os acontecimentos como eles realmente se produziram	Jerusalém como a cidade dos judeus	Doutrina
O conhecimento alegórico Consiste em utilizar tais acontecimentos ou coisas reais como figuras para um mistério	Jerusalém como a Igreja	Revelação
O conhecimento anagógico Consiste em utilizar tais acontecimentos ou coisas como figuras para um segredo divino (segredo do céu)	Jerusalém como cidade celeste	Profecia
O conhecimento tropológico Consiste em ler tais acontecimentos como figuras para a regra de uma vida ascética	Jerusalém como nossa própria alma	Ciência

Deixei de lado todos os problemas históricos e técnicos que podem e devem levantar esse texto e essa teoria do conhecimento espiritual.

O que me interessa é a relação entre:

- essa ciência espiritual
- e o "conhecimento prático".

O conhecimento prático é definido por Cassiano como um conhecimento que *"emendatione morum [et] vitiorum purgatione perficitur"*.[14]

---

14   "Existem no mundo inúmeras variedades de ciências e tão diferentes quantas são as artes e as profissões. Embora quase todas sejam inúteis, pois apenas servem aos interesses da vida presente, nenhuma todavia dispensa, para a compreensão de seu conteúdo doutrinal, um método próprio e recursos adequados, graças aos quais oferece às pessoas empenhadas a possibilidade de aprendizagem. Se, pois, as artes profanas, em seu ensinamento, seguem métodos específicos e bem definidos, quanto mais nossa religião, com mais forte razão, não deveria

Entre esse conhecimento prático e o conhecimento teórico, Cassiano mostra que há relações muito estreitas. Por exemplo:

- Por um lado, a interpretação tropológica do texto consiste em decifrar sua significação prática.
- Por outro lado, Cassiano insiste nas relações recíprocas entre conhecimento teórico e conhecimento prático:
    - É impossível adquirir a ciência teórica sem a purificação da alma;
    - e é impossível ser purificado sem a ajuda do conhecimento teórico.

Eis a tese geral, na qual Cassiano insiste em muitas partes do texto. Mas, de fato, e ao mesmo tempo, Cassiano mostra os traços muito particulares desse conhecimento prático. Mostra a que ponto tal conhecimento de si é diferente da inteligência espiritual do texto. E mostra essa diferença a propósito de três pontos principais:

1) A importância fundamental da purificação no processo do conhecimento teórico. A purificação é necessária; a purificação é primordial; e – este é o ponto principal –, sem purificação, a verdade nada pode fazer por ela mesma.

Isso tem duas consequências:

- a. Algumas pessoas podem saber tudo sobre as técnicas interpretativas. Se seu coração não estiver purificado, elas não poderão compreender verdadeiramente as realidades espirituais.
- b. A pureza do coração pode ser um substituto à aprendizagem das técnicas interpretativas.

---

adotar um método e um ordenamento bem seguros, uma vez que tem por finalidade a contemplação arcana dos mistérios invisíveis, não aspirando a nenhum bem temporal, mas visando, apenas, às recompensas eternas?

Nossa concepção religiosa abrange, pois, duas ciências: a primeira, πρακτική, correspondente à parte ativa (isto é, à ascese) que se adquire pela correção dos costumes e a purificação dos vícios (*emendatione morum et vitiorum purgatione perficitur*). A segunda, a θεωρητική, (a teoria), que consiste na contemplação das coisas divinas e no conhecimento dos mais sagrados mistérios"; ibid., v. 2, pp. 183-84.

Cassiano dá um exemplo da capacidade da pureza para realizar o que a ciência não podia fazer.

Um anacoreta muito famoso e santo, o abade João, não conseguia exorcizar uma pessoa possuída.

Certo dia, chegou um homem – um simples camponês – e conseguiu efetuar o exorcismo. E todo mundo se perguntava por que ele pôde realizar aquilo que o abade João não pudera fazer. Ele era muito simples de espírito, nada sabia da ciência espiritual, sua piedade consistia simplesmente em orar a Deus a cada manhã e a cada noite.

Mas era de uma pureza perfeita; embora casado, jamais teve relação sexual com sua esposa.[15]

Não se poderia encontrar tal privilégio atribuído à purificação na cultura de si filosófica da Antiguidade.

2) Há uma segunda ideia que encontramos em Cassiano e que parece mostrar a especificidade do conhecimento de si relativamente ao conhecimento do texto. Essa ideia é que a purificação da alma requer um trabalho negativo sobre si mesmo bastante longo e estrito. Rechaçar os vícios custa duas vezes mais trabalho do que adquirir virtudes.[16]

3) Mas o que merece ser sublinhado, acima de tudo, é a natureza do trabalho que se deve fazer para purificar-se.

Para designar esse trabalho, Cassiano utilizava a tradução latina do termo grego *diákrisis*: *discrimen* (operação) ou *discretio*

---

15 Ibid., v. 2, 6, pp. 188-89.

16 "Convém, portanto, saber que é bem mais penosa a erradicação dos vícios que a aquisição das virtudes. O que digo não é resultado de uma convicção pessoal, mas são palavras do Criador que, bem conhecendo as condições de suas criaturas, por isso mesmo nos declara, através de seu profeta: *Dou-te hoje poder sobre as nações e sobre os reinos para arrancares e demolires, para arruinares e destruíres, para edificares e plantares* (Jr 1, 1 0).

A destruição das coisas nocivas vem expressa por quatro termos: *arrancar, demolir, arruinar* e *destruir*, enquanto a aquisição da virtude e da justiça se exprime, apenas, por dois vocábulos: *edificar* e *plantar*. Do que se deduz com clareza que é mais difícil arrancar e erradicar os vícios entranhados no corpo e na alma, do que edificar e plantar as virtudes espirituais"; ibid., v. 2, 3, p. 185.

(atitude). Em que consiste *discrimen*? Voltarei a esse ponto depois do intervalo e lhes darei algumas explicações suplementares, pois trata-se de um dos principais traços da hermenêutica de si cristã.[17]

Em resumo, a discriminação ou o "discernimento" é uma operação pela qual testamos a verdadeira natureza de uma ideia, de um pensamento, de uma representação, de um desejo.

O que [Cassiano] quer dizer por "natureza"? Ele faz uma distinção entre *lógos* e *logismós:*

- O *lógos* é o discurso, visto que diz a verdade.
- O *logismós* (o aspecto do raciocínio):[18] para Evágrio e Cassiano, trata-se do pensamento considerado "materialmente" como um movimento do pensamento.

E do que depende a natureza de uma ideia, de um pensamento, de um desejo?

- Não depende de seu conteúdo objetivo; não depende daquilo que é representado.[19]
- A natureza de uma ideia é determinada pela sua origem; pela fonte de onde provém; o estatuto ontológico de seu ponto de partida:
  - a carne ou o espírito,
  - o Diabo ou Deus.
- E essa natureza de uma ideia pode ser identificada quando se determina o lugar para onde ela nos conduz:
  - a vida espiritual,
  - ou a vida material.

---

17 Para uma precisão maior sobre esse ponto, ver GV, pp. 285-301 [pp. 263-79].

18 Sobre a definição de *logismós*, ver GV, p. 293 [pp. 270-71]: "Palavra cuja história é interessante, pois o λογισμός, no vocabulário grego clássico, designa o quê? Designa o raciocínio, isto é, a maneira como se aplica o λόγος para alcançar a verdade. Ora, no vocabulário da espiritualidade cristã [...] o λογισμός não é o uso positivo de um λόγος positivo que permite alcançar a verdade. O λογισμός é o pensamento que vem à mente com tudo o que ele pode ter de incerto quanto à sua origem, quanto à sua natureza, quanto a seu conteúdo, por conseguinte quanto ao resultado que dele podemos tirar".

19 Passagem acrescentada na margem.

A *discretio*, na espiritualidade cristã, é ao mesmo tempo uma virtude e uma técnica. É a arte de determinar, entre todos os movimentos de nossa alma:

- quais são os movimentos que vêm de Deus,
- quais são os movimentos que vêm de Satã.

Não se trata de determinar o que eles significam; trata-se de determinar sua origem e sua finalidade.

Cassiano fornece numerosas explicações a propósito dessa *discretio* em várias de suas conferências; principalmente na segunda.[20]

Mas, na décima quarta conferência, cuja análise faço agora, ele dá um exemplo que nos é familiar, o exemplo do silêncio.[21]

- Vocês se lembram da regra de guardar o silêncio, imposta a todo noviço na cultura de si.
- A razão atribuída a isso na filosofia pagã era que se deviam conservar o espírito e a atenção tão livres quanto possível, de modo a deixar que os discursos verdadeiros penetrassem na alma e nela se enraizassem.
- Segundo Cassiano, ou o mestre espiritual que ele cita nessa conferência, a principal razão pela qual um noviço deve guardar o silêncio é que ele deve desconfiar dele mesmo. Talvez ele seja levado a colocar uma questão por estar desejoso de conhecer a verdade. Esse pensamento, porém, pode ser uma ilusão: ele crê que deseja a verdade e, na realidade, essa ideia lhe foi inspirada por Satã, pelo Sedutor; e colocar uma questão o conduzirá não a saber algo diferente, mas a mostrar quão brilhante ou pleno de espírito ele é.

E a discriminação é uma tentativa de identificação da origem real e da finalidade real de uma ideia para além de seu conteúdo objetivo.

---

20 João Cassiano, "Segunda conferência do abade Moisé", in *Conferências*, v. 1, op. cit. Ver também "Primeira conferência do abade Moisé", in *Conferências*, v. 1, op. cit.

21 Id., "Primeira conferência do abade Nesteros", op. cit., 194.

—

Detenhamo-nos aqui. Mas, antes de fazer um intervalo, gostaria de realçar dois ou três pontos que me parecem bastante importantes.

1) Estamos longe da estrutura "gnômica" que caracteriza a ética pagã.

- Por um lado, a verdade não deve ser estritamente transmitida (ensinada e aprendida), adquirida, assimilada.

A verdade precisa ser decifrada por um procedimento hermenêutico específico.

A verdade não é mais trazida pela *paideía* nem adquirida pela memorização. Ela é trazida pela Revelação e deve ser compreendida através das figuras do discurso, através de uma técnica interpretativa.

- Mas, por outro lado, de maneira simétrica à interpretação hermenêutica do texto, encontra-se outro tipo de hermenêutica na espiritualidade cristã. Esse outro tipo de hermenêutica tem relação com o primeiro; eles são ligados por um conjunto de relações recíprocas. São, contudo, diferentes em sua estrutura.

O segundo, a hermenêutica de si, é ao mesmo tempo diferente do conhecimento gnômico de si (que é principalmente o controle permanente da aquisição da verdade) e da hermenêutica interpretativa do texto. É uma hermenêutica de si discriminativa.

- A hermenêutica interpretativa ocupa-se do texto, de sua significação, de suas figuras e da verdade que é revelada através delas.
- A hermenêutica discriminativa ocupa-se do eu, dos movimentos da alma, das ilusões da consciência e da realidade de onde elas provêm.[22]

---

22   Na primeira hora da aula de 17 de fevereiro de 1982 do curso A Hermenêutica do Sujeito, no Collège de France, Foucault fala de um "modelo exegético" que a

2) O segundo ponto sobre o qual gostaria de insistir é a coexistência, na cultura ocidental, desses dois tipos de hermenêutica. Suas relações, sua especificidade, seu equilíbrio constituíram sempre um grande problema.

a. No seio do próprio cristianismo.
- Compreende-se bem, por exemplo, que um dos mais importantes problemas do século XVI, com a Reforma, tenha sido o das relações a serem estabelecidas entre a hermenêutica de si e a hermenêutica do texto.

- Creio, porém, que tal problema não era específico dessa época e desse conflito em particular.

Houve, de maneira permanente, no cristianismo, três tentações maiores:

- A tentação gnóstica que consiste em reunir, como se se tratasse do mesmo processo, a revelação da verdade e a descoberta de nossa própria realidade. Em nós mesmos, descobrimos a centelha da luz divina; na Revelação da verdade através do texto, reconhecemos a natureza real e divina de nossa alma.[23]
- Há também a "tentação textual", que dá importância principal à relação com o texto e à sua interpretação não somente como meio de adquirir a verdade mas também como meio de decifrar-se a si mesmo e de efetuar a discriminação dos movimentos da alma.
- Há também a tentação da "análise de si", que dá importância principal à relação consigo mesmo e ao trabalho de discriminação entre os pensamentos. O papel que o catolicismo

---

Igreja cristã teria desenvolvido a fim de operar uma nítida cesura em relação ao "modelo platônico", organizado em torno do tema da reminiscência, visto que este foi retomado pelos movimentos gnósticos. O efeito desse modelo exegético teria sido "conferir ao conhecimento de si, não a função memorativa de reencontrar o ser do sujeito, mas a função exegética de detectar a natureza e a origem dos movimentos interiores que se produzem na alma"; HS, p. 246 [p. 229].

23 Sobre a gnose e suas relações com o cristianismo, ver GV, pp. 303-04 [pp. 280--81]; OHS, pp. 67-68, 91, nota a; HS, pp. 18, 246, 402-03 [pp. 17, 229, 377-78].

atribui à penitência, à confissão, à arte de dirigir as consciências, tem a ver com essa tentação interna do cristianismo.

b. Porém, de modo mais geral, a coexistência desses dois gêneros de hermenêutica influenciou fortemente nossa cultura. E a tentativa de encontrar uma forma geral de hermenêutica ou estabelecer entre a hermenêutica interpretativa e a hermenêutica discriminativa um sistema de relações explícito e racional é claramente visível na história de algumas das assim chamadas "ciências humanas" ou "ciências sociais".[24]

---

24 O manuscrito da conferência interrompe-se aqui. A segunda parte da conferência não parece ter sido conservada.

SEMINÁRIO

Junho de 1982

PRIMEIRA SESSÃO

[Os textos que devemos estudar hoje são] o *Alcibíades*, de Platão, depois [três textos extraídos das *Diatribes*, de Epicteto]: uma passagem do capítulo 1 do livro III, o capítulo 6 do livro I e o capítulo 1 do livro I; e, se tivermos tempo, três cartas de Marco Aurélio [e de] Frontão.[1]

Gostaria verdadeiramente de lhes pedir algumas coisas. Gostaria que vocês tomassem a iniciativa, neste seminário, por várias razões. A primeira é que se trata da primeira vez em minha vida, ainda que eu tenha certa idade, que conduzo um seminário assim com estrangeiros. Não sei se isso lhes interessa, o que vocês estudaram etc.; nada sei de vocês, e essa é uma primeira dificuldade.

A segunda razão que torna as coisas bastante difíceis é que meu inglês, como vocês talvez tenham observado, não é perfeito. Disseram-me que poderia conduzir o seminário em francês, e preparei meu trabalho em francês, mas temo que isso não seja possível. A primeira coisa que gostaria de lhes pedir, ao menos, é: vocês acham que poderíamos manter este seminário em francês, ou simultaneamente em francês e inglês – vocês falariam em inglês, se quiserem, e eu falaria em francês – ou acham melhor que eu tente falar em meu inglês ruim do que em meu francês infantil? Quantas pessoas falam francês? Bem, tentarei manter este seminário em inglês.

A terceira razão pela qual gostaria que vocês tomassem a iniciativa é que, durante as conferências, certamente fui obrigado a falar, e talvez eu fale demais, longamente demais, e não sei exatamente quais são suas reações, em que medida estão abertos ao que eu disse, se isso lhes interessa ou não, se é técnico demais ou de menos etc.

Portanto, o que sugiro para estas duas horas é que, primeiro, vocês exprimam muito livre e francamente aquilo que desejam para nossas reuniões, quer as conferências, quer os seminários. Depois, poderemos falar do *Alcibíades* na medida em que alguns

---

1 Antes, Foucault fornece aos ouvintes indicações sobre os textos cuja cópia lhes foi distribuída.

de vocês tiveram, antes do seminário, a oportunidade de ler o texto, uma vez que foi sobre esse texto, ou parte dele, que comentei na última conferência.[2] Podemos fazer isto, reagir a esse texto, à interpretação que lhes propus. Em seguida, podemos estudar juntos os textos de Epicteto – preparei uma espécie de comentário sobre esses três textos –, depois, se nos restar tempo, as cartas de Marco Aurélio e de Frontão. Inicialmente, discussão livre, reações, depois discussão a propósito do *Alcibíades*, depois discussão sobre Epicteto, depois Marco Aurélio e Frontão. Concordam? Quem quer falar primeiro?

> *O senhor poderia explicar o que as distinções entre as diferentes classes de cidadãos significam para a cultura de si?*

É uma boa questão. Mas, antes de tudo, queria saber se por acaso há questões, ou críticas, ou alguma coisa a dizer sobre o aspecto formal das conferências. Ouvi dizer, por exemplo, que vocês não puderam compreender exatamente o que eu disse ou, ao menos – por culpa de minha pronúncia –, não puderam apreender os nomes que citei. É verdade? Não?

Gostaria de colocar a vocês uma segunda questão: o que tentei lhes dizer sobre a *epiméleia heautoû* e sobre o cuidado de si não está demasiadamente distante do que supunham estudar em um seminário consagrado à semiótica ou a assuntos do gênero? Temo decepcioná-los.

> *Muitas pessoas se perguntam por que o senhor decidiu retornar à Antiguidade tardia, à filosofia greco-romana e ao cristianismo primitivo. Creio que explicações complementares, de sua parte, seriam úteis. O senhor evocou a questão em sua primeira conferência, quando falou das quatro diferentes tecnologias, mas creio que muitas pessoas ainda estão um pouco perdidas.*

Vejam vocês, a razão de meu retorno a este assunto, a Antiguidade tardia ou pós-clássica, o período helenístico, o período greco-

---

2   Trata-se da segunda conferência, cujo início é consagrado ao *Alcibíades*. Ver supra, pp. 42-46, 61-68.

-romano etc., é que o que tentei fazer desde o começo não é exatamente uma história das ciências ou uma história das instituições, como os asilos, as prisões, esse tipo de coisa. Com certeza, esse domínio me interessava, mas quando estudei esses assuntos, essas instituições, foi porque o problema fundamental de que eu queria tratar era a história de nossa subjetividade. Não uma história das ciências, mas uma história da subjetividade. Creio que nossa subjetividade – e, para mim, esta é a principal diferença com o que poderíamos chamar de teoria fenomenológica – não é uma espécie de experiência de si radical, imediata, mas que há muitas mediações sociais, históricas, técnicas entre nós mesmos e nós mesmos. E o domínio dessas mediações, a estrutura, os efeitos dessas mediações, é exatamente esse o tema de minha investigação desde o começo. Por exemplo, cada um de nós tem certa relação com sua própria loucura. Tem consciência e experiência da parte de si mesmo que é supostamente louca, tem certa experiência no que diz respeito à loucura em geral e a si mesmo enquanto possivelmente louco. E creio que essa experiência de si mesmo enquanto possivelmente louco com certeza é determinada história, social, culturalmente. Seria ir longe demais se dissesse que cada um de nós tem uma espécie de asilo no interior de si mesmo, mas é um meio de ilustrar o que quero dizer. Cada um de nós tem uma espécie de prisão no interior de si mesmo, e sua relação com a lei, sua relação com a transgressão, sua relação com o crime, com o pecado etc. não têm somente um pano de fundo histórico, mas essa relação interior comporta uma parte de estrutura histórica em cada um de nós. Essa é a razão pela qual estudei a loucura, pela qual estudei a prisão etc.; e, agora que estudo o sexo e a sexualidade, coloco a questão sob a mesma luz. Não creio que a relação que temos com nosso próprio sexo seja alguma coisa tão imediata quanto poderíamos acreditar. Não há somente um pano de fundo histórico, mas uma estrutura histórica de nossa subjetividade sexual. Tentei estudar isso desde o século XVI até hoje; porém, rapidamente tomei consciência de que era impossível considerar o século XVI, ou o fim da Idade Média, ou a Reforma e a Contrarreforma, como ponto de partida. Então, lendo todos esses textos, cheguei depressa à convicção de que devia retornar à Antiguidade tardia, ao período helenístico e greco-romano, como verdadeiro ponto de partida histórico desse tipo de subjetividade, desse tipo de consciência. As relações entre a ascese e a verdade na Antiguidade tardia e no cristianismo primitivo me pareceram ser um ponto de partida histórico [...].

> *Penso que poderia ser útil dar essas explicações nas conferências. Muitos ouvintes não estudaram esse período, de modo que para eles é um material árido.*

Talvez eu tente dar algumas explicações sobre isso no começo da próxima conferência. É essa sua sugestão?

> *Não sei o que os outros pensam disso, mas é o que ouvi dizer.*

Obrigado por me contar.

> *Os especialistas das letras clássicas têm a impressão de que o senhor passa rapidamente pelos autores antigos e de que quem não se interessa por esse período* [*tem dificuldade de acompanhar. O senhor precisaria*] *de um meio-termo.*

Com certeza.

> *Creio que a dificuldade está, em parte, no fato de que é difícil para os ouvintes fazer objeções sobre pontos particulares, por falta de uma compreensão clara da direção em que o senhor está indo e da maneira como são ligados os fios que o senhor segue. De minha parte, gostaria que o senhor desenvolvesse a distinção, feita no começo, entre individualismo e tecnologia de si.*

É uma questão muito boa. Eu tinha a intenção de falar sobre isso na última conferência. Talvez possamos começar por aí, mas, de todo modo, esse será o pano de fundo histórico e social de tudo. O problema é: por que tais tecnologias de si foram tão importantes durante esse período – quero dizer, no começo do Império? E a explicação que dariam, pelo menos em sua maioria, os historiadores das ideias seria: é a ascensão do individualismo nas sociedades greco-romanas. Não creio, porém, que seja uma boa explicação, por numerosas razões. Entre elas, o fato de que as pessoas que praticavam esse cuidado de si ou as pessoas que teorizavam sobre o cuidado de si não eram, de modo algum, personagens individualistas, não eram, de modo algum, pessoas que se retiravam da vida social e política, não eram, de modo algum, pessoas que não se interessavam pelo domínio político ou que não atuavam nele. Alguém como Plutarco era muito ativo em sua pequena cidade, estava implicado em toda a vida social e política da província. E, seguramente, alguém como Sêneca, que era o ministro, o "primeiro-ministro" de Nero, estava implicado durante os últimos anos de vida em uma vida política, uma atividade política muito intensa. Creio, portanto, que a ascensão do individualismo e o declínio da vida coletiva da cidade não são, não podem ser, considerados a razão do desenvolvimento dessas tecnologias de si.

A segunda grande razão é que essas tecnologias de si são muito arcaicas, e podemos constatar seu desenvolvimento a partir dos mais antigos documentos de que dispomos sobre a vida grega. Assim, o individualismo não pode ser a razão do desenvolvimento de tais tecnologias de si.[3] O problema está em analisar a razão pela qual, em determinado momento, pessoas que estavam verdadeiramente implicadas na vida social e política apresentaram, desenvolveram novas formas de técnicas de si. Esse poderia ser o tema da última conferência.

[Mas] não sei se entendi exatamente a questão que você colocou.

> *Eu tinha compreendido que, na primeira conferência, o senhor estabeleceu uma distinção entre a tecnologia de si enquanto dispositivo de poder e o individualismo, que funciona simplesmente como uma juntura entre o corpo e a personalidade social.*

Mas eu não faria diferença, pelo menos esse tipo de diferença, entre o corpo e a personalidade social. Não temos necessidade de juntura

---

3 Para a tese segundo a qual a "cultura de si" na época imperial não é "a manifestação de um individualismo crescente", mas o "apogeu" de um fenômeno de longa duração que corresponde a uma intensificação e a uma valorização das relações de si consigo, ver SS, pp. 55-57 [pp. 47-49]. Ver também "La culture de soi" [1983], in CCS, pp. 88-89.

para vincular o corpo à personalidade social. Nosso corpo faz parte da sociedade, nosso corpo faz parte de nossa personalidade social.

Exatamente, mas há uma diferença – ou então eu não compreendo o senhor – entre essa unidade descrita como "individualismo" e essa unidade incluída nas tecnologias de si.

Eu diria, antes, que o individualismo resulta de certo tipo de técnicas de si. Diria o contrário. Creio que os outros, em sua maioria, diriam que, se as técnicas de si se desenvolveram, foi por causa da ascensão do individualismo. Eu diria que, na história dessas técnicas de si tão numerosas, em determinados momentos, por algumas razões que certamente temos de explicar, de desenvolver, tais técnicas de si assumiram a figura e tiveram como resultado a forma de um individualismo. Não sei se essa é exatamente uma resposta à sua questão.

Eu acreditava que estava claro...

Tenho a impressão de que você levanta um ponto importante, mas não entendo exatamente qual é sua questão. Poderíamos, talvez, fazer assim: você formula sua questão por escrito em algumas palavras ou algumas páginas, se quiser, e me dá o papel; eu o lerei e tentarei lhe dar uma resposta ou em uma conferência, ou no seminário, ou discutindo com você. Porque creio que seja uma questão absolutamente fundamental. Não há razão de tratar essa questão, de responder a ela, agora ou mais tarde, no fim [da sessão]. Creio que devo responder a essa questão, tenho certeza de que devo responder a ela. Mas é uma questão fundamental e geral, e creio que o momento não é exatamente agora. Em todo caso, gostaria bastante de compreender qual é a sua questão. Você concorda em proceder assim? Obrigado.

Resta ainda uma questão, a que você colocou acerca das diferentes categorias sociais de indivíduos concernidos por essas tecnologias. Há duas diferenças muito grandes e, com certeza, não se trata, para mim, de dizer que todo mundo, na Antiguidade tardia ou durante o período greco-romano, era obrigado [a cuidar de si mesmo. Refiro-me a] um livro publicado há alguns anos, em 1975 ou 1976, *Roman Social Relations* [As relações entre as classes sociais no Império Romano],[4] um livro muito curto, um sobrevoo, redigido por um historiador muito sério. Ele diz que a sociedade romana se caracterizava primeiro por sua verticalidade, pelo fato de que a escala das diferenças sociais era muito larga e que cada um na sociedade – e este é o segundo ponto – era muito consciente, conhecia muito bem o próprio lugar na escala. E o terceiro ponto é que essa verticalidade era aceita não exatamente como um destino, mas como algo totalmente necessário e que não tinha nada de revoltante. Nessa sociedade, é absolutamente certo que o cuidado de si – como o sugere a anedota do rei de Esparta dizendo: "Não cultivamos nós mesmos nossas terras porque devemos nos ocupar de nós mesmos"[5] – é privilégio da classe superior, dessa classe superior que, evidentemente, é o principal veículo da cultura. Não podemos, pois, imaginar que as pessoas modestas, os camponeses, seguramente, mas mesmo os comerciantes, estivessem, num primeiro momento, concernidos por esse gênero de problema. Trata-se de uma prática aristocrática.

Mas é preciso fazer várias correções. A princípio, o problema dos escravos: os escravos vivem na casa do senhor e, direta ou indiretamente – pelo menos alguns entre eles, os mais inteligentes ou os mais belos, que são amantes da dona ou do dono da casa –, participam da cultura da família; e, eles mesmos ou sua segunda geração, são verdadeiramente membros dessa cultura e, quando são alforriados e tornam-se homens livres, alguns se tornam os mais representativos dessa cultura aristocrática. Esse é o primeiro ponto importante.

O segundo ponto é que essa cultura era, seguramente, própria das classes superiores, mas devemos nos lembrar, por exemplo, de que, nas cidades gregas, não somente no período clássico como também no período helenístico e romano (pois no período romano havia uma vida política nas cidades da Grécia, da Ásia Menor ou do Egito), as pessoas modestas, os comerciantes etc., na medida em que

---

4 Ramsay MacMullen, *Roman Social Relations, 50 B.C. to A.D. 284* [1974]. New Haven: Yale University Press, 1981.

5 Plutarque [Plutarco], *Apophtegmes laconiens*, trad. François Fuhrmann. Paris: Les Belles Lettres, 1988, 217A, pp. 171-72. Oeuvres Morales, v. III.

eram membros da cidade, participavam dessa atividade política, e a atividade política e a atividade cultural eram profundamente ligadas.

A terceira razão é que todos os movimentos religiosos que se desenvolveram tão rapidamente, tão largamente e tão profundamente no mundo helenístico e no mundo romano desde os séculos III ou II antes de Jesus Cristo, [antes do advento] do cristianismo, todos esses movimentos religiosos tinham como um de seus principais objetivos ajudar as pessoas a cuidarem de si mesmas. Assim, tais movimentos religiosos eram movimentos populares, e a maioria deles tinha esse tipo de preocupação.

E, quarto ponto, eu diria que o epicurismo, em seus primórdios, no século III, foi um movimento democrático politicamente hostil à aristocracia local. O epicurismo, enquanto movimento filosófico, estava diretamente ligado ao movimento democrático no mundo helenístico, movimento democrático que era muito frequentemente o principal sustentáculo da tirania ou da monarquia. Esse, como veem, era o caso dos epicuristas e do epicurismo em seus primórdios, no século III. Em seguida, o movimento cínico ou o movimento estoico-cínico, a partir do século II antes de Jesus Cristo, também foi um movimento democrático, muito frequentemente ligado, em Roma, por exemplo, às ideias republicanas; depois, esse movimento estoico-cínico, cínico-estoico, estoico foi – com Dio de Prusa – adepto da monarquia, e da monarquia absoluta, mas sempre contra o poder aristocrático e a classe aristocrática. Vejam, portanto, que não se pode dizer exatamente que o tema sobre o qual falei, o tema do cuidado de si, fosse simplesmente algo típico de um pequeno grupo aristocrático. Ele se difundiu muito mais largamente durante toda a história da sociedade antiga.

Sobre o problema das mulheres, é verdade que toda ou quase toda a cultura grega era uma cultura masculina e que, nela, as mulheres jamais apareciam, pelo menos não como agentes ativos. Isso não quer dizer que as mulheres não tivessem nenhuma parte nessa cultura tampouco fossem dela excluídas. Mas não há grandes autoras femininas, por exemplo, com a exceção muito conhecida, é claro, de Safo e [de algumas outras] mais tarde, mas voltaremos a isso, no século I ou II após Jesus Cristo. Há ainda outro ponto: é que, durante o período helenístico e durante o período romano, por numerosas razões, o papel das mulheres na sociedade, na economia, jamais na política, mas ao menos na vida econômica e na vida social, cresceu rapidamente de maneira muito perceptível. Há [sobre esse assunto] um bom livro escrito por Sarah Pomeroy.[6] Nesse livro, ela mostra muito claramente que o papel das mulheres cresceu durante o período helenístico. E, na sociedade romana, não devemos esquecer que o papel político das mulheres era importante, muito mais importante do que na Grécia, muito mais importante do que em Atenas, onde o papel político das mulheres era igual a zero. Na sociedade romana, o papel das mulheres era bastante importante, e isso teve grande influência na sociedade da [época] imperial.[7] Encontramos no século II, por exemplo, vários livros sobre a arte de viver, a vida de família, as relações entre homens e mulheres no seio da família ou as relações entre pais/mães e filhos/as, livros que são atribuídos a mulheres. É difícil saber se os verdadeiros autores eram homens ou mulheres. A maioria desses livros foi escrita nos círculos pitagóricos, e era hábito nesses círculos publicar certos textos sob outro nome, utilizar um pseudônimo. Portanto, é difícil saber se tais livros foram escritos por mulheres. Porém, o fato de que tenham sido atribuídos a mulheres, o fato de que as pessoas que os escreveram tenham utilizado nomes de mulheres, prova que não era escandaloso, que era muito natural, que era admitido que livros desse gênero fossem escritos por mulheres.

> *Se entendi bem, o senhor disse nas conferências que o imperativo de conhecer-se a si mesmo se enraíza no imperativo mais fundamental de cuidar de si. Entretanto, não poderíamos dizer que o desejo de cuidar de si, para os gregos da época de Sócrates, se enraíza em um desejo mais fundamental, o de cuidar da cidade? Pergunto-me se não existe uma tensão entre essa concepção grega tradicional do cuidado da cidade, na qual o eu extrai sua importância do serviço que presta à cidade, e os diálogos socráticos que sugerem a possibilidade de que o bem recebido pela cidade seja o resultado do bem que o eu cria para si.*

---

6 S. B. Pomeroy, *Goddesses, Whores, Wives, and Slaves: Women in Classical Antiquity*. New York: Shocken Books, 1975.

7 Sobre esse ponto, ver SV, pp. 211-22 ss [pp. 187-196 ss]; SS, pp. 93-96, 171-216 [pp. 81-84, 147-86].

Uma tensão? É um problema muito importante. Há um texto que é muito enigmático, ou muito significativo, se preferirem. Está na *Apologia*,[8] lá onde Sócrates diz: [no lugar de me infligir uma punição, vós] devíeis dar-me uma recompensa pelo que fiz, pois, na medida em que ensino as pessoas a cuidarem não de seus bens, mas delas mesmas, eu lhes ensino, ao mesmo tempo, a cuidar da cidade e a não cuidar de *tá prágmata* [seus afazeres materiais].[9] [Em *A república*, Platão] funda, creio eu, a asserção, a tese segundo a qual, se cuidarmos de nossa alma como devemos, cuidaremos da cidade do mesmo modo. Portanto, creio que *A república* mostra muito claramente de que modo o cuidado de si pode ser ao mesmo tempo o cuidado da cidade.[10] [Mas a tensão entre o cuidado de si e o da cidade torna-se] aguda na época romana. Alguém como Sêneca pergunta, não com todas as letras, mas frequentemente: "Que devemos fazer? Devemos cuidar de nós mesmos ou da cidade?". É muito difícil para ele fazer as duas coisas ao mesmo tempo. Creio que, para Sócrates ou em sua época, não era tão difícil apreender sua unidade.

> [*Parece-me que o senhor deixa de lado aspectos importantes, principalmente a propósito de Aristóteles.*]

Tenho plena consciência de que estou deixando tudo isso de lado. Vejam, o principal alvo, o principal domínio destas conferências e destes seminários é esse período dos dois primeiros séculos após Jesus Cristo. Portanto, sou obrigado a tomar como ponto de partida um esboço muito esquemático de Platão, de Aristóteles etc.

> [*Qual o lugar do* Alcibíades *nos diálogos de Platão?*]

---

8   Platão, "Apologia de Sócrates", in *Diálogos*, v. I-II, trad. Carlos Alberto Nunes. Belém: Universidade Federal do Pará, 1980, 36b-e, pp. 66-67.

9   Conjetura, a partir do que diz Foucault a propósito da *Apologia* na primeira conferência de Toronto: "quando ensinamos as pessoas a ocuparem-se de si mesmas (mais que de seus bens), ensinamo-las também a ocuparem-se da própria cidade (mais que de suas questões materiais)"; supra, p. 33.

10   Platão, *A república*, trad. Maria Helena da Rocha Pereira. Lisboa: Fundação Calouste Gulbenkian, 2017, pp. 446-47.

De todo modo, o que gostaria de dizer sobre esse assunto é que, por exemplo, para os neoplatônicos – refiro-me aos neoplatônicos como Albino, no século II depois de Jesus Cristo, Proclo, Olimpiodoro, Jâmblico, Porfírio –, era muito claro que, do *Alcibíades*, teriam surgido duas linhas diferentes: a linha política e a linha mística. A linha que vai do *Alcibíades* a *As leis*, passando por *A república* e *O político*: era a linha platônica política. E havia a linha platônica mística, partindo do mesmo *Alcibíades* ao *Fédon*, ao Fedro etc. Certamente, os neoplatônicos, Albino e os outros, tinham escolhido, por eles mesmos, a segunda. Mas eles viam o platonismo como a tensão devida a essa bifurcação em duas linhas, com o *Alcibíades* [como ponto de partida]. Eles eram muito conscientes dessa tensão.

[...]

Alguém aqui leu o *Alcibíades*? Há outra questão sobre esse assunto? Se não, poderemos voltar a ele mais tarde, em outro seminário.

> [*No* Alcibíades, *Sócrates diz que é preciso cuidar de si quando se é jovem, uma vez que depois será demasiado tarde. Na* Apologia, *ao contrário, ele declara que se endereça a todos, jovens ou velhos. Por que o senhor escolheu comentar o* Alcibíades *em suas conferências?*]

É diferente. Em todo caso, evoco esse assunto porque Epicteto fala dele.[11] É a pura verdade que a afirmação de que é preciso ser jovem para cuidar de si está no *Alcibíades*, e vocês poderiam também encontrá-la em outros diálogos socráticos. Porém, na *Apologia*, por exemplo, Sócrates declara que se endereça a qualquer pessoa que passe pela rua, cidadão ou não, jovem ou velho.[12] Trata-se de duas coisas diferentes e, se meu propósito era explicar o que é a *epiméleia heautoû* para a teoria da alma na doutrina platônica, creio que eu poderia ter isso em conta. Mas, se escolhi o *Alcibíades*, é porque uma relação entre a educação, a pedagogia, a eficácia da pedagogia ateniense e a obrigação de cuidar de si aparece ali muito claramente. A segunda razão é que esse problema

---

11 Foucault faz alusão aqui à passagem de *Entretiens* (v. III, trad. Joseph Souilhé e Amanda Jagu. Paris: Les Belles Lettres, 1963, 1, 20) que comentará um pouco adiante, no decurso desta sessão. Ver supra, pp. 162 ss.

12 Cf. Platão, "Apologia de Sócrates", op. cit., 30a-b, p. 59.

da relação entre a pedagogia e o cuidado de si foi desenvolvido e transformado; e, na época que escolhi, o começo do Império, é claro que o cuidado de si vem após a educação e não é um substituto da educação, mas uma crítica da educação. Tal é a razão pela qual dei preferência a esse texto, mas, na doutrina platônica, a *epiméleia heautoû* não é privilégio dos jovens [...].

> [*Certas técnicas de si na Grécia foram influenciadas por outras civilizações?*]

Com certeza. Em uma de minhas conferências (não me lembro qual),[13] mencionei essas práticas que, segundo Dodds e Vernant,[14] vieram das culturas xamânicas orientais. Mencionei técnicas como o jejum, a abstinência sexual, o controle da respiração etc. Tais técnicas apareceram na Grécia nos séculos VII e VI e foram retomadas nos círculos pitagóricos e órficos. O orfismo e o pitagorismo foram a primeira elaboração religiosa, mística e até certo ponto filosófica dessas técnicas [...].

> [*Em que o* Alcibíades *pode nos introduzir na cultura de si do período helenístico e romano, que parece tão diferente da filosofia grega da época clássica?*]

Se vocês lerem o texto do *Alcibíades,* aquilo a que gostaria que prestassem atenção é o fato de que, no texto de Platão, a teoria da alma é totalmente central. Para Platão, não se pode cuidar de si sem saber exatamente qual é o estatuto metafísico de sua alma. O cuidado de si e a metafísica da alma são estritamente ligados. E o que é muito marcante nos estoicos ou mesmo, diria eu, em toda essa cultura de si no começo do Império Romano é que nela se mostra que essa metafísica da alma não é absolutamente pertinente para a cultura de si. Pode-se, deve-se cuidar de si sem que

---

13   Trata-se da primeira conferência. Ver supra, p. 36.

14   Cf. Eric Robertson Dodds, *Os gregos e o irracional*, trad. Paulo Domenech Oneto. São Paulo: Escuta, 2002, pp. 139-80; J.-P.Vernant, "Aspectos míticos da memória" [1959] e "Aspectos da pessoa na religião grega" [1960], in *Mito e pensamento entre os gregos: Estudos de psicologia histórica*, trad. Haiganuch Sarian. Rio de Janeiro: Paz e Terra, 1990.

se tenha de saber o que é sua alma, qual estrutura ela tem etc. O problema do conhecimento médico, por exemplo, ou o problema das paixões, o problema dos movimentos das paixões, são bem mais importantes. A ascensão e o desenvolvimento das paixões, por exemplo, é um verdadeiro problema. Mas o que é a alma? Ela é diferente do corpo ou não? Esse não é um problema de modo algum. Não sei se respondi à questão. É muito marcante e, devo dizer, bastante original se o compararmos, ao mesmo tempo, à tradição grega, platônica, e ao problema filosófico moderno. O problema é o eu, mas não se dá jamais a definição do eu.

Leiamos [agora] uma passagem muito importante do texto do *Alcibíades*.

> SÓCRATES: Será porventura fácil conhecer-se a si mesmo – devendo ser considerado como de poucos cabedais o autor daquela sentença do templo de Pito – ou, pelo contrário, tarefa por demais difícil, que só está ao alcance de pouca gente?
>
> ALCIBÍADES: Por vezes, Sócrates, quer parecer-me que está ao alcance de qualquer pessoa; de outras vezes afigura-se-me por demais difícil.
>
> SÓCRATES: Quer seja coisa fácil, quer difícil, Alcibíades, o que é certo é que, conhecendo-nos, ficaremos em condições de saber como cuidar de nós mesmos, o que não poderemos saber se nos desconhecermos.
>
> ALCIBÍADES: É muito certo.
>
> SÓCRATES: Então diz-me: de que modo será possível descobrir a essência íntima do ser (*fére dé, tín' án trópon heuretheîe autò taûto*)? Com esse conhecimento saberíamos o que somos, o que sem ele não nos será possível.
>
> ALCIBÍADES: Tens razão.
>
> SÓCRATES: Escuta, por Zeus! Com quem conversas neste momento? Não é comigo?
>
> ALCIBÍADES: É.
>
> SÓCRATES: E eu contigo?[15]
>
> ALCIBÍADES: Sim.
>
> SÓCRATES: É Sócrates quem fala?

---

15   Essa linha e a de baixo não fazem parte da edição brasileira consultada. [N.E.]

ALCIBÍADES: Perfeitamente.

SÓCRATES: E Alcibíades escuta?

ALCIBÍADES: Sim.

SÓCRATES: E para conversar, Sócrates se vale da palavra?

ALCIBÍADES: É evidente.

SÓCRATES: Logo, consideras a mesma coisa conversar e fazer uso da palavra?

ALCIBÍADES: Perfeitamente.

SÓCRATES: Não difere o que usa alguma coisa da coisa por ele usada?

ALCIBÍADES: Que queres dizer com isso?

SÓCRATES: O sapateiro trabalha o couro com trinchete, sovela e outros instrumentos.

ALCIBÍADES: É certo.

SÓCRATES: São, portanto, distintos a pessoa que corta e o instrumento que serve para cortar?

ALCIBÍADES: Como não?

SÓCRATES: E não se dá o mesmo com o instrumento do citaredo e o próprio citaredo?

ALCIBÍADES: Sim.

SÓCRATES: Pois foi isso que eu perguntei há pouco, se não consideras diferentes a pessoa que usa uma coisa e a coisa por ela usada.

ALCIBÍADES: Considero.

SÓCRATES: E que diremos do sapateiro: ele corta o couro só com seus instrumentos ou também com mãos?

ALCIBÍADES: Com mãos, também.

SÓCRATES: Ele usa, portanto, as mãos?

ALCIBÍADES: Também.

SÓCRATES: E não usa também os olhos para cortar?

ALCIBÍADES: Também.

SÓCRATES: E já não assentamos que há diferença entre a pessoa que usa uma coisa e a coisa por ela usada?

ALCIBÍADES: Assentamos.

SÓCRATES: Logo, o sapateiro e o citaredo diferem das mãos e dos olhos de que se servem.

ALCIBÍADES: Parece que sim.

SÓCRATES: E não usa o homem todo o seu corpo?

ALCIBÍADES: Perfeitamente.

SÓCRATES: Por conseguinte, uma coisa é o homem, e outra o seu próprio corpo?

ALCIBÍADES: Parece que sim.

SÓCRATES: Consequentemente, o homem é distinto de seu corpo?[16]

ALCIBÍADES: Parece que sim.

SÓCRATES: Que é, então, o homem?

ALCIBÍADES: Não sei o que diga.

SÓCRATES: Pelo menos sabes que é o que se serve do corpo.

ALCIBÍADES: Sei.

SÓCRATES: E o que mais pode servir-se do corpo, se não for a alma?[17]

Sócrates explicara um pouco antes que Alcibíades devia cuidar de si e o que significa "cuidar de si". É então que vem a resposta de Sócrates: "Não podes cuidar de ti sem saber o que és" – a referência ao preceito délfico aparece aqui – "e esse conhecimento de si é algo importante e difícil. Deves conhecer a verdadeira natureza do eu". O texto grego é bastante explícito, ele diz: *"phere dê, tin'an tropon heuretheiê auto tauto?"* ("de que modo será possível descobrir a essência íntima do ser?)". É muito significativo que, a partir dessa questão, até o final do texto, não encontremos nenhuma definição do eu, nenhuma definição ou descrição da reflexividade, da subjetividade, mas uma teoria da alma oposta ao corpo. Quando se deve cuidar de si mesmo, não se deve cuidar de seu corpo, ou não se deve cuidar de suas riquezas, ou de suas vestimentas, ou de seus sapatos etc. – vocês conhecem a maneira socrática de conduzir uma discussão –, deve-se cuidar de sua alma. E o que é a alma? O interessante nesse texto é que nele a alma não é definida tal como é definida, por exemplo, no *Fédon* ou no *Fedro*. A alma, nesse texto, não é prisioneira do corpo; não é uma coisa, uma substância que está presente no corpo; não é algo como a parelha do *Fedro*, dois cavalos, como

---

16 Essa linha e a de baixo não fazem parte da edição brasileira consultada. [N.E.]

17 Platão, "O primeiro Alcibíades", in *Diálogos*, v. V, trad. Carlos Alberto Nunes. Belém: Editora UFPA, 2007, 129a-130a, pp. 275-77. Ver supra, p. 42, nota 1.

sabem, o preto e o branco.[18] Não é esse tipo de alma que é analisado nessa passagem. A alma é aqui definida como a *dýnamis*, o poder, a capacidade de se servir do corpo. Isso é muito importante, porque encontraremos tal noção de uso do corpo com um papel totalmente central na doutrina de Epicteto: *chrêsis* (o uso). Eis o primeiro ponto.

A segunda razão pela qual esse texto é importante é que jamais encontramos tal noção nos primeiros diálogos socráticos, só a encontramos nos textos de Aristóteles. É uma definição aristotélica, não platônica. Essa é uma das razões pelas quais o estatuto desse texto é tão enigmático. De todo modo, vemos que há questões interessantes, mas não estou seguro de que seja possível discuti-las, uma vez que vocês não tiveram oportunidade de ler o texto. Se quiserem, se estiverem interessados, leiam-no e, na próxima vez ou nos seminários seguintes, poderemos ter uma discussão a respeito desse estranho texto.

Há igualmente uma passagem a respeito da alma, que parece ser uma interpolação.[19] De todo modo, trata-se de um texto que se encontra somente em um autor cristão. Ele incide sobre o fato de que a substância divina é um espelho muito mais claro do que qualquer outro para olhar [sua alma]: "Sem dúvida, porque os verdadeiros espelhos são mais claros do que o espelho dos olhos, mais puros e mais brilhantes; do mesmo modo, a divindade da melhor parte de nossa alma é mais pura e mais luminosa."[20] Não encontramos tal trecho na maioria dos manuscritos desse diálogo, mas o encontramos, apresentado como uma citação do diálogo, em Eusébio de Cesareia, autor cristão do século IV. Alguns estimam que essa passagem seja uma interpolação, que Eusébio de Cesareia inventou esse trecho ou o emprestou de um texto neoplatônico.

> *O senhor pode falar sobre esse tema importante do espelho e da alma?*

Eu não poderia verdadeiramente fazê-lo agora. Se quiserem, poderíamos colocar de lado certas questões importantes, mas

---

18   Cf. Platão, *Fedro*, trad. José Ribeiro Ferreira. Lisboa: Edições 70, 1997, p. 61.

19   Não inserimos aqui uma observação de Foucault sobre a tradução inglesa.

20   Platão, "O primeiro Alcibíades", op. cit., 133c, p. 283.

não posso tratar desse assunto improvisando, primeiro porque não conheço exatamente a resposta, porque a questão é muito importante, porque meu inglês é para mim [um entrave] etc. De qualquer maneira, creio que essa metáfora do espelho é típica do platonismo e dos movimentos neoplatônicos. Parece-me que não a encontramos jamais em outros textos, mesmo a propósito do cuidado de si [...]; pelo menos em Sêneca, até em Epicteto, que é muito socrático; talvez, uma ocasião, em Epicteto. De todo modo, creio que é uma boa questão. Se ela lhes interessa, ficarei feliz de fazer alguma coisa a respeito. Não agora, mas mais tarde, em um outro seminário, poderemos falar disso.[21]

> [*Parece-me, entretanto, que a ideia de que a alma se serve do corpo encontra-se em outros textos de Platão.*]

Certamente, o fato de a alma se servir do corpo não é, absolutamente, uma prerrogativa no mundo platônico. Mas o fato de a alma ser definida somente como o poder de utilizar o corpo, isso é estranho.

> [*Não encontramos em outros lugares em Platão a ideia de que a alma seja o ator?*]

Vejam, não quero dizer que não poderíamos encontrar em outros textos de Platão a ideia de que a alma seja o ator, mas a definição da alma como o princípio de ação, o uso, o poder de utilizar o corpo...

> [*Qual é a palavra grega utilizada para dizer que a alma se serve do corpo?*]

É *chráomai*, é *chrêsthai*. De todo modo, esse é um problema que poderíamos tratar de modo mais preciso. Entretanto, vejam, esse texto é estranho porque, a princípio, é um texto dogmático. A diferença entre os primeiros diálogos socráticos e esse texto está em que ele dá respostas, e muitas respostas. Diz o que é a alma, o que é o conhecimento de si, o que é a contemplação etc.; muitas soluções dogmáticas, mas de modo algum a solução dogmática

---

21 Sobre o tema, ver HS, pp. 68-69 ss [HS, pp. 87-89 ss].

tradicional que encontramos em diálogos como *Fédon* e *Fedro* a respeito do estatuto metafísico [da alma]. Tudo isso é estranho.

Há outras questões a propósito do *Alcibíades*, de Platão?

—

Estamos atrasados. Querem que estudemos esses três textos de Epicteto? De fato, creio que Epicteto foi *o* teórico do cuidado de si naquela época. Gostaria de comentar esses três textos. O melhor seria, talvez, começar lendo o texto que gostaria de comentar primeiro, o texto do terceiro livro:

> Se me fizeres mais tarde tais recriminações, que encontrarei para me justificar? Sim, eu me dizia, falarei, e ele não me escutará. E Laio escutou Apolo? Ao deixá-lo, não estava perturbado e não mandou embora o oráculo? E então? Apesar disso, Apolo não lhe disse a verdade? Quanto a mim, não sei se tu me escutarás ou não, mas ele, pelo menos, sabia perfeitamente que não o escutaria e, no entanto, falou.
> — E por que ele falou?
> — E por que é ele Apolo? E por que concede oráculos? E por que se estabeleceu em um lugar que fez dele o profeta e a fonte da verdade, assim como ponto de encontro de todos os habitantes do mundo civilizado? E por que inscreveu no templo: "Conhece-te a ti mesmo", ainda que ninguém compreenda essas palavras?
> Sócrates conseguia persuadir todos aqueles que vinham até ele a cuidarem de si mesmos (*epimeleísthai heautôn*)? Nem um entre mil. Todavia, colocado, como ele diz, nesse posto pela divindade, não mais o abandonou. Mas, até diante de seus juízes, o que diz ele? "Se me dispensardes", proclama, "sob a condição de eu cessar de fazer o que hoje faço, não aceitaria e não cessaria. Porém, a jovem ou velho, a quem quer que eu encontre pelo caminho, colocarei as mesmas questões que coloco hoje, e principalmente a vós", acrescentou ele, "a vós, meus cidadãos, pois que me tendes mais próximo pelo sangue".
> "— A tal ponto, Sócrates, és indiscreto e perturbador? E a ti, que importa o que nós fazemos? — Mas, que dizes? Companheiro de minha vida e do mesmo sangue que eu, tu descui-

das de ti mesmo e fornece à cidade um mau cidadão, a teus parentes um mau parente, a teus vizinhos um mau vizinho."
— Mas tu, quem és?
— A essa questão é temerário responder: "Sou aquele cujo dever é ocupar-se dos homens". Pois, caso se tratasse do leão, também não seria o primeiro bezerro que aparecesse que ousaria resistir-lhe, mas, se o touro se apresentar e lhe resistir, pergunta ao touro se isso lhe dá prazer: "E tu, quem és?" e "Com o que te confundes?". Homem, em todas as espécies, a natureza produz algum indivíduo superior: entre os bois, entre os cães, entre as abelhas, entre os cavalos. Não diremos a esse indivíduo superior: "Mas tu, quem és?". Se não, ele se servirá de alguma voz para te responder: "Sou o que a púrpura é na vestimenta. Não me pede que me assemelhe aos outros nem recrimina a minha natureza por me ter feito diferente dos outros".[22]

É evidente que escolhi esse texto porque, como vocês veem, ele faz uma referência bastante explícita ao tema do cuidado de si, nele encontramos a expressão *epiméleia heautoû* e nele estão citados, indiretamente, o *Alcibíades* e, diretamente, a *Apologia*.

O primeiro ponto, creio, certamente é lembrar o que poderíamos denominar de "renascimento socrático", do qual esse texto é testemunha. O renascimento socrático, no começo do século II, fazia parte do grande renascimento grego desses dois primeiros séculos, mas devemos ter em mente que, se dele fazia parte, dele também foi, de certo modo, uma espécie de contrapartida: era uma crítica da grande renovação, do renascimento dos estudos clássicos, da pedagogia clássica, dos estudos gregos etc. no Império Romano. Retornar a Sócrates era, seguramente, retornar à cultura grega, mas a um tipo de cultura grega que era o oposto da pedagogia retórica, da retórica, da literatura etc. Esse renascimento socrático não era próprio de Epicteto; nós o encontramos em alguns estoicos e na maioria dos cínicos. Epicteto considera a si mesmo uma espécie de personagem socrático, tem Sócrates

---

22   Épictète [Epicteto], *Entretiens*, trad. Joseph Souilhé e Amanda Jagu. Paris: Les Belles Lettres, 1963, v. III, 1, 16-23, pp. 7-9. Cf. HS, p. 115 [pp. 146-47].

como modelo e quer ser o Sócrates da nova época. O que Sócrates foi contra os sofistas ele quer ser, igualmente, contra os novos sofistas, aqueles que representavam essa nova cultura grega. Mas, com certeza, há uma diferença essencial entre Sócrates, o personagem histórico de Sócrates e a situação de Epicteto. Epicteto era um mestre de escola. Quero dizer que essa grande diferença, do ponto de vista técnico do cuidado de si, consiste no fato de que Epicteto dirigia uma escola em Nicópolis e, naquela época, o problema, o objetivo de Epicteto era utilizar essas formas escolares, essas instituições pedagógicas, e orientá-las em direção ao tema neo-socrático da *epiméleia heautoû*, do cuidado de si. Como é possível ensinar às pessoas, no contexto de uma escola tradicional, de uma escola comum, a atividade que consiste em cuidarem de si mesmas? Creio que a maior parte das *Diatribes* de Epicteto deve ser lida do seguinte modo: sob a forma de uma escolaridade normal, trata-se do ensino, da educação que visa ensinar às pessoas como cuidarem de si mesmas. E, entre as *Diatribes* de Epicteto, há várias delas, várias discussões que são consagradas não somente ao ensino do cuidado de si mas também ao ensino do ensino. Isso significa que a escola de Epicteto não era apenas uma escola para jovens ou pessoas mais velhas que quisessem cuidar de si mesmas, pois Epicteto queria formar professores do cuidado [de si]; era uma espécie de *faculté de médecine* [faculdade de medicina][23] onde se formavam médicos para o cuidado de si.

> *Se olharmos do ponto de vista formal, o interesse desse texto é que ele busca introduzir nessa discussão um diálogo semelhante ao diálogo socrático.*

Sim, podemos debater isso. Essa discussão, como a maioria das *Diatribes* de Epicteto, tem uma forma típica, que é a forma da diatribe. Vocês sabem o que é uma diatribe ou precisam [de explicações]? É muito divertido, muito interessante compará-la ao diálogo socrático, porque Epicteto certamente quer utilizar a forma socrática; porém, ele utiliza a forma socrática dentro de uma forma que é tradicional nas escolas de filosofia helenísticas e greco-romanas,

---

23   Foucault se exprime em francês.

isto é, a diatribe. No diálogo socrático, quem coloca as questões? O mestre. Quem dá as respostas? O discípulo, o aluno. E por quê? Por causa da teoria da reminiscência. O fato de que a verdade reside no espírito do aluno é a razão pela qual é o mestre quem coloca as questões e [o aluno que dá as respostas]. Na diatribe, é diferente. Primeiro, a diatribe era uma espécie de discussão que ocorria após um curso, exatamente como fazemos agora. A maioria das formas pedagógicas que utilizamos agora em nossas universidades são encontradas nas escolas helenísticas e greco-romanas. Nas escolas alexandrinas, isso é muito claro. A diatribe é, portanto, uma espécie de seminário após o curso. Na diatribe, o aluno coloca ao mestre uma questão sobre o tema do curso. O mestre responde ao discípulo, e a resposta comporta, na maioria das vezes, três fases distintas. Na primeira fase, o mestre dá uma determinada resposta ao discípulo; depois, na segunda fase, ele devolve a questão ao discípulo, e esse é o momento socrático; em seguida, ele começa um novo desenvolvimento, um novo comentário, sem diálogo, sem questões nem respostas, e essa é a formulação dogmática da tese. Estamos tendo algo do gênero nesta discussão. Há, portanto, o método socrático no interior da forma pedagógica escolar.

Como veem, há nesse texto uma referência muito explícita à *Apologia*, e não ao *Alcibíades*. E a referência à *Apologia* consiste praticamente na citação de quatro[24] traços importantes da *epiméleia heautoû*. Primeiramente, o fato de que Sócrates foi designado ao seu posto pela divindade, um tema que encontramos na *Apologia*. O fato de que, se ele precisasse escolher entre essa atividade e ser absolvido pelos juízes, escolheria prosseguir nessa atividade. Terceiro ponto, Sócrates se endereça ao mesmo tempo ao cidadão e ao não cidadão. E, quarto ponto, endereça-se aos jovens e aos idosos. Encontramos esses dois últimos pontos na *Apologia*, e não no *Alcibíades*. No *Alcibíades*, ao contrário, Sócrates se endereça a um jovem que se interessa pela política, que quer se tornar o dirigente da cidade, e não a outras pessoas. Endereça-se a Alcibíades por ele ser jovem, e não como velho. É muito interessante que, na *Apologia*, encontremos a tese de que Sócrates se endereça a qualquer um que passe pela rua, jovem ou

---

24 Foucault diz "três".

velho, cidadão ou não cidadão. No texto da *Apologia*, Sócrates se apresenta como alguém que não faz escolhas políticas, escolhas de idade, escolhas eróticas, mas, no *Alcibíades* e na maioria dos diálogos iniciais, vê-se muito claramente que Sócrates só se endereça a jovens, e a jovens que têm projetos políticos. Que fique claro: Epicteto escolhe o modelo da *Apologia*, e não o modelo do *Alcibíades*. Como Epicteto é um mestre de escola, endereça-se a qualquer pessoa que esteja inscrita na escola, que vem à escola, e, enquanto estoico – esta é a segunda particularidade, a segunda razão de se interessar em cada um –, ele é cosmopolita, considera cada homem no mundo como cidadão; não tem, pois, que escolher entre cidadão ou não cidadão, jovem [ou] velho. Essa é a razão, creio, pela qual encontramos a citação e a referência à *Apologia* e ao papel universal de Sócrates como o mestre do cuidado de si.

Creio que podemos também sublinhar outra coisa. Trata-se do fato de que, na primeira parte do texto, no primeiro parágrafo, pode-se ver uma referência ao preceito délfico, a Apolo e ao *gnôthi seautón*. Todo esse primeiro parágrafo é consagrado a isso. Há um desenvolvimento sobre o *gnôthi seautón* e somente em seguida é que se encontra a referência à *epiméleia heautoû*. É muito interessante ver que os dois preceitos, o preceito délfico *gnôthi seautón*, o preceito socrático *epímele seautoû*, estão efetivamente relacionados, estão em relação um com o outro nesse texto. Vocês podem igualmente notar, caso se interessem pela psicanálise e coisas assim, que há também uma referência muito clara a Édipo e a Laio, que é o pai de Édipo. Portanto, vocês encontram Édipo, "conhece-te a ti mesmo", "cuida de ti": alguns dos principais traços de nossa cultura europeia estão presentes nesse texto. Mas o que eu gostaria de sublinhar é o fato de que a relação entre o princípio délfico e o preceito socrático – vocês sabem o que quero dizer com esses dois termos – não é uma relação de implicação. Epicteto não diz: "Tu deves obedecer ao preceito délfico 'conhece-te a ti mesmo' e, para aplicar esse preceito, tu deves cuidar de ti". Não é o que o texto diz. Ele não diz, por outro lado, que para cuidar de ti deves conhecer-te a ti mesmo. O preceito délfico não é o princípio mais largo que implicaria o segundo enquanto nele incluído; não é, ao contrário, o segundo, o preceito socrático, que implicaria o princípio délfico enquanto condição. Há somente uma relação de analogia entre ambos. E a analogia não concerne ao conteúdo dos preceitos, mas a outra coisa. Vejam o texto. O que diz Epicteto? Ele diz: o princípio délfico é algo que foi inscrito, gravado na pedra, em uma pedra de um templo que se acha no meio do mundo civilizado. De modo que cada um no mundo pode ver e deve conhecer o preceito délfico. Mas, diz Epicteto, a despeito do fato de todo mundo poder e dever conhecer esse preceito, muito poucas pessoas repararam nesse preceito ou pelo menos muito poucas o compreenderam e muito poucas o aplicam. Do mesmo modo, diz Epicteto, Sócrates endereçou-se a todo mundo ou a cada um na rua e, na realidade, poucas pessoas fizeram o que Sócrates disse. É uma analogia na estrutura do chamado que conduz à comparação do *gnôthi seautón* e da *epímele seautoû*.

Essa estrutura, o fato de todo mundo ser chamado, mas muito pouca gente escutar o chamado, sabemos muito bem o que é: é a estrutura da ideologia da salvação ou da religião da salvação. A ideia de que há alguma coisa válida para todo mundo, de que houve uma mensagem endereçada a todos, mas que muito poucas pessoas verdadeiramente apreenderam, é algo bem particular. Nós a conhecemos pelo cristianismo, mas seguramente o cristianismo não é, de modo algum, a única religião que comporta, que conhece essa estrutura. Porém, é interessante ver tal estrutura nesse texto uma vez que absolutamente não se trata de uma estrutura socrática ou platônica. Para Platão, para Sócrates, ocorre muito frequentemente que alguém seja chamado pelo filósofo, mas o filósofo não seja escutado ou compreendido. O fato de que a multidão não compreenda a filosofia, o fato de que a filosofia não seja destinada à multidão, é uma ideia inteiramente grega. Mas a filosofia não é verdadeiramente destinada a todo mundo. A filosofia é destinada somente às pessoas capazes de compreendê-la, às pessoas que a merecem, às pessoas cuja cultura permita apreender e compreender a filosofia. Não se trata, absolutamente, de um chamado universal. E creio que o que melhor caracteriza a estrutura desse texto é o fato de nele encontramos esta mudança: Sócrates se endereçava a esses jovens que havia escolhido porque eles eram belos, porque eram potentes, porque possuíam o bom *status*, o bom nascimento etc., e porque eram ambiciosos – Sócrates fizera sua escolha –; e agora vemos outra estrutura na qual o chamado filosófico, o preceito filosófico *epímele seautoû* é destinado a todos no mundo, e é somente a cegueira e a surdez que fazem com que muito poucas pessoas sejam capazes de compreendê-lo. Não estamos ainda em um clima religioso, em uma tonalidade religiosa, mas vemos muito bem que a estrutura do pensamento mudou profundamente. E o fato de o chamado filosófico se endereçar a todo mundo é muito importante; é um dos principais traços desse gênero de filosofia, do estoicismo e do estoico-cinismo aos quais pertencia Epicteto, e é uma das condições culturais graças às quais o cristianismo, poucos anos depois, alcançou a extensão que conhecemos. De certa maneira, o trabalho filosófico foi uma preparação muito importante para o desenvolvimento do cristianismo. Esse é o segundo ponto que eu gostaria de sublinhar.

Eis o terceiro ponto. Eu não fotocopiei o começo do texto. Talvez tenha sido uma falha. Achava que estava um tanto longo, mas é interessante a passagem que vou agora comentar. Essa passagem faz parte de uma discussão mais longa em que Epicteto responde a uma questão, ou antes, não exatamente a uma questão, mas a uma reclamação de um de seus jovens alunos. Eis como esse jovem aluno é descrito:

> Um jovem retórico talentoso veio um dia encontrá-lo; sua cabeleira era demasiadamente cuidada e toda a sua toalete exalava requinte: Diz-me, perguntou-lhe Epicteto: não pensas que haja cães que sejam belos, e cavalos, e igualmente todos os outros tipos de animais?
> — Penso sim, respondeu ele.
> — Isso não é igualmente verdadeiro nos homens? Não há alguns que são belos e outros que são feios?
> — Certamente.
> — Seria sob o mesmo ponto de vista que declaramos belo cada um desses seres em seu gênero ou teríamos um ponto de vista especial para cada um?[25]

Esse tipo de jovem aluno aparece várias vezes nas *Diatribes* de Epicteto, creio que três vezes – este tipo: jovem, belo (ou que se acha belo), perfumado, coberto de adereços etc. É, com certeza, o

---

25 Épictète [Epicteto], *Entretiens*, v. III, op. cit., 1, 1-2, p. 5.

retrato típico do debochado. Não é o retrato de um homossexual. Primeiramente, porque a homossexualidade não existia naquela época como categoria; e a segunda razão é que o mesmo retrato vale tanto para os jovens prostituídos por homens quanto para aqueles que se interessam demais por mulheres. Ser debochado e ter esse tipo de comportamento, esse tipo de corpo, esse tipo de coqueteria era típico daquilo que, para nós, constitui duas categorias de pessoas diferentes, as que se prostituíam com homens e as que se interessavam demais por mulheres. Para os gregos, porém, tratava-se da mesma categoria, e o mesmo tipo de descrição era utilizado para os dois tipos de comportamento. É o tipo do rapaz que vemos aqui. Esses rapazes, nas três discussões em que encontramos tal categoria, são sempre estudantes de retórica. A razão é evidente: a retórica é uma arte, uma ciência, uma técnica de ornamentação. Transformar a vida em verdade, fazer aparecer como belo o que não o é, esse é o motivo, a finalidade da retórica. Assim, comportar-se dessa maneira e ser estudante de retórica concernem à mesma categoria ética. E a terceira característica desse tipo de jovens rapazes, sua particularidade, é que eles querem escutar as lições de Epicteto, mas Epicteto não quer. Rejeita-os.

Há outra discussão, muito mais explícita sobre esse ponto, em que um desses jovens rapazes vem dizer: "Passei meses e meses contigo e tu jamais endereçou-me uma só palavra. Sou obrigado a partir sem ter tirado nenhum proveito de tuas lições".[26] Seguramente, esse tipo de personagem e esse tipo de situação devem ser relacionados com a situação socrática, em que os rapazes também são belos, mas não são efeminados, não usam adereços, são belos porque praticam esporte, porque são ativos etc. A segunda diferença é que esses rapazes estão, certamente, muito desejosos de escutar as lições de Sócrates, mas Sócrates os deseja, aceita discutir com eles e lhes coloca questões, concede-lhes sua atenção. Creio que essas figuras negativas de jovens rapazes excluídos das lições de Epicteto constituem um modo, para ele, de se diferenciar daquela pederastia socrática ambígua que estava ligada à cultura grega, a esse tipo de filosofia ou de comportamento filosófico. Era também um modo de mudar algumas das principais características da *epiméleia heautoû*

---

26 Ibid., v. II, 24, 1-29, pp. 110-15.

socrática. O que se passa com tipos assim? Se eles se conduzem dessa forma, se usam adereços, se são orgulhosos de sua beleza, de sua suposta beleza, isso prova que cuidam de si, mas que cuidam de si da maneira que é ruim. Cuidam de seu corpo, cuidam de sua reputação, cuidam de seu próprio dinheiro, são prostitutos etc. e são excluídos por Epicteto na medida em que não cuidam de si mesmos como deveriam. A objeção apresenta-se muito rapidamente: se a escola de Epicteto é consagrada a ensinar como cuidar de si mesmo, esse tipo de gente não deveria ser excluída, ao contrário. Esta é a razão pela qual tais pessoas reclamam: elas vêm, cuidam de si, acreditam cuidar como deveriam, e nada acontece; Epicteto não lhes concede nenhuma atenção. De seu ponto de vista, fizeram de tudo para ser os melhores alunos possíveis de tal escola e foram rejeitados. Por quê? Porque não cuidam de si da maneira que é boa.

Isso significa que, para aprender a cuidar de si mesmo da maneira que é boa, deve-se primeiramente cuidar de si mesmo da maneira que é boa. Há uma circularidade do cuidado de si: o cuidado de si não é uma coisa que se possa aprender desde o começo, deve-se primeiramente ter a boa atitude, o bom cuidado de si, para ser capaz de aprender como cuidar de si mesmo. Vocês veem que se trata exatamente da situação inversa à estrutura da reminiscência em Platão. Em Platão, ou em Sócrates, Sócrates podia endereçar-se a todo jovem rapaz, desde que fosse belo, de bom nascimento e tivesse ambição política; e, através de um bom jogo socrático de perguntas e respostas, podia fazê-lo lembrar-se daquilo que sempre soubera desde o começo, desde o momento em que, no mundo *supracéleste* [supraceleste], vira a verdade. A interrogação socrática encontra lugar, portanto, nessa circularidade da reminiscência: vós sabíeis o que não sabíeis. Na estrutura da *epiméleia heautoû* de Epicteto, a circularidade é bem diferente. Primeiro deveis fazer a prova de vossa boa vontade, fazer a prova de vossa escolha explícita – o que, no vocabulário estoico, é denominado *proaíresis* –, deveis provar que vossa escolha é boa e, em seguida, depois dessa prova, o mestre pode intervir e ajudar- vos a perseverar na boa escolha. Mas essa boa escolha, essa escolha da maneira que é boa de cuidar de si, deve ser a primeira coisa a mostrar ao mestre, e só então o mestre pode intervir.

E há algo interessante em outra discussão[27] na qual, a um jovem retórico perfumado que vem reclamar que Epicteto não lhe concede atenção, este responde: "Não te concedo atenção porque sou como uma cabra. Um filósofo é como uma cabra. Uma cabra é excitada pela erva quando verde, e tu não eras uma erva bastante verde para mim. Tu não me excitaste; e, posto que não me excitaste, eu não tinha razão para te falar e ser teu mestre".[28] A palavra grega é muito interessante, é *erethítzein*, "excitar". O sentido dessa palavra – é interessante – está muito próximo do sentido erótico, mas essa não é a palavra erótica habitualmente empregada. Os gregos usavam outra palavra para quando se é excitado do ponto de vista erótico. *Erethítzein* significa somente "ser estimulado"; tem um sentido mais largo, mas seguramente o sentido erótico está muito próximo; é impossível não pensar nesse sentido erótico ao ler este trecho: "Tu não me excitaste". Mas a palavra erótica é outra. E creio que a situação de Epicteto, próxima da posição socrática, da atitude socrática, mas com inúmeras diferenças, distingue-se muito claramente desse gênero de texto.

Em todo caso, creio que esse texto que queria comentar diante de vocês é muito explícito no que concerne à proximidade do tema "cuidar de si" [em Epicteto e em Sócrates], assim como a determinadas diferenças principais [que há entre eles].

Está bem tarde, e ainda tenho dois textos [a comentar]. Vocês têm alguma coisa para fazer agora ou teriam ainda alguns minutos, um ou dois minutos? É que eu gostaria de lhes colocar várias questões sobre este seminário, sobre o que poderíamos ou deveríamos fazer no próximo etc. Querem que prossigamos nesse gênero de comentário ou querem outra coisa? Pois há várias possibilidades.

---

27 Épictète [Epicteto], *Entretiens*, v. II, op. cit., 24, 1-29, pp. 110-15. Cf. HS, pp. 329-31 [pp. 415-18]; "La parrêsia" [1982], in DV, p. 47; GSA, p. 296 [pp. 291-92].

28 "Mostra-me, pois, a que posso chegar discutindo contigo. Excita meu desejo. Como a erva, que convém à ovelha (*tô probáto*), excita nessa última, assim que a percebe, o desejo de comer, ao passo que, se lhe apresentarmos uma pedra ou um pão, seu desejo não será excitado, assim também existem em nós certos desejos naturais de falar quando aquele que deve nos ouvir parece-nos ser alguém, quando ele próprio nos estimula (*erethíse*)"; ibid., v. II, 24, 16, p. 112. A palavra grega "*próbaton*", que designa o pequeno gado, é traduzida por "cabra" na versão inglesa utilizada por Foucault e por "ovelha" na versão francesa.

Podemos, com certeza, misturar essas possibilidades. Uma delas seria alguns dentre vocês fazerem exposições, por vezes uma exposição formal ou uma breve intervenção informal. Poderíamos estudar textos juntos, sob a condição, é evidente, de que vocês os tenham lido antes. Desta vez vocês não tiveram tempo, mas poderiam fazê-lo da próxima vez. Ou qualquer outra fórmula que vocês queiram.

Esse método parece bom.

Mas gostaria verdadeiramente que vocês lessem os textos antes, isso me ajudará, porque é realmente muito difícil para mim: é a primeira vez que improviso, ou quase, um seminário em inglês. Portanto, alguns dentre vocês podiam intervir, [seria uma coisa boa]. Querem [na próxima vez] que estudemos dois outros textos de Epicteto, o capítulo 6 do livro I, "Sobre a Providência" e o capítulo 1 do livro I? O primeiro, o texto a respeito da Providência, é muito interessante, porque se trata do pano de fundo teórico, do princípio teórico do cuidado de si: trata-se da análise do ser humano enquanto único ser vivo capaz de cuidar dele mesmo; do ponto de vista estritamente filosófico, é muito interessante. [Em seguida] é o capítulo 1 do livro I que eu gostaria de estudar após o capítulo 6. De todo modo, vocês sabem que Arriano publicou essas *Diatribes* em uma ordem que parece arbitrária, que, de todo modo, não tem importância teórica nem dogmática. No capítulo 1 do livro I, achamos – como dizer? – a aplicação técnica dos princípios filosóficos que encontramos no capítulo 6. Nesse primeiro capítulo – posso compreender por que Arriano colocou esse texto ali –, vemos em que consiste cuidar de si, o que, certamente, era o programa da escola. Portanto, poderíamos estudar esses textos na próxima vez. E, em seguida, poderíamos estudar a correspondência de Frontão e Marco Aurélio. A carta principal, a mais significativa, creio, é uma carta curta, mas muito interessante do ponto de vista da vida cotidiana, da experiência cotidiana, da experiência de si cotidiana.

Quando vamos abordar o cristianismo primitivo nas conferências?

Na próxima conferência falarei do aspecto técnico do cuidado de si na sociedade pagã e, nas duas seguintes, falarei do cristianismo.

SEGUNDA SESSÃO

Todo mundo leu os textos? Sim? Não? Ninguém? Muito bem, vou puni-los, com certeza! Não vou dizer como... Será uma surpresa para o último dia!

Antes de começarmos, vocês têm alguma questão particular ou geral a propósito das conferências ou do seminário, ou outra coisa... ou sobre a semiótica e a não semiótica?

O que o senhor pensa desta atmosfera de circo?

Atmosfera de circo?

As câmeras de televisão...

Eu não ligo pra isso!

Algumas pessoas se interessam pelo circo e pelo carnaval aqui![1] Não faço parte delas.

Vocês se sentem pouco à vontade por causa dessa câmera? Não se trata, creio, de um problema de teatro, espetáculo ou qualquer coisa do gênero; é que havia muita gente inscrita no seminário, e a sala era bem pequena. Mas talvez não precisemos utilizar a câmera...

Não se trata de uma emissão, é em circuito fechado. Por isso, estamos mais à vontade.

Da última vez estava completamente repleto e abafado.

---

1   Talvez se trate de uma alusão ao fato de que Paul Bouissac, que convidara Foucault a Toronto, interessava-se bastante pelo circo. Cf. P. Bouissac, *Circus and Culture: A Semiotic Approach.* Bloomington: Indiana University Press, 1976.

Na primeira conferência, o senhor falou da hermenêutica de si. Qual a importância do termo "hermenêutica" para a cultura de si antiga?

Não tem a menor importância! Creio que o que poderíamos chamar de hermenêutica de si não começa, não aparece, antes da espiritualidade cristã. E o que eu gostaria de lhes mostrar é que as mesmas técnicas, ou quase as mesmas, a mesma tecnologia de si, eram utilizadas durante a era pagã, no começo do período imperial, sem nenhuma referência a algo como a hermenêutica de si; eu lhes mostrarei amanhã, na próxima conferência. O que consiste na hermenêutica de si, na decifração de si, começa, creio, mais tarde, no cristianismo e nas instituições monásticas. Eu lhes mostrarei isso na conferência de terça-feira próxima.

Gostaria de saber que relações puderam estabelecer-se entre Alcibíades e Sócrates após a entrada de Alcibíades na vida política.

É uma boa questão, e uma questão muito difícil. Primeira coisa a dizer: vocês devem se lembrar de que a relação entre Alcibíades e Sócrates nesse diálogo não é uma relação definitiva. Quando Sócrates promete a Alcibíades, no começo do diálogo, que graças ao seu ensinamento Alcibíades seria capaz de tornar-se o primeiro na cidade, isto é, de exercer um poder tirânico, vocês devem compreender que Sócrates, evidentemente, não estava sendo sincero. Tratava-se de uma promessa para incitar Alcibíades a cuidar dele mesmo. Mas, se Alcibíades realmente cuidar dele mesmo, de uma maneira verdadeiramente filosófica, então compreenderá que não deve exercer *esse* gênero de poder sobre a cidade, mas que deve exercer um tipo de poder razoável; e esse tipo de poder razoável será exposto em *A república, As leis* etc. Portanto, como lhes disse, há aí uma espécie de ardil. Esse é o primeiro ponto.

Há também esta pequena frase que eu não sei a que se refere: "Estou pronto a dar-me como penhor em como, assim procedendo, sereis felizes".[2]

---

2   Platão, "O primeiro Alcibíades", in *Diálogos*, v. V, trad. Carlos Alberto Nunes. Belém: Editora UFPA, 2007, 134d, p. 286.

SÓCRATES: Se tu e a cidade procederdes com sabedoria e justiça, fareis obra grata à divindade.

ALCIBÍADES: Certamente.

SÓCRATES: E como dissemos antes, como norma de ação deveis ter sempre em mira o esplendor divino.

ALCIBÍADES: É certo.

SÓCRATES: Tendo-o, desse modo, diante dos olhos, haveis de ver-vos e conhecer a vós mesmos e vosso próprio bem.

ALCIBÍADES: É certo.

SÓCRATES: Estou pronto a dar-me como penhor em como, assim procedendo, sereis felizes".[3]

Não posso explicar isso, pois preciso do texto grego para compreender. Alguém o tem? De todo modo, gostaria de dizer algo a respeito, não para lhes dar uma explicação, mas para fazer referência a um problema muito particular. Encontra-se precisamente no final. O primeiro ponto é que o *Alcibíades* não oferece uma solução à ambição de Alcibíades. O que Sócrates lhe promete não corresponde verdadeiramente ao que Alcibíades deseja.

Encontrei o texto grego.

Obrigado. E, no final do diálogo, há algo muito enigmático; não posso explicar, somente indicar algumas referências:

SÓCRATES: Adquiriste agora consciência de teu estado? Consideras-te verdadeiramente livre, ou não?

ALCIBÍADES: Penso ter perfeita consciência do que sou.

SÓCRATES: Nesse caso, sabes como libertar-te do presente estado de coisas, que me abstenho de definir, em homenagem à tua formosura.

ALCIBÍADES: Sei.

SÓCRATES: Como é?

ALCIBÍADES: Libertar-me-ei se o quiseres, Sócrates.

SÓCRATES: Não te expressaste corretamente, Alcibíades.

ALCIBÍADES: Como deverei dizer?

---

3 Ibid., 134d, pp. 285-86.

SÓCRATES: Assim: se Deus quiser.

ALCIBÍADES: Pois que seja; falarei desse modo, com o acréscimo, Sócrates, de que corremos o perigo de trocar os papéis. [MF: Essa "troca" é em louvor a Alcibíades.] [A partir de hoje, devo te seguir como tu me seguiste; eu te acompanharei e tu serás meu mestre.]**4**

Portanto, está bem evidente, no começo do diálogo, Sócrates seguia Alcibíades; e, agora, Alcibíades aceitou ter um mestre e seguirá Sócrates como Sócrates o seguia enquanto enamorado.

SÓCRATES: Ó generoso Alcibíades! Nesse caso, em nada difere da cegonha o meu amor: depois de ter sido criado no teu ninho um amor alado, passa este, por sua vez, a tomar conta dele.

ALCIBÍADES: Será assim mesmo; a partir de agora, passarei a meditar sobre a justiça.

SÓCRATES: Faço votos para que perseveres nesse intento; contudo, tenho meus receios, não pode descrer de tua natureza; é que, considerando a força de nosso povo (*tèn tês póleos horôn rómen*), temo que eu e tu venhamos a ser dominados por ela.**5**

Essa frase a propósito do Estado,**6** da cidade, certamente faz referência ao que ocorreu depois que Alcibíades assumiu o poder em Atenas; porém, na realidade, não sei exatamente o que significa esta frase, esta expressão *"tèn tês póleos horôn rómen"*, que exprime a força, a energia, a violência da cidade.

---

4   Ibid., 135c-d, pp. 287-88. Substituímos a tradução feita por Maurice Croiset da última frase (*"Car il est bien certain qu'à partir de ce jour, c'est moi qui te surveillerai, et toi, tu seras sous ma surveillance"* [Pois é bem certo que, a partir deste dia, sou eu quem te velarei e tu serás sob minha vigilância]) por uma tradução da versão inglesa que Foucault aqui comenta (*"From this day forward, I must and will be the attendant, and you will be my master"* [À partir de ce jour, je dois te suivre comme tu m'as suivi ; je t'accompagnerai et tu seras mon maître]), cujo sentido, muito diferente, permite compreender a observação que Foucault segue.

5   Ibid., 135e, p. 288.

6   Na versão inglesa, *"tèn rómen tês póleos"* é traduzido por *"the power of the State"* [o poder do Estado].

No que se tornará a relação entre Sócrates e Alcibíades?

A relação amorosa tradicional entre um homem e um jovem era supostamente uma relação recíproca, e isso durante toda a vida. Ou seja, quando o rapaz era jovem, ao mais velho era imputado dar-lhe o bom exemplo, lições para ajudá-lo, para ensiná-lo a tornar-se um bom cidadão, um bom soldado, um bom caçador etc. Era igualmente esperado dar-lhe presentes muito tradicionais, que variavam segundo o estatuto social e econômico do homem. Por exemplo, se fosse rico, era-lhe imputado dar ao jovem rapaz um cavalo e equipamento de cavaleiro. Se não era rico, era-lhe imputado dar somente uma espada ou algo do gênero. Também lhe era imputado dar, como primeiro presente, uma lebre. E do rapaz se esperava que lhe concedesse seus favores. Porém, em seguida, após essa fase de suas relações, quando o rapaz crescia, se não houvesse entre eles uma diferença muito grande de idade, tornavam-se amigos, mantinham uma relação de *filía*, que era, igualmente, algo muito tradicional, muito estatutário, com obrigações recíprocas; e, quando o mais velho tornava-se realmente velho, quando não tinha mais os meios para viver, ou mesmo em caso de enfermidade ou de doença, então o mais jovem deveria ajudá-lo. Como veem, existia um grande número de relações de reciprocidade que tinham muita importância na vida política e social da cidade, assim como na vida pessoal das pessoas. Mas, aqui, não se tratava de uma espécie de estatuto profissionalizado. Minha resposta é suficiente?

Sim, está muito mais claro.

Suponhamos, por exemplo, que tudo tivesse se passado como Sócrates desejara: Alcibíades teria se tornado um bom dirigente de Atenas e teria ajudado Sócrates em sua velhice; e teriam sido amigos, estatutariamente amigos, durante toda a vida.

Eu me pergunto se essa resposta leva suficientemente em conta a ironia socrática em relação ao Estado em geral. Dizer que disso poderia resultar uma relação social normal não é esquecer o verdadeiro Sócrates?

177   SEGUNDA SESSÃO

Minha resposta situava-se somente no nível das instituições sociais. Não se trata, absolutamente, de uma resposta sobre o que é o personagem Sócrates. Seguramente, com o Sócrates real ou o Sócrates de Platão, as coisas não se passariam dessa maneira. Creio que a questão dizia respeito ao nível social mais comum. Mas, sem dúvida, estou inteiramente de acordo em dizer que, com o Sócrates real, a ironia de Sócrates, o papel de Sócrates consistiria em comportar-se diferentemente com Alcibíades ou com aqueles que ele amava. Com certeza.

Algo mais? Questões sobre o *Alcibíades?*

> *Que relação há entre a reflexão da verdade no espelho, de que fala o* Alcibíades, *e as técnicas pedagógicas de que fala Fílon de Alexandria em* Sobre a vida contemplativa? *O senhor descreveu todo um aparelho didático que pouco a pouco emergiu da junção entre o cuidado de si e o "conhece-te a ti mesmo" e citou como exemplo as instruções dadas aos Terapeutas (ficar imóvel, intervir com o dedo, escutar atentamente).*[7] *Pergunto-me em que nível se situa sua análise. Sabe-se que havia na Antiguidade tardia dois níveis de iniciação aos mistérios...*

Isso nada tem a ver com os mistérios, absolutamente nada. Vejam, sobre os Terapeutas, sabemos o que Fílon escreveu; não temos nenhuma outra fonte a respeito. É a descrição de uma comunidade ascética, com certeza. Certo número de regras advém, sem dúvida, da cultura judaica, outras parecem ser mais aparentadas às comunidades gregas. O mais verossímil é que se trate de uma das comunidades judaicas helenísticas, mas não temos indícios de uma relação com os mistérios.

> *Eu lhe coloquei essa questão porque não sei muito bem qual metodologia o senhor emprega e que uso faz de seus exemplos. Que distin-*

---

7 "A assistência do seu lado, o ouvido atento, os olhos fixos nele, paralisada em uma atitude imóvel, a escuta; com um sinal de cabeça, com um olhar, eles mostram que compreenderam; com um sorriso, um leve movimento da fronte, eles mostram que aprovam o orador; com um movimento lento da cabeça e o dedo indicador da mão direita, mostram que estão embaraçados"; Philon d'Alexandrie [Fílon de Alexandria], *De vita contemplativa*, trad. Pierre Miquel. Paris: Éditions du Cerf, 1963, 77, p. 139. Les Oeuvres de Philon d'Alexandrie, v. 29. Ver supra, p. 91.

ções o senhor faz entre as diferentes escolas de pensamento antigas? Por que escolhe determinados exemplos?

Gostaria de saber se mais alguém tem esse tipo de interrogação ou de questão, pois não entendi exatamente [o que você quer dizer].

O que vejo é que Sócrates examina o eu por ele mesmo, e o senhor avança na direção de Sêneca e Epicteto, que buscam mais conhecer o eu em relação com os outros do que o eu por ele mesmo. É nessa direção que devemos investigar?
Que seleção o senhor faz entre todas essas pessoas que têm ideias e práticas diferentes? Qual inteligibilidade existe por trás da confecção dessas categorias no seio das técnicas de si?
Gostaria de saber por que o senhor escolheu essa série de exemplos.

Fiz uma escolha. É *minha* escolha. Essa escolha diz respeito às técnicas de si, isto é, escolhi estudar de que modo, naquela época, as pessoas buscaram utilizar para si mesmas e ensinar a outras pessoas a maneira de se transformarem elas mesmas a fim de alcançar certo estado que é comumente descrito como um estado de soberania sobre si mesmo e de tranquilidade da alma. É minha escolha. Mas sabemos, em seguida, que as fontes sobre esse assunto não são muito numerosas, e, quando se leu Sêneca, Epicteto, Marco Aurélio, Élio Aristides e tantos outros, dispõe-se de todas as fontes; de modo que não escolhi, li o que resta, o que foi conservado. Porém, talvez eu não compreenda exatamente sua questão...

Ao escolher essas fontes que o senhor diz serem as únicas e ao utilizar esses exemplos, o senhor se dá o meio de chegar finalmente a Santo Agostinho, o primeiro homem moderno. Ao fazer assim, parece-me que o senhor negligencia uma psicologia do eu que utiliza o neoplatonismo e que não encontra lugar em sua abordagem. Tenho uma relação crítica com tudo o que o senhor faz, e é por isso que não quero mais perder tempo neste seminário.

Negligencio o quê, exatamente?

O gênero de psicologia que está na base do neoplatonismo.

Quais são os textos, as fontes, em que você pensa quando fala do misticismo neoplatônico?

No lugar de fazer todo mundo perder tempo, colocarei por escrito.

Minha resposta é a seguinte: as fontes de que dispomos sobre o misticismo neoplatônico são mais tardias que o período que eu estudo. O senhor não encontra fontes neoplatônicas no primeiro século, ou quase nenhuma. O grande movimento neoplatônico, pelo menos as fontes de que se dispõe, o senhor encontra a partir dos séculos IV e V, isto é, Porfírio, Jâmblico...

Os neoplatônicos pretendem vir em linha direta de Platão, o que dá a possibilidade de preencher essa distância.

Certo... Minha tese é exatamente a seguinte: encontramos, no fim da época helenística, no começo da época imperial, no primeiro e no segundo séculos [após Jesus Cristo], um grande número de técnicas de si que foram constituídas, desenvolvidas nas escolas epicuristas, nas escolas estoicas, nas escolas cínicas. Essas técnicas de si são profundamente – não completamente, mas em grande parte – independentes desse movimento neoplatônico tão enigmático, ou desse movimento pós-platônico que se situa entre Platão e o neoplatonismo dos séculos III e IV que conhecemos. E – não é esta minha hipótese – o que podemos ver, o que podemos saber e provar, é que, entre os assim chamados neoplatônicos cristãos, como Clemente de Alexandria, encontramos numerosas dessas técnicas que tiveram suas raízes não na tradição platônica – ao menos pelo que sabemos dessa tradição através de nossas fontes –, mas na tradição estoica, epicurista etc. Não negligencio essa tradição [platônica], tento mostrar a existência dessa tradição estoica particular e seus efeitos reais, assim como sua posteridade real na tradição cristã. Veremos, por exemplo, na próxima conferência, o uso do controle dos pensamentos, que nada tem a ver com o platonismo e que é uma técnica encontrada muito precisamente em Marco Aurélio e em

Epicteto; e encontrada em Cassiano e em Evágrio. É uma coisa tipicamente estoica.

> *Em uma de suas primeiras conferências, o senhor falou de uma mudança entre a época de Platão e o período mais tardio: à época de Platão, o cuidado de si concernia à formação do eu, enquanto que, mais tarde, ele permitia eliminar as más influências. Mas, na medida em que Sócrates busca desprender Alcibíades daquilo que ele possui, não haveria, mesmo no Alcibíades, uma definição do eu pela negação e pelo desprendimento?*

Não, vejam, no *Alcibíades* o problema do desprendimento concernia a um procedimento metodológico, pois tratava-se de dar uma definição do eu e, buscando o eu, [Sócrates] diz que não podemos encontrá-lo em tal ou tal coisa, mas somente na alma. Em Sêneca ou em Epicteto, o problema do desprendimento é um problema ético, não um problema teórico. Quero dizer que, para eles, o cuidado de si devia ser tal que pudéssemos ser privados, por exemplo, da saúde, da casa, dos bens, da família, dos pais, dos filhos etc. sem sofrer. E, como veem, é muito diferente. Há, seguramente, relações entre [esses dois procedimentos] e, em um texto que explicaremos agora, vocês verão que há determinadas relações com o problema platônico. Mas não se trata exatamente do mesmo problema.

> *Na terceira conferência, a última, o senhor falou da áskesis e mostrou em que consiste esse tipo de preparação, o que significa preparar-se, e começou a explicar como se adquire a verdade pela escuta e pela escrita. Estas questões – como se adquire a verdade, de que espécie de verdade se trata, qual é o lugar do conhecimento de si? – me interessam e gostaria de saber se o senhor continuará a falar disso na próxima conferência.*

Creio que, na próxima conferência, isto é, amanhã, explicarei o que é essa aquisição da verdade. Certamente, sou obrigado a deixar de lado muitos problemas, problemas teóricos, e talvez possamos discutir isso por ocasião do próximo seminário. Não creio, porém, que seja útil discutir agora sobre o assunto, uma vez que tentarei fornecer amanhã algumas explicações a respeito.

Podemos agora começar a estudar os textos que vamos explicar hoje? Temos três textos, dois textos de Epicteto e um texto de Marco Aurélio ou, mais precisamente, duas cartas de Marco Aurélio [a Frontão] e uma carta de Frontão a Marco Aurélio.

Sugiro começarmos pelo capítulo 6, "Sobre a Providência", [do livro I das *Diatribes*] de Epicteto. Vocês se lembram de que, em nosso último encontro, comentamos um outro capítulo de Epicteto, extraído do livro III, porque se tratava, creio, da melhor introdução à relação entre o tema socrático do cuidado de si e a forma que assume esse cuidado em Epicteto ou no neoestoicismo. No capítulo 6, "Sobre a Providência", creio que temos uma das mais claras explicações teóricas do que são o cuidado de si e a relação entre a razão e o cuidado de si. Querem que o leiamos juntos antes de eu começar a explicá-lo? Inicialmente, o primeiro parágrafo, depois o explicaremos, então o segundo parágrafo, e assim por diante.

> Não te admires se, para os outros animais, as coisas relativas ao corpo foram dispostas, não só os alimentos e a água, mas também o repouso e ausência de precisão de calçado, de leito, de vestimenta, enquanto nós temos precisão de todas essas coisas. Aos outros animais, que nasceram não para si mesmos, mas para o serviço aos demais, foi melhor terem sido criados sem precisão de outras coisas. Pois vê como seria cuidar não só de nós mesmos, mas também dos carneiros e dos jumentos, como se vestem, como se calçam, como comem, como bebem. Do mesmo modo que os soldados estão dispostos diante do general calçados, vestidos, equipados, e terrível seria se o quiliarca devesse andar de lá pra cá para calçar e vestir os milhares de soldados, assim também a Natureza fez os animais nascidos dispostos para o serviço, equipados, sem precisão adicional de cuidado algum, de modo que mesmo uma criança pequena conduz carneiros com uma vara.[8]

---

8   Epicteto, *As diatribes de Epicteto*, livro I, trad. Aldo Dinucci. Coimbra: Imprensa da Universidade de Coimbra, 2020, pp. 116-17. Cf. HS, pp. 438-41 [pp. 555-58]; "La culture de soi", in CCS, p. 87; SS, pp. 61-62 [pp. 52-53].

Creio que algo a sublinhar nesse parágrafo seja o fato de que essa comparação entre os homens e os animais é, como sabem, um tema inteiramente tradicional no pensamento filosófico: comparação entre os homens e os animais e o fato de que, comparados aos homens, os animais são mais bem providos e equipados, dotados de numerosas coisas. Vocês conhecem bem esse tema e, sem dúvida, encontram-no em toda a filosofia grega, dos sofistas aos estoicos; mas o que há de interessante é que, na maioria das vezes, creio, o fato de que os homens não sejam tão bem equipados, tão bem dotados quanto os animais para obter sua alimentação ou proteger-se do frio etc., esse fato (a inferioridade dos homens comparados aos animais) era geralmente atribuído a uma deficiência, a uma carência da natureza humana. Lembrem-se, por exemplo, do que havia no *Protágoras*, de Platão, no mito de Epimeteu. Lembrem-se de que Epimeteu era encarregado de dar uma aptidão a cada ser vivo e, nessa distribuição, Epimeteu esquecera os homens; e, como nada restava para dar aos homens, Prometeu tomou a decisão de roubar o fogo dos deuses e dá-lo aos homens junto com a razão.[9] Creio que, nessa tradição ou nesse tipo de análise, há uma estreita relação entre a deficiência dos homens, certas carências na natureza humana, o fato de que a razão vem substituir essa deficiência e de que a *téchne* seja o resultado ou a principal expressão da razão humana enquanto substituto ou complemento dessa deficiência, dessa carência.

Como veem, a análise de Epicteto é bastante diferente, e isso, creio eu, é muito interessante e importante. Os animais receberam tudo de que precisam não porque são superiores aos homens, não porque há algo de deficiente na natureza humana, mas receberam tudo de que precisam a fim de ser permitido ao homem, primeiramente, exercer a própria superioridade sobre eles e [em seguida] a fim de lhe ser deixada a liberdade de cuidar de si mesmo. Não há carência, não há deficiência na natureza humana; a pretendida superioridade dos animais, desse ponto de vista técnico, essa pretendida superioridade para a satisfação de suas necessidades [é, na realidade, uma inferioridade]; e a pretendida

---

9   Platão, *Protágoras*, trad. Ana da Piedade Elias Pinheiro. Lisboa: Relógio d'Água Editores, 1999, 320c-321e, pp. 90-92.

inferioridade [do homem] é, na realidade, sua superioridade ou, ainda, é o meio pelo qual a natureza ou Deus estabeleceram a superioridade dos homens sobre os animais.

Em seguida, vem a metáfora dos soldados, metáfora que é muito importante em Platão e, igualmente, em outras filosofias e para os estoicos. Vocês sabem que essa metáfora dos soldados no exército é tradicionalmente utilizada para explicar qual é o lugar do homem em relação a Deus: Deus é como o general de um exército e atribuiu a cada qual determinado lugar no exército, com determinados deveres, determinadas obrigações, e os homens devem ocupar seu posto, desempenhar seu papel conforme o lugar que receberam no exército. Como veem, essa metáfora é [aqui] o objeto de um deslocamento: os animais são os soldados, e o homem encontra-se na mesma posição que Deus ocupava na utilização invertida da metáfora. O homem é o general, e o general, como explica Epicteto, não tem, evidentemente, o mesmo equipamento que os soldados; e não lhe cabe fornecer aos soldados o equipamento, eles devem chegar com seu próprio equipamento, e isso não por serem superiores ao general, mas porque devem obedecê-lo, e o general tem outras coisas a fazer do que os prover. E, creio, há algo a acrescentar no que diz respeito a esse assunto. Como veem, os animais podem obter a própria alimentação, podem proteger-se do frio etc. Mas Epitecto jamais diz que, ao fazê-lo, eles cuidam de si mesmos. Obter sua alimentação é uma coisa; não é cuidar de si. E, precisamente, cuidar de si será algo que o homem terá a liberdade de fazer, pois os animais agem assim por eles mesmos. Os homens têm tempo para algo que é o cuidado de si, mas os animais são providos de tudo [de que precisam] não para cuidarem de si mesmos, e sim para deixarem ao homem a liberdade de fazer algo, que é cuidarem de si. Essa é a primeira parte. Há alguma questão? Podemos continuar?

> Mas, agora, nós, ao deixar de dar graças por eles porque não temos com eles o mesmo cuidado que temos conosco (*tèn ísen epiméleian epimeloúmetha*), acusamos Deus pelo que nos cabe. E certamente, por Zeus e pelos Deuses, uma só das coisas produzidas pela Natureza leva o ser humano digno e grato a perceber a Providência. E não me fale agora sobre as grandes coisas. Mesmo o surgimento do leite a partir do

pasto; e, a partir do leite, o queijo; e, a partir da pele, a lã – quem fez ou concebeu essas coisas? – Ninguém – diz alguém. – Ó humano de grande insensibilidade e impudência![10]

Creio que esse parágrafo seja um pouco mais enigmático do que o precedente, a meu ver bastante claro. Se compreendi corretamente, creio haver algo de muito claro no começo do parágrafo: é o fato de que, uma vez que os animais são providos de tudo que precisam, nós somos livres para cuidar de nós mesmos; reparem na expressão *"tèn ísen epiméleian epimeloúmetha"*. O que é muito mais enigmático é o que Epicteto diz a propósito do leite, da grama, do queijo, da lã etc. Se compreendi esse parágrafo, penso que Epicteto quer dizer o seguinte. Na análise tradicional da pretensa superioridade dos animais, os homens foram providos da razão a fim de produzirem determinadas coisas, determinadas coisas de caráter técnico, como o queijo, o tecido etc. O uso da razão era um uso técnico, e esse foi o primeiro e principal uso da razão. O que Epicteto diz, creio, é que, de fato, produzir leite, produzir queijo com o leite ou produzir tecido com a lã não é muito difícil nem importante, pois Deus ou a natureza nos deram a grama e a lã. Produzir queijo ou tecido não é algo realmente importante, e a natureza fez quase todo o trabalho. E, já que a natureza fez quase todo o trabalho de preparação, compreendemos que a razão não foi dada aos homens para essas produções, e sim para algo muito mais importante. Creio que essa ideia é bastante importante, pois, como vocês veem, a relação entre *téchne* e *lógos*, técnica e razão, tinha uma importância fundamental na análise tradicional dessa superioridade/inferioridade dos homens e dos animais. Agora, a *téchne* se desloca da esfera humana, do domínio da atividade humana para o da Providência natural enquanto cuidado de todas as coisas, inclusive as de caráter técnico. E, então, a razão, a razão humana ou o uso da razão pelos homens, terá outro domínio de aplicação que não esses objetos materiais. Eis, creio, a significação desse parágrafo. Há questões, objeções?

> *Epicteto recrimina aquele que não é grato aos deuses. Qual era o nível de crença nos deuses naquela época?*

---

10   Epicteto, *As diatribes de Epicteto*, op. cit., p. 117.

É verdadeiramente difícil de responder. Penso que, na última linha desse parágrafo, Epicteto não maldiz as pessoas que não creem em Deus, maldiz aquelas que pretendem que todas essas coisas de que os homens fazem uso não são devidas à divina Providência, que não passam de coisas naturais e que os homens inventaram as técnicas para delas se servirem. Talvez ele faça referência aos epicuristas, talvez somente faça referência àqueles que concedem demasiado mérito à técnica humana e pouco aos deuses. Creio que ele busca estender, tanto quanto possível, o domínio da natureza, da Providência natural, da razão natural, nele incluindo o que era mais frequentemente atribuído aos homens, à invenção humana, à inovação humana etc. Eis a significação desse parágrafo. Outras questões?

> Vamos! Deixemos as obras da Natureza, contemplemos as suas obras incidentais (*párerga*). Há algo mais inútil que os pelos do queixo? E então? Ela não fez uso deles – e do modo mais adequado possível? Não se distinguem por eles o macho e a fêmea? Não exclama à distância a natureza de cada um de nós: "Homem sou – assim aproxima-te de mim, assim fala comigo, nada mais busques: vê os símbolos"? De novo, em relação às mulheres, do mesmo modo que misturou à voz algo mais delicado, também retirou os pelos do queixo. Não, tu me dizes, devemos deixar o animal sem distinções, e que cada um de nós anuncie: "Sou homem". Mas quão belo, formoso e digno de reverência o símbolo é! Quão mais belo que a crista do galo! Quão mais formoso que a juba dos leões! Por isso, devemos conservar os símbolos de Deus, não devemos jogá-los fora – devemos, no quanto depende de nós, não confundir os gêneros que foram divididos.[11]

O que pensam desse parágrafo? Minha impressão é de que ele não é muito mais claro que o precedente. Se o compreendi, creio que é consagrado aos *párerga* da natureza, que é traduzido por "obras incidentais".[12] Creio que, para Epicteto, é possível fazer a seguinte

---

11 Ibid.

12 Fizemos a transposição em função da tradução francesa de *párerga*. A versão inglesa que Foucault comenta traduz "*párerga*" por "*what nature does in passing*" [o que a natureza faz de passagem].

distinção. Há, primeiramente, o que foi fornecido aos animais a fim de torná-los capazes de obter aquilo de que precisam. Esse é um primeiro nível da natureza. Eu diria que se trata daquilo que foi efetivamente, realmente desenvolvido pela Providência, do começo ao fim. Depois, há um segundo nível, que é aquele dos objetos técnicos de que falava Epicteto algumas frases antes, ao mencionar o queijo, a lã etc. Trata-se do que foi preparado pela natureza para permitir aos homens terem vestimentas etc. e que é, na maioria, devido à natureza e em pequena parte somente aos homens. Em seguida, creio eu, há um terceiro nível, e é a esse terceiro nível que Epicteto se refere nessa passagem. Trata-se do nível dos objetos naturais que aparentemente não têm nenhuma utilidade; não servem a nada, nem aos animais, nem aos homens, mas são sinais. São sinais de alguma coisa. Por exemplo, a barba no queixo não tem utilidade para ninguém. Devemos prestar atenção a esses sinais. E, [no] cuidado de si que somos livres para exercer, pois a Providência proveu largamente os animais e nós mesmos, devemos levar em consideração esses sinais, porque esses sinais aparentemente inúteis referem-se à nossa natureza, ou se referem ao que nós somos. Na medida em que, cuidando de nós mesmos, devemos cuidar do que somos, devemos seguramente levar em consideração esses sinais que se referem ao que *nós* somos realmente. E o que é significativo, creio, nessa passagem, é o fato de que, dentre os sinais do que somos, Epicteto cita como exemplo a barba, que é sinal do que somos enquanto homens, do que somos enquanto homens e enquanto filósofos. Como sabem, usar barba era um sinal da existência filosófica; entre os diferentes sinais da existência filosófica – a pobreza da vestimenta etc. –, havia o uso da barba. Mas, usando a barba, o filósofo, pelo menos segundo Epicteto, não fazia nada mais que usar explicitamente um sinal do que somos, e do que somos enquanto homens por oposição às mulheres. É nossa própria natureza de homens, de machos, que se manifesta pela barba. Podemos ficar surpresos que o cuidado de si comece com a consideração desses sinais do que somos e que esses sinais citados por Epicteto sejam precisamente os sinais da existência masculina, do ser masculino. Devemos talvez comparar esse texto com um outro texto de Marco

Aurélio – e eu falarei desse texto amanhã em minha conferência[13] –, onde ele diz que, quando nos retiramos em nós mesmos, quando efetuamos nossa *anachóresis* em nós mesmos, devemos nos considerar nós mesmos [...]. O fato de que devemos, antes de tudo, ter em conta o que somos enquanto homens é, a meu ver, bastante importante. Pelo menos, creio eu, tal é o sentido dessa passagem. Alguém quer fazer um comentário?

> [*Que relação há entre a utilidade e o cuidado de si?*]

[Poderíamos dizer que a utilidade é bastante constitutiva do cuidado de si.] Seguramente, quando cuidamos de nós mesmos do modo como nos é imputado fazer, vemos que isso implica um grande número de obrigações de fazer justamente aquilo que é, na realidade, útil para os outros, nossos parentes, nossos concidadãos etc. Isso, porém, não será senão uma consequência do fato de que cuidamos de nós; não é porque procuramos fazer coisas úteis, para nós ou pelos outros, que cuidamos corretamente de nós. Cuidamos corretamente de nós mesmos e, então, como consequência natural, como consequência lógica, isso é útil aos outros. Fica muito claro, por exemplo, em Marco Aurélio, quando ele fala de seu ofício de imperador. Há um texto muito interessante em que ele diz que toda manhã, como um bom estoico deve fazê-lo, passa em revista seu dia, o que deve fazer durante o dia, e é muito característico que Marco Aurélio não diga que deve fazer bem seu ofício de imperador. Ele diz que deve se conduzir como um *honestus vir*, um homem honesto; e é quando aplica as regras inerentes a esse tipo de existência que ele exerce naturalmente seu ofício de imperador. Não há nenhum dever particular para o imperador que esteja ao lado ou além das obrigações humanas, dos deveres humanos.

> *Poderíamos dizer que se trata mais de valor de troca que de valor de uso.*

Não tenho certeza disso.

---

13   Trata-se da quarta conferência. Ver supra, pp. 116-18.

É igualmente interessante que Epicteto utilize como sinal um fenô-
meno natural, que ele utilize a barba para retornar ao eu, no lugar
de escolher um sinal que não fosse natural.

O problema da natureza é, seguramente, muito importante. Esse
retrato do filósofo com uma barba refere-se, seguramente, à tradição cínica. Desde Diógenes, era um sinal, uma manifestação, uma
expressão da existência filosófica, ser tão próximo quanto possível
da natureza.[14] Tudo o que pudesse ser considerado um artifício era
banido da existência filosófica; barbear-se, por exemplo, tem alguma
coisa de artificial. Seguramente, trata-se de um outro problema, mas
aquilo que os gregos chamavam de *parà fýsis*, aquilo que é contrário ou exterior à natureza, constitui um domínio muito aberto, um
domínio muito largo onde existe um monte de coisas. Por exemplo,
para Sêneca, banhar-se em água quente é contrário à natureza: é
da natureza da água ser fria. Era um dos temas, um dos imperativos
da existência filosófica ter uma relação tão estreita quanto possível
[com a natureza] e, com certeza, a barba é um sinal natural.

Mas isso não significa exatamente que o eu seja dado pela natureza. O eu é a razão ou, pelo menos, o eu é uma espécie de uso
da razão, um uso razoável da razão. Veremos isso no próximo
texto. Porém, o eu filosófico, esse uso filosófico da razão, deve
permanecer tão próximo quanto possível da natureza.

Então, é por causa do uso razoável da razão que o sinal pode ser
mais magnífico que a juba do leão ou qualquer outra coisa.

Sim.

Nessa ideia de que é preciso conservar os sinais, não encontramos
finalmente a ideia de que Deus quer manter as espécies tal qual ele
mesmo as fez? E não há uma similitude com as prescrições alimen-
tares do Gênesis, que proíbem consumir certas espécies de animais
que têm formas misturadas? No final do parágrafo, é claramente
dito que não se devem misturar os sexos.

---

14 Sobre a relação dos filósofos cínicos com a natureza, ver notadamente CV,
pp. 234-35, 242-45 [pp. 223-25, 231-34].

Isso nada tem a ver, creio, com as interdições alimentares. Na tradição pitagórica, havia interdições alimentares. Alguém como Sêneca, por exemplo, teve durante a juventude um mestre pitagórico que lhe impunha interdições alimentares. Ele fala disso em algumas cartas. Mas isso nada tem a ver com o problema da confusão dos sexos. Concordo com vocês que falhei ao não comentar mais essa última frase. Essa confusão dos sexos se reporta exatamente àquele tipo de personagem que encontramos em nosso último encontro, aquele jovem retórico que, lembram-se, vinha às aulas de Epicteto perfumado, com joias etc. E esse tipo de comportamento, em que as pessoas baralham os sexos, conduzem-se como mulheres – e conduzir-se como mulheres, nessa perspectiva, não é ser homossexual, é mudar a aparência, perfumar-se, usar joias etc. –, é essa confusão dos sexos que, em toda essa literatura, constitui permanentemente objeto de um profundo, de um vivo desprezo. Penso que isso nada tem a ver com a alimentação ou a interdição alimentar, e sim com aquela estrita separação não dos sexos, mas da identificação de si. Devemos identificar-nos primeiramente por nosso sexo, ou pelo fato de sermos macho ou fêmea. E o debate sexual era sempre percebido como uma confusão da identidade sexual. Isso é, creio, muito importante nesse texto e em toda essa ética sexual, bem mais que a violação de uma interdição ou de uma regra. Havia poucas regras a propósito do sexo na Antiguidade. O deboche maior, o grande pecado sexual, se quisermos empregar essa palavra, essa expressão, consistia em não identificar seu papel sexual; e, por papel sexual, não quero dizer somente o fato de dever, enquanto macho, ter relações somente com mulheres; mas, enquanto macho, não se deve conduzir-se como uma mulher, isto é, perfumar-se, usar joias etc.

Vocês têm outra questão? Leiamos, então, o último parágrafo:

> São somente essas as obras da Providência sob nosso encargo? E que discurso basta para, de modo semelhante, elogiar ou apresentar essas obras? Pois se possuímos a razão, o que devemos fazer, tanto em público quanto a sós, senão celebrar em cantos, louvar a Deus e fazer jus às suas graças? Não devemos, ao arar, ao semear e ao comer, cantar um hino a

Deus? "Grande é Deus, que nos concedeu estes instrumentos com os quais lavramos a terra; grande é Deus, que nos deu as mãos, que nos deu a capacidade de comer, que nos deu o ventre, que nos deu a capacidade de crescer sem que percebamos, que nos deu a capacidade de respirar enquanto dormimos!" Devemos cantar um hino sobre cada uma dessas coisas, e o melhor e mais divino hino, porque Deus nos deu a capacidade de compreendê-las e, por meio dela, a capacidade de utilizá-las.

E então? Já que muitos de vós sois cegos, não deve haver alguém que cumpra esse papel e cante por todos o hino a Deus? Pois de que é capaz um velho coxo senão cantar um hino a Deus? Se eu fosse um rouxinol, eu cantaria os cantos do rouxinol. Seu fosse um cisne, cantaria os cantos do cisne. Ora, sou um animal racional. Devo cantar um hino a Deus. Essa é a minha tarefa. Eu a cumprirei. Não abandonarei este posto que me foi dado. E vos convido a essa mesma ode![15]

Que impressão vocês têm a propósito desse texto? Creio, como vocês talvez tenham observado, que na última frase ("Essa é a minha tarefa. Eu a cumprirei. Não abandonarei este posto que me foi dado") encontramos a réplica exata do que dizia Sócrates perante seus juízes: "Fui designado a este posto por Deus, e não o abandonarei por minha própria *volonté* [vontade]"[16].[17] Encontramos [aqui] a mesma coisa. Mas vocês se lembram de que, quando Sócrates falava deste posto, queria dizer que sua função era incitar ou convidar as pessoas, todo mundo, qualquer um que passasse na rua, a cuidar de si. Agora, essa função, esse posto, consiste em cantar em honra de Deus, em cantar um hino de gratidão a Deus.

Certamente, podemos compreender que isso supõe uma diferença muito grande entre ambos. Porém, devemos nos lembrar de que esse último parágrafo encontra-se em um capítulo onde está em questão a *epiméleia heautoû*, o fato de que devemos cuidar de

---

15   Epicteto, *As diatribes de Epicteto*, op. cit., livro I, 6, pp. 117-18.
16   Foucault se exprime em francês.
17   Cf. Platão, *Apologia de Sócrates*, trad. Maria Lacerda de Moura. Rio de Janeiro: Nova Fronteira, 2011, 29c-30a, pp. 58-59.

nós mesmos e de que Deus tudo fez a fim de nos deixar livres para cuidarmos de nós mesmos. A natureza foi organizada, os animais foram providos, as coisas foram preparadas em torno dos homens, sinais foram colocados no ser humano, no corpo humano, a fim de deixar todos, homens e mulheres, livres para cuidarem de si. Eis, pois, a razão pela qual devemos ser gratos a Deus por haver organizado tudo a fim de nos deixar livres para cuidarmos de nós mesmos. Sermos gratos a Deus por haver organizado tudo a fim de nos deixar livres para cuidarmos de nós mesmos e cuidarmos de nós mesmos em sinal de gratidão para com Deus são a mesma coisa. Penso que essa é a razão pela qual esse parágrafo, que parece tão místico e tão diferente da problemática tradicional do cuidado de si, está, na realidade, em relação direta com o tema do cuidado de si. Vocês encontrarão, por exemplo, na espiritualidade cristã, sinais de gratidão para com Deus quase do mesmo estilo; todavia, a razão não será o cuidado de si, mas o fato de que podemos e devemos nos esquecer de nós mesmos, renunciar a nós mesmos e nos voltar inteiramente a Deus, uma vez que não cuidamos de nós mesmos. Aqui, é essa adequação estrita entre o cuidado de si e o fato de cantar hinos a Deus que constitui um dos mais notáveis aspectos desse último parágrafo.

Esse capítulo começa com o tema tradicional dos animais comparados aos homens, começa com a ideia tradicional de que, aparentemente, os animais são superiores aos homens e termina com esse tema muito platônico, ou socrático, ou sofístico. Está enraizado na mais antiga tradição da filosofia grega e, como veem, o último parágrafo, as últimas frases parecem muito próximas do que encontramos na espiritualidade cristã dos séculos IV e V e seguintes. Assim, desde que não olhemos as coisas só superficialmente, esse capítulo, do começo ao fim, abrange mil anos de cultura grega. Porém, a utilização que dele é feita, a primeira ideia, a comparação entre os homens e os animais, é inteiramente particular a Epicteto, e creio que a referência, a alusão ao hino a Deus, tem uma significação diferente da significação cristã. Portanto, devemos restringir esse largo horizonte a um aspecto que é típico de Epicteto ou, pelo menos, do movimento estoico, da filosofia estoica daquela época.

Parece-me que, no último parágrafo, a função do filósofo não se limita a louvar a Deus, mas que é também uma função de mediação, que sua tarefa consiste em fazer compreender as coisas porque as pessoas são cegas.

Talvez. Você vê no texto alguma coisa que confirma o que disse?

Sim, esta frase: "Devemos cantar um hino sobre cada uma dessas coisas, e o melhor e mais divino hino, porque Deus nos deu a capacidade de compreendê-las e, por meio dela, a capacidade de utilizá-las. E então? Já que muitos de vós sois cegos, não deve haver alguém que cumpra esse papel e cante por todos o hino a Deus?".[18]

Você tem toda razão, e é muito diferente da função de Sócrates, que consistia em convidar os outros a cuidar [deles mesmos]. [Aqui, o filósofo] age no lugar do outro. Você tem toda a razão, é muito particular e muito diferente. Talvez possamos nos referir ao que está escrito na outra discussão que comentamos na semana passada, onde Epicteto dizia que ele era o fio vermelho sobre a vestimenta. Ele comparava a humanidade à toga dos senadores, com sua faixa vermelha, e dizia: "Eu sou, em meio à humanidade, como a faixa vermelha da toga, e eu sou um ornamento".[19] Talvez possamos dizer que há três maneiras possíveis de compreender a função do filósofo. Seja como alguém que é necessário para convidar os outros a fazerem seu dever, isto é, a cuidarem deles mesmos, e é a isso que serve o filósofo para a humanidade. Há um papel estético do filósofo, na medida em que ele é a faixa vermelha da toga, aquilo que ele é na medida em que honra a humanidade. E há um terceiro papel: ele é o substituto daqueles que são cegos e incapazes de fazer por si mesmos o que deveriam fazer para si, a saber, cantar em honra de Deus um hino de gratidão. E esses três[20] papéis, creio, vocês encontram em Sócrates, no personagem de Sócrates.

---

18 Epicteto, *As diatribes de Epicteto*, op. cit., 18-19, p. 118.

19 "Sou o que a púrpura é na vestimenta"; Épictète [Epicteto], *Entretiens*, op. cit., v. III, 1, 23, p. 9. Ver supra, p. 163.

20 Foucault diz "dois".

Na conferência de ontem, o senhor falou a respeito de discursos sobre os quais precisamos nos apoiar no quadro do cuidado de si. Mas suponho que isso não tinha nenhuma relação com esse hino.

Não estou certo disso. Você me pergunta qual é a significação desse hino, desse hino filosófico? É uma questão muito importante e difícil, e devo confessar que não sou capaz de responder a ela. Vocês sabem que o hino filosófico, desde o começo da filosofia grega, é algo muito tradicional. É fato que, na época clássica, é bastante difícil encontrar tal *genre* [gênero][21] filosófico na cultura grega, mas vocês sabem muito bem que um dos primeiros filósofos estoicos, Cleantes, escreveu um hino.[22] E esse hino, enquanto manifestação da piedade filosófica em relação a Deus, é uma coisa importante nos estoicos. Creio que é à reatualização dessa prática que se faz referência nesse texto. Há algo mais que queiram saber a esse respeito?

Que devemos fazer [agora]? Querem que estudemos outro texto de Epicteto ou querem que passemos a Marco Aurélio e à sua correspondência com Frontão? O que preferem?

Passar a Marco Aurélio.

Creio que é o melhor, porque é muito mais fácil e, vejam, uma vez que tenho razão, creio que não é muito fácil comentar em conjunto esses textos filosóficos bastante difíceis. Contava com vocês, pensava que teriam preparado muitas coisas a dizer sobre esses textos... No fim das contas, podemos retornar segunda-feira aos outros textos de Epicteto.

Posso colocar uma questão que me sugere o outro texto de Epicteto, o começo do capítulo 1 do livro I?[23] Epicteto pergunta: "Até onde se

---

21   Foucault se exprime em francês.

22   Cleantes de Assos, "Hino a Zeus", in Danilo Costa Nunes Andrade Leite, *Cleantes de Assos, uma introdução com tradução e notas.* Doutorado em Letras Clássicas, Faculdade de Filosofia, Ciências e Letras da Universidade de São Paulo, 2020, p. 211.

23   Trata-se precisamente do texto de cujo comentário Foucault havia acabado de desistir no decurso dessa sessão, mas que, no entanto, comentará em parte na resposta à questão.

estende a capacidade especulativa da gramática?"; e responde: "Até
o conhecimento das letras".[24] *Gostaria de saber se existia um voca-*
bulário particular para descrever as técnicas de si.

Sim, certamente, há um vocabulário, mas esse vocabulário, na maioria das vezes, utiliza palavras bastante correntes e, se vocês não sabem qual era a significação técnica dessas palavras, arriscam-se a não compreender. Eu lhes mostrarei amanhã, com base em dois textos de Marco Aurélio, a maneira como ele utiliza a palavra *anachóresis*.[25] *Anachóresis* é um termo militar, e ele o utiliza em um sentido muito técnico. Se vocês não conhecerem esse uso técnico, creio que compreenderão atravessadamente todo o texto. O mesmo se passa com muitas dessas palavras, por exemplo, *epiméleia: epiméleia* é uma palavra bastante corrente que significa "cuidado"; mas *epiméleia heautoû* é algo muito preciso.

[Na passagem que precede a que você citou ("Entre as demais capacidades, nenhuma encontrareis que contemple a si mesma e, por essa razão, nenhuma que aprove ou reprove a si mesma (*oudemían heurésete autèn hautès theoretikén*)],[26] o que Epicteto quer dizer com *theôrêtikê*[27] é a possibilidade de uma faculdade

---

24 "Entre as demais capacidades, nenhuma encontrareis que contemple a si mesma e, por essa razão, nenhuma que aprove ou reprove a si mesma (*oudemían heurésete autèn hautès theoretikén*). Em que medida a gramática é contemplativa (*méchri tínos kektétai tò theorethikón*)? Na medida em que julga as letras. E a arte da música? Na medida em que julga a melodia. Alguma delas contempla a si mesma? De modo algum. Se escreveres algo a um amigo, a gramática dirá como deves escrever as coisas que devem ser escritas. Mas a gramática não dirá se tu deves ou não escrever ao amigo. Do mesmo modo também é a arte da música em relação às melodias. Ela não te dirá se deves ou não cantar ou tocar a cítara agora. Então qual capacidade dirá? A mesma que contempla tanto a si mesma quanto as outras todas. E que capacidade é essa? A capacidade racional. Pois somente essa nos foi dada compreendendo tanto a si mesma (o que é, do que é capaz e que valor tem) quanto a todas as outras"; Epicteto, *As diatribes de Epicteto*, livro I, op. cit., pp. 44-45.

25 Trata-se da quarta conferência. Foucault anuncia aqui sua intenção de falar de dois textos de Marco Aurélio; encontramos somente um (*Pensées*, IV, 3) no que foi conservado desta conferência. Ver supra, pp. 116-18.

26 Acrescentamos a passagem entre colchetes, pois Foucault não cita o texto antes de comentá-lo, já que os ouvintes tinham a cópia à vista.

27 Não inserimos uma observação sobre a tradução inglesa de *theôrêtikê*.

saber não o que ela é enquanto faculdade, mas quando, em que condições, é bom ou ruim fazer uso dessa faculdade. Eis o sentido de *theôrêtikê*. Não se trata, de modo algum, da capacidade que essa faculdade tem de fazer sua própria teoria, não significa, de modo algum, dizer que o espírito poderia olhar a si mesmo como em um espelho. *Theôrêtikê*, aqui, *"autè hautès theoretiké"*, quer dizer a possibilidade que uma faculdade, por exemplo, a gramática ou a arte de escrever, tem de decidir quando é bom e quando não é bom fazer uso dessa faculdade, de escrever ou de tocar flauta etc. As faculdades comuns, todas as faculdades que temos, nos dão a possibilidade, a capacidade, por exemplo, de escrever ou de tocar flauta, esse tipo de coisa; nenhuma delas pode dizer, porém, se devemos escrever agora a um amigo ou não, se é bom ou não. A faculdade que pode nos dizer se é bom ou não fazer alguma coisa em tais ou tais circunstâncias é unicamente a razão, o *lógos*. E a razão o diz, é capaz de dizê-lo, de decidir por qualquer faculdade, pelo uso de qualquer faculdade e também por ela mesma. Eis por que a razão deve exercer uma soberania sobre as outras faculdades, e por que a razão é livre, pois decide por ela mesma. Essa noção é muito importante, uma vez que, como eu lhes disse ao comentar o texto precedente, a razão nada tem a ver com as aptidões técnicas do homem. As aptidões técnicas são fornecidas por outras faculdades, outras capacidades; trata-se de outra coisa. A razão começa quando começa a aparecer o problema: "Farei ou não uso dessa faculdade? É o bom momento para usá-la?". E, como percebem, há duas noções fundamentais que permitem compreender o que é a razão. [A primeira é] a noção de uso das outras faculdades, e a palavra grega é *chrêsis, chráomai, chrêsthai*. Vocês talvez se lembrem de que, no *Alcibíades*, Sócrates perguntava: "Qual é o eu de que devemos cuidar?"; e a resposta era que se deve cuidar da faculdade que faz uso (*chrêsthai*) de nosso corpo, de nossos pés, de nossas mãos etc.[28] O segundo ponto é que a função da razão consiste em decidir fazer uso de uma faculdade em determinadas circunstâncias: as circunstâncias são ou não

---

28   Platão, "O primeiro Alcibíades", op. cit., 127e-130c, pp. 273-78. Para uma precisão maior sobre o termo *"chrêsis"* e sobre o verbo *"chrêsthai"*, ver HS, pp. 55-57 [pp. 69-72].

favoráveis? É bom ou não fazer uso dessa faculdade em tais circunstâncias? Vocês encontrarão, então, a noção de *kairós*.[29] O *kairós* é a ocasião; ocasião em que podemos fazer uso dela. Isso remete igualmente a Aristóteles e a Platão.

Em todo caso, vocês têm aí uma definição técnica da razão como a faculdade que pode decidir sobre o uso (*chrêsis*) das outras faculdades em determinado *kairós* (ocasião). É por isso que a razão é *a faculdade por meio da qual podemos cuidar de nós mesmos*. Cuidar de nós mesmos é sermos capazes de determinar exatamente em quais circunstâncias, em qual *kairós* devemos fazer uso (*chrêsthai*) das outras faculdades. Portanto, nesse capítulo, temos a definição positiva do que é a razão enquanto faculdade específica do cuidado de si. E então vocês podem ver que, quando Deus nos deu a razão, não foi para nos fornecer todos os objetos técnicos de que precisamos; ele nos deu a razão como um presente suplementar. Não é um presente de substituição, não é um substituto para uma carência ou uma deficiência; ele nos deu a razão como um presente suplementar que nos torna livres para fazermos uso, em um bom ou em um mau sentido, de nossas outras faculdades. A razão é verdadeiramente a faculdade do cuidado de si. Nesse sentido, podemos dizer que o ser humano, enquanto ser racional, é um ser que deve cuidar de si mesmo, não porém para cuidar de si mesmo na medida em que tem algum defeito em seu ser; ao contrário, deve cuidar de si mesmo na medida em que é livre, porque a razão lhe foi dada, a razão enquanto faculdade que é *autê theôrêtikê*, que pode servir-se das outras faculdades e [dela mesma]. Há também, com certeza, o problema da deficiência que nós podemos ver[30] no final desse

---

29   Sobre o papel da noção de *kairós* no seio da ética antiga e, em particular, da arte de fazer uso dos prazeres (*chrêsis afrodisíon*), ver M. Foucault, "Débat au Département de Philosophie de l'Université de Californie à Berkeley", in CCS, pp. 112-14; UP, pp. 68-70 [pp. 55-56]; SS, pp. 154-55 [pp. 133-34]. Sobre a importância dessa noção na prática da *parresía*, ver HS, pp. 367-68, 371-72 [pp. 463-65, 468-70]; "La parrêsia" [1982], in DV, pp. 44-46; GSA, pp. 201, 206-07 [pp. 199-200, 204-05]; DV, p. 226 [p. 70].

30   Foucault diz: "que nós vimos". Mas, na resposta, ele só comenta o começo do capítulo; enquanto o começo do capítulo é consagrado ao que depende do homem (a razão), o final é consagrado ao que não depende dele (o domínio material do mundo).

capítulo, não exatamente da deficiência, o problema do domínio material do mundo, mas isso é outra coisa.

Em todo caso, o que queria lhes mostrar ao pedir-lhes para ler esses textos é o fato de que, em Epicteto, vocês têm verdadeiramente uma filosofia do cuidado de si. Vocês têm uma definição do ser humano que implica a razão enquanto presente específico dado por Deus, não como um substituto ou um complemento justificado por uma deficiência do ser humano, mas uma definição da razão que é a faculdade dada por Deus aos homens para que, com essa razão, não façam nada além de cuidarem deles mesmos.

—

Interrompo agora. Restam-nos alguns minutos para estudar [a correspondência de] Marco Aurélio. Todos, espero, a leram, de sorte que talvez não precisemos mais relê-la. Leremos talvez a segunda carta, mas antes gostaria de dizer algumas palavras sobre essas três cartas, em particular sobre a primeira e a terceira. Quem não leu essas cartas? Ninguém? Desculpem-me, mas dispomos de pouco tempo.

O primeiro ponto que merece ser assinalado é, obviamente, a importância da escrita, das cartas, da correspondência, nessa cultura de si.[31] Como vocês viram e leram, Frontão e Marco Aurélio escreviam, a cada dia, uma carta um ao outro; mais que todos os dias, porque há – não sei se vocês se lembram – uma observação a propósito da palavra *quotidie*.[32] *Quotidie* não é suficiente para exprimir o número de cartas que eles se escreviam. O fato de que duas pessoas se escrevessem todos os dias é, com certeza, bem estranho e talvez característico. Essa troca é, sem dúvida, típica das pessoas muito ricas, da alta sociedade, e não se pode imaginar que todo mundo escrevia cartas na sociedade romana. Embora seja típico de certo nível social, porém, nessa arte de si, digamos, nessa cultura de si que, em todo caso, era algo que existia somente em determinadas classes sociais, creio que isso prove a importância da escrita. Creio que podemos dizer que a evolução que

---

31   Ver supra, p. 50, nota 15.

32   Frontão a Marco Aurélio, in *Lettres inédites de Marc Aurèle et de Fronton*, v. I, trad. Armand Cassan. Paris: A. Levavasseur, 1830, livro III, carta 13, pp. 191-97.

vai do *Homo civicus* – vocês sabem o que quero dizer: o homem enquanto cidadão na sociedade grega – ao *Homo interior* passou por uma etapa, uma fase que podemos chamar de *Homo litteratus* ou *Homo epistolaris*. O fato de que a escrita tenha sido uma técnica essencial nessa evolução que vai do *Homo civicus* ao *Homo interior* é importante. Gostaria também de sublinhar o fato de que, nesse momento da história social e política do Império Romano, a escrita era importante tanto do ponto de vista pessoal quanto do ponto de vista político. Faço referência à terceira carta que vocês leram, a terceira carta escrita por Frontão. Frontão dizia a Marco Aurélio: "Gostaria de lhe escrever mais do que o faço" – e, na realidade, eles endereçavam cartas um ao outro quase todos os dias –, "mas sei que que você deve escrever muitas outras cartas". Com efeito, naquele momento Marco Aurélio ainda não era imperador, mas tinha responsabilidades políticas e devia escrever numerosas cartas. Naquela época, sob a dinastia dos Antoninos, a burocracia imperial se desenvolvia, e Adriano, por exemplo, havia conduzido toda uma reorganização da burocracia imperial com grande quantidade de pessoal cujo ofício era escrever cartas às pessoas no Império: procônsules, procuradores etc. De modo que, creio eu, podemos dizer que a escrita como técnica burocrática e como técnica pessoal se desenvolviam simultaneamente. Em todo caso, a meu ver, essa concorrência entre a escrita burocrática e a escrita pessoal é muito perceptível na última carta que foi fotocopiada.

Como vocês veem também, tais cartas mostram a importância da relação pessoal, da relação com o outro na cultura de si. Essa cultura de si nada tem de egoísta, de solipsista; a cultura de si sempre precisou passar pela relação com um outro. Vocês sabem que o grande historiador inglês Dodds disse que na cultura antiga havia uma tendência, uma evolução que ia de uma cultura da vergonha a uma cultura da culpabilidade.[33] [A cultura da vergonha é] uma cultura em que a vergonha, isto é, a pressão do grupo, [desempenha um papel] determinante para a ética. E a culpabilidade é a relação com Deus. Se aceitarmos essa hipótese – não tenho

---

33   Cf. E. R. Dodds, *Os gregos e o irracional*, trad. Paulo Domenech Oneto. São Paulo: Escuta, 2002, pp. 35-69.

certeza de que deveríamos conservá-la,[34] mas se conservarmos essa hipótese –, creio que deveríamos acrescentar uma etapa entre a cultura da vergonha e a cultura da culpabilidade: eu deveria chamá-la de cultura do escrúpulo, em que o problema não é a pressão do grupo, a pressão da opinião sobre alguém, tampouco o problema da culpabilidade em relação a Deus, mas é o problema do escrúpulo psicológico, ético, entre duas pessoas. Observem a maneira como Marco Aurélio e Frontão exprimem seus escrúpulos. Frontão, por exemplo, não ousa escrever demasiadamente a Marco Aurélio, que tem tantas coisas a fazer. Marco Aurélio não sabe se utiliza a boa palavra ou não e, uma vez que Frontão é professor de retórica, ele mostra todos os escrúpulos que têm para servir-se de tal ou tal palavra. Não sei se devemos utilizar, conservar, esta palavra "escrúpulo". Em todo caso, entre uma cultura na qual a opinião da cidade, a opinião do grupo estatutário, é determinante para a consciência ética e uma cultura em que a relação religiosa com Deus será determinante para essa consciência ética, creio que há uma etapa, uma fase que é representada por esses documentos [escritos] nos quais a relação de duas pessoas, uma com a outra, é determinante para a formulação da consciência ética. Essa é a razão pela qual eu queria que vocês lessem tais cartas.

Um segundo ponto que gostaria de sublinhar é, com certeza, o papel considerável de observações médicas nesses textos. Não sei se vocês ficaram admirados pelo fato de eles escreverem sempre um ao outro a respeito de terem tido frio, terem tido... etc. Isso é também muito característico do fato de que, nesse tipo de cuidado de si, o corpo desempenha um papel muito importante, muito diferente da ginástica. Nada a ver com a ginástica, essa cultura do corpo que tinha tanta importância na idade clássica, mas se trata do corpo como berço, como ninho de uma grande quantidade de pequenos distúrbios, distúrbios corporais ou distúrbios psicológicos. Isso, creio, fica muito claro em tais cartas.

Certamente, o terceiro grande problema é o do amor, e dele não posso verdadeiramente nada dizer. Vocês leram aquela estranha última carta, uma carta de Frontão a Marco Aurélio.[35] Não

---

34 M. Foucault, "Débat au Département de Français", debate cit., p. 172.
35 Trata-se provavelmente da carta 13 do livro III. Ver supra, p. 198, nota 31.

sei o que dela podemos falar. Nada tem a ver, certamente, com o amor socrático, o amor erótico, o amor pederástico; creio que nada tem a ver com o que chamamos de homossexualidade ou coisas desse tipo; é um amor apaixonado, com relações físicas (não digo sexuais); eles se abraçam etc. Em todo caso, creio que se trata de um documento muito interessante. Receio que as numerosas cartas desse tipo não sejam uma das razões pelas quais essa correspondência tão interessante tenha sido raramente editada na França. Em todo caso, ela é muito interessante.

Gostaria agora que lêssemos a segunda carta:

> Bom dia, meu mestre dulcíssimo. Estamos bem. Mas dormi pouco devido a um leve calafrio, que, entretanto, parece que se acalmou. Passei o tempo, portanto, desde a décima primeira hora da noite até a terceira do dia, em parte lendo a *Agricultura*, de Catão, em parte escrevendo, felizmente, na verdade, menos que ontem. Em seguida, após saudar meu pai, tendo ingerido água com mel até a garganta e depois a rejeitado, mais que gargarejar, adociquei a goela, posso dizer isso, creio, segundo Novius e outros. Restaurada minha garganta, dirigi-me para perto de meu pai e assisti ao seu sacrifício. A seguir, fomos comer. Com o que você acha que eu me alimentei? Com um pouco de pão enquanto via os outros devorarem ostras, cebolas e sardinhas bem gordas. Depois, nos pusemos a colher uvas; suamos bastante, gritamos bastante e deixamos, como disse um autor, pendurados na parreira alguns sobreviventes da vindima. À sexta hora, retornamos à casa. Estudei um pouco, mas sem frutos; em seguida, conversei muito com minha querida mãe, que estava sentada em seu leito. Eis o que eu dizia: O que você acha que meu Frontão está fazendo a esta hora? E ela: O que você acha que esteja fazendo minha Gratia? Quem?, retruquei eu. Nossa graciosa rouxinol, a pequenina Gratia? Enquanto conversávamos assim e disputávamos a qual dos dois cada um amava mais, o gongo soou, significando que meu pai estava no banho. Assim, fomos jantar após nos termos banhado no lagar; não banhado no lagar, mas após nos termos banhado, jantamos e escutamos com prazer os alegres assuntos dos

camponeses. De volta ao meu aposento, antes de me virar de lado a fim de dormir, eu desenrolo minha tarefa (*meum pensum explico*) e presto contas do meu dia ao meu excelente mestre, a quem eu gostaria, às custas de toda minha boa disposição, de desejar mais ainda do que desejo. Fica bem, meu Frontão, que é para mim, em todo lugar, o que há de mais doce, meu amor, minha volúpia. Qual a relação entre tu e eu? Amo um ausente.[36]

Essa carta é muito interessante. A primeira razão é porque se trata da descrição de um dia em um daqueles famosos retiros no campo que eram uma tradição, um hábito nesse tipo de cultura de si. Vocês encontram isso ao menos desde o fim da república romana até muito tardiamente na Antiguidade. Fazer um retiro no campo era uma das maneiras de, primeiramente, aproximar-se da natureza e, em seguida, de ter o tempo e o lazer de cuidar de si e de fazer um bom regime para o corpo e para a alma. Como sabem, muitas pessoas possuem casas de campo e nelas se retiram. Plínio escreve cartas onde explica todo o proveito propiciado por esse tipo de retiro, aconselhando seus amigos a fazerem isso de tempos em tempos. Musônio Rufo, em um de seus textos, diz que é bom para todo mundo, particularmente para os jovens – creio que diz isto, não estou muito seguro –, ir de tempos em tempos ao campo e viver o mesmo tipo de vida, seguir o mesmo tipo de regime que os camponeses, porque lá se trabalha, segue-se um regime sadio, pode-se, de certa maneira, cuidar de si. O problema da relação entre o campo e o eu é muito importante, muito presente nessa época, e vocês conhecem a longa história das relações entre o eu e o campo.

Essa carta foi escrita no campo e é a narrativa do que vem a ser um dia no campo. E os elementos que vocês veem mencionados nessa carta são os elementos do que se chamava, na técnica de si e nas técnicas médicas, "regime". É um regime. Segundo Hipócrates,

---

36   Marco Aurélio a Frontão, in *Lettres inédites de Marc Aurèle et de Fronton*, op. cit., v. I, livro IV, carta 6, pp. 249-51. Foucault já havia comentado essa carta no final da segunda hora de aula de 27 de janeiro de 1982 no curso A Hermenêutica do Sujeito, no Collège de France. Cf. HS, pp. 151-58 [pp. 194-202].

a tradição hipocrática, um regime implica o sono. A carta começa quando Marco Aurélio desperta e termina quando ele vai dormir. Dormir, comer, beber (vocês têm uma descrição), exercitar-se – há algo que [falta, é o sexo] –, banhar-se. Portanto, é uma carta sobre o regime. Tudo isso é interessante. Vocês veem que o regime é tipicamente um regime campesino, em que a comida é a dos camponeses, e Marco Aurélio está muito orgulhoso de dizer que seu pai, sua mãe etc. comeram outra coisa, mas que ele se serviu exatamente da mesma alimentação dos camponeses. Nós veremos amanhã uma carta de Sêneca sobre o mesmo assunto. Vocês veem também que os exercícios que ele faz são o trabalho dos camponeses. Ele faz as vindimas como exercício para a própria saúde.

O que é muito mais estranho é a conversa com a mãe. Após um bom regime, uma conversa, uma conversa filosófica ou uma conversa importante deve ocorrer depois do jantar. Plutarco dá o mesmo conselho: não durante a refeição, mas após, pode-se então ter uma conversa séria. Eles têm uma conversa séria cujo tema é o amor. Como sabem, é uma ideia muito tradicional, é uma tradição discutir sobre o amor, mas a tradição clássica a propósito do amor concerne ao amor dos homens ou das mulheres, ou à difícil questão: Pátroclo era o amante ou o amado de Aquiles? Ou... etc. Aqui, porém, até onde sei, essa discussão talvez seja bastante nova ou pelo menos estranha, uma vez que se trata de uma discussão sobre os sentimentos de Marco Aurélio por Frontão e os sentimentos da mãe de Marco Aurélio pela filha de Frontão (Gratia é a filha de Frontão). Com certeza, é bem diferente das discussões eróticas ou das discussões sobre a natureza do amor que eram tradicionais em Xenofonte, Platão etc. É também diferente do que se produzirá e do que encontramos na Idade Média quando começam as discussões sobre o amor. Trata-se do amor como relação intensa que, como se pode pensar, nada tem de sexual. É o tema em discussão. A ideia de que esse tipo de relação afetiva intensa seja o tema de uma discussão séria é muito característica.

Há um último ponto que eu gostaria de evocar, porque é, sem dúvida, o mais importante. Trata-se desta frase no fim da carta: "De volta ao meu recinto, antes de me virar de lado a fim de dormir, eu desenrolo minha tarefa (*meum pensum explico*) e presto contas do meu dia ao meu excelente mestre...". Se nos referirmos ao texto latino, ele diz:[37] *"meum pensum explico"*. Trata-se do cilindro onde tudo o que [Marco Aurélio] fez foi escrito. *Explico* significa desenrolar. É um exame de consciência: no fim do dia, quando vai deitar-se – veremos isto amanhã em Sêneca –, ele passa em revista pelo pensamento seu *pensum*, aquilo que tinha a fazer e o que fez no dia. É uma metáfora do livro, da caderneta de anotações – aqui talvez tenha verdadeiramente o sentido de um livro real, mas acredito que seja de um livro metafórico que ele fale –, ele olha o que fez durante o dia e escreve a Frontão o que descobriu ou aquilo de que se lembra nesse exame de consciência. De modo que tal carta é, ao mesmo tempo, uma explicação ou uma exposição do que é o regime [...].[38]

---

37   Não inserimos uma observação sobre a tradução inglesa.

38   Interrupção da gravação. Faltam as últimas palavras da sessão.

TERCEIRA SESSÃO

Creio que o que havíamos decidido na última vez era que hoje tentaríamos fazer várias exposições curtas sobre a noção de *parresía*, estudando alguns textos de Galeno e de Sêneca.[1] E, amanhã, devemos ter uma discussão livre, com algumas questões livres e, talvez, respostas livres... Em todo caso, hoje, o tema será o franco falar, e, na medida em que se trata do franco falar, espero que seja uma boa incitação para o que teremos a dizer amanhã.

Não me lembro exatamente se foi na última conferência ou na penúltima que falei dessa noção de *parresía*, que significa, que se traduz habitualmente em inglês pela expressão *"free speech"* e pela qual, em francês, temos a expressão *"franc-parler"*. Sem dar provas de chauvinismo, creio que a expressão *"franc-parler"* tem conotações que convêm bem melhor do que a expressão *"free speech"* para traduzir *parresía*. Pois existem, na expressão *"franc- -parler"*, certas conotações éticas que são muito claras, e não creio que na expressão *"free speech"* haja algo semelhante. Em todo caso, etimologicamente, *parresía* é *pân-resía*, que quer dizer a possibilidade, a liberdade, de dizer tudo o que se pensa.

Eis as razões pelas quais escolhi, para este seminário, o tema da *parresía*.

Primeira razão. A noção de *parresía* é uma noção complexa, que comporta múltiplas facetas. Em todo caso, creio que é impossível analisar a noção de *parresía* do ponto de vista de um esquema binário liberdade-proibição. Creio que, com a *parresía*, escapa-

---

1 Essa exposição sobre a *parresía* é bastante próxima da conferência que Foucault havia proferido, algumas semanas antes, na Universidade de Grenoble. Cf. M. Foucault, "La parrêsia" [1982], in DV, pp. 21-75. Essa última já constituía um desenvolvimento significativo em relação às análises da *parresía* no contexto do cuidado de si que Foucault havia conduzido em A Hermenêutica do Sujeito, notadamente na aula de 10 de março de 1982. Cf. HS. Ao estudo aprofundado da noção de *parresía*, aliás, Foucault consagraria seus dois últimos cursos no Collège de France, assim como seu ciclo de conferências na Universidade da Califórnia em Berkeley no outono de 1983. Cf. GSA; DV; CV.

mos a esse tipo de esquema e que devemos encontrar outra forma de análise que não seja a análise em termos do que é permitido, do que é autorizado e do que é interditado. A *parresía* é, ao mesmo tempo, uma liberdade e uma obrigação. Eis o primeiro ponto. O segundo ponto é que a *parresía* implica sempre determinadas circunstâncias na situação dos interlocutores. Ela também faz referência à situação pessoal, ao estatuto pessoal, às qualidades éticas dos interlocutores, e implica que um seja obrigado a falar e o outro obrigado a escutar. Todas essas condições implicadas na noção de *parresía* mostram, creio eu, que ela é muito mais próxima de um pacto implícito ou eventualmente explícito entre aquele que fala e aquele que escuta do que da pura e simples liberdade de falar. A esse respeito, creio que a noção é muito importante e que ela constitui, eu diria, um exemplo muito bom para uma análise histórica do discurso do ponto de vista da pragmática do discurso. Eis a primeira razão: a complexidade da noção.

A segunda razão pela qual me interesso por essa noção e lhes proponho analisá-la hoje é que essa noção está ligada à noção de discurso verdadeiro, à noção de verdade. A *parresía* não é somente a liberdade ou a obrigação de dizer alguma coisa, é também a liberdade e a obrigação de dizer a verdade. Mas qual verdade? É totalmente claro e evidente que os gregos não diriam, por exemplo, que um naturalista, ou um arquiteto, ou um historiador faz uso de *parresía* quando diz a verdade sobre os seres vivos, ou sobre um acontecimento histórico, ou sobre sua *téchne*, sua arte de arquiteto. A verdade que está em questão na *parresía* concerne, primeiramente, a dois domínios específicos, o domínio da ética e o domínio da política. Uma verdade científica não precisa ser veiculada pela *parresía*. Mas, em vários casos importantes, a verdade ética e política precisa da *parresía*. E a segunda característica de tal verdade é que ela é perigosa ou, mais precisamente, que pode ser perigoso para quem fala dizer essa verdade, e desagradável ou ofensivo para o ouvinte que a escuta. É uma verdade ética ou política que comporta por si mesma, que implica uma espécie de perigo. Esse perigo, com certeza, não é o mesmo para o ouvinte e para quem fala, mas há um perigo em tal verdade que deve ser dita por meio da *parresía*. A *parresía* faz referência ao jogo perigoso do dizer-verdadeiro no domínio político e ético.

A terceira razão pela qual escolhi estudar essa noção é por tratar-se de uma noção ao mesmo tempo ética e técnica. Quero dizer que a *parresía* ou que ser um parresiasta (isto é, alguém que faz uso da *parresía*) é uma virtude. Mas ser parresiasta é também uma *téchne*, é uma arte, supõe uma habilidade. E essa arte, ou essa mistura de arte e de virtudes, desempenha um papel importante na vida ética e política.

A quarta razão pela qual essa noção é importante, do meu ponto de vista, é que a significação dessa noção mudou consideravelmente no decurso da civilização antiga. Da época clássica ao cristianismo primitivo, tomou várias significações diferentes, e essa transformação tem alguma coisa a ver com a estrutura política das sociedades antigas e com o conhecimento de si e as técnicas de descoberta de si por meio de discursos.[2]

Eis as diferentes razões pelas quais lhes propus estudar hoje essa noção de *parresía*. Para uma história do conhecimento de si, para uma história da confissão, do ponto de vista de uma análise pragmática de discursos, creio que essa noção de *parresía* é um exemplo muito bom e um ponto de partida muito bom. Certamente, não tenho a intenção, hoje, de seguir essa evolução durante toda a Antiguidade. Acentuarei somente, como nas minhas conferências, os dois primeiros séculos de nossa era e vou apenas delinear a significação clássica e a significação cristã da palavra. E a razão pela qual escolhi esses dois primeiros séculos está em que, naquele momento, a *parresía* mantinha laços muito estreitos com a técnica do cuidado de si.

—

Para começar, algumas palavras sobre a significação clássica da palavra. A palavra *parresía*, no grego clássico, é utilizada em referência a três domínios diferentes.

Primeiramente, é utilizada em referência à constituição da cidade (*politeia*), mais precisamente à *politeia* democrática, à constituição democrática, e, mais precisamente ainda, à constituição democrática ateniense. Vocês encontram, por exemplo, em Po-

---

2 É em *Discours et vérité* [Discurso e verdade] que Foucault descreve da maneira mais clara as etapas sucessivas dessa evolução. Cf. DV.

líbio, no livro II, parágrafo 38, a caracterização da constituição aqueia por três termos, três particularidades, *demokratía, isegoría, parresía*.[3] De fato, estas três ou quatro palavras – *demokratía, isonomia, isegoría, parresía* – são tradicionalmente ligadas entre si. *Demokratía* é o termo geral, é o fato de que o *dêmos* – o que não quer dizer todo mundo, mas os cidadãos, aqueles que têm estatuto de cidadãos – exerce o poder na cidade. Eis a *demokratía*. O sentido da palavra *isonomia* mudou da época arcaica à época clássica: na época clássica, *isonomia* queria dizer que o *nomos* (a lei) é o mesmo para todo mundo e que não há privilégio de alguns cidadãos em relação aos outros. A *isegoría* é outra coisa: é o fato de que cada um tem o mesmo direito de tomar a palavra em público, de intervir na cena política, de tomar a palavra em uma assembleia política. Eis a *isegoría*: a igualdade do direito de palavra. E a *parresía* é a liberdade de falar e de dizer nas assembleias políticas tudo o que se pensa, tudo o que se acredita que seja verdadeiro ou útil para a cidade, ou justo, sem ser vítima das retaliações ligadas ao que se disse se as pessoas não estiverem de acordo com você. Eis a *parresía*. Estas quatro noções – *demokratía, isonomia, isegoría, parresía* – caracterizam a constituição ateniense e são regularmente citadas como a glória de Atenas, de todo modo, como uma característica essencial de sua constituição. A liberdade de Atenas, o fato de que Atenas seja livre e de que Atenas conceda a liberdade a seus cidadãos se caracteriza, se analisa, através destas quatro noções: *demokratía, isonomia, isegoría, parresía*.

A fim de compreender um pouco melhor a noção de *parresía*, creio que podemos nos referir a Eurípides, que, no século IV, apresentou em suas tragédias vários aspectos muito diferentes, muito interessantes, da vida política e das noções e conceitos políticos em Atenas. Há quatro ocorrências da palavra *parresía* em Eurípides.

Primeiro, em *As fenícias*.[4] Trata-se de uma discussão entre Jocasta (que supostamente sobreviveu após a revelação de seu casamen-

---

3 "Não se encontraria um sistema e princípios de direito de fala igualitária e franca – em uma palavra, de uma verdadeira democracia (*isegorías kaì parresías kaì kathólou demokratías*) – mais puros que os dos aqueus"; Políbio, *História pragmática*, trad. Breno Battistin Sebastiani. São Paulo: Perspectiva, livro II, 38, 6, p. 167.

4 Não inserimos uma frase em que Foucault esclarece que Plutarco cita essa passagem em *Sobre o exílio* e que é essa tradução inglesa que ele utiliza.

to com Édipo) e Polinices, seu filho. Polinices foi exilado, e Jocasta, em exílio, chega também à mesma cidade.[5] Jocasta não sabe ainda o que é estar em exílio, o que é o exílio, porque as pessoas em exílio são consideradas as pessoas mais desafortunadas do mundo, porque é tanta infelicidade estar em exílio. Eis o tema do diálogo.

> JOCASTA: Pergunto primeiro o que quero saber. Que é não ter pátria? Um grande mal?
> POLINICES: O maior. Maior que a mão e a voz.
> JOCASTA: Como é? O que é difícil no exílio?
> POLINICES: O pior é não dispor de toda a fala. [MF: A *parresía*.]
> JOCASTA: Servil é não dizer o que se pensa.
> POLINICES: Convém tolerar ignorância de reis.[6]

Como vocês veem, nesse texto, onde aparece a palavra *parresía*, primeiramente a *parresía* pertence aos cidadãos, e somente aos cidadãos. Se você não é cidadão de uma cidade, não se beneficia da *parresía*. É o primeiro ponto. Segundo ponto, a privação de *parresía* é um traço comum às pessoas que estão no exílio, que não são cidadãs, e aos escravos. Um escravo não se beneficia da *parresía*. A privação de *parresía* é característica da vida do escravo. Terceiro ponto, quando você não se beneficia da *parresía* e não tem a *parresía*, deve então aceitar as loucuras do mestre.[7] Isto é, quando, não sendo cidadão ou sendo escravo, você está sob a dependência dos cidadãos ou de seu mestre, e quando seu mestre diz tolices ou loucuras ou coisas do gênero, não se pode responder, deve-se aceitar o que ele diz e não se pode criticá-lo, nem refutá-lo, nem reprová-lo: devem-se aceitar suas loucuras. E este é um dos piores aspectos da privação de *parresía*: a obrigação de aceitar e suportar a estupidez ou as loucuras de seu mestre. Isso

---

5 Na realidade, em *As fenícias*, Jocasta, que não pôs fim aos seus dias no momento da queda de Édipo, ficou em Tebas, e foi lá que houve o diálogo com Polinices, que sitia a cidade.

6 Eurípides, *As Fenícias*, trad. Jaa Torrano. *Codex – Revista de Estudos Clássicos*, v. 4, n. 2, 2016, 387-93, p. 126. Não inserimos uma observação de Foucault ao se perguntar se a tradução inglesa dessa passagem está realmente completa.

7 Não inserimos uma observação de Foucault sobre a tradução inglesa do texto de Eurípides.

quer dizer que a *parresía* é, ao contrário, a liberdade de criticar até mesmo o mestre quando ele diz coisas estúpidas, quando ele diz as piores coisas. Creio que esse texto é o que melhor caracteriza a noção de *parresía* na época clássica.

Mas também encontramos em Eurípides outras ocorrências em que certos aspectos da *parresía* são trazidos à luz. Encontramos isso em *As bacantes*, no momento em que um escravo chega junto de Penteu para informá-lo das terríveis desordens às quais se entregavam as bacantes. O escravo chega diante de Penteu e tem medo de anunciar as más notícias, porque, como sabem, era uma tradição arcaica que, quando um escravo vinha com más notícias, era punido por essas más notícias. [Encontramos isso igualmente em *As bacantes*.] O mensageiro chega e diz:[8] "Venho informar-te, ó rei, e à polis: quanto fazem supera o imaginável. Quero saber primeiro se posso me abrir inteiramente" – *parresía* – "ou devo censurar-me, pois temo a incontinência de tua têmpera, seu sangue quente, basileu, o excesso". E, então, Penteu responde: "Fala à vontade, tens o meu respaldo: não se deve agredir um homem reto".[9] Vocês veem, portanto, um aspecto muito interessante da *parresía*. O escravo, porque chega com más notícias, está naturalmente exposto à cólera do príncipe e não quer anunciar as más notícias sem esse tipo de pacto que é o pacto da *parresía*, isto é: "Eu direi toda a verdade se me prometeres que não serei punido". E Penteu aceita esse pacto parresiástico:[10] "Dize-me a verdade, dize-me toda a verdade, e não serás punido". Isso é muito característico, creio, do fato de que, na *parresía*, a verdade que se diz é perigosa; perigosa para o outro e perigosa para você. O conteúdo do que se diz é perigoso para os outros, e o fato de que você o diz é perigoso para você. Estes dois perigos, o perigo que vem do conteúdo e o perigo que vem do ato de falar, constituem, creio, a *parresía*, o jogo da *parresía*, o risco e o perigo da *parresía*.

---

8   Não inserimos os comentários de Foucault sobre a tradução inglesa.

9   Eurípides, *As bacantes*, trad. Trajano Vieira. São Paulo: Perspectiva, 2019, 666-673, p. 83.

10   Sobre a noção de "pacto parresiástico", ver M. Foucaullt, "La parrêsia" [1982], in DV, p. 29; GSA, pp. 149-50, 160-61, 187 [pp. 151-52, 162-63, 186]; DV, pp. 93, 120-22 [pp. 17-19, 81-82]; CV, pp. 13-14 [p. 13]. Para uma precisão maior, ver também Henri--Paul Fruchaud e Daniele Lorenzini, in DV, p. 65, nota 20.

A terceira ocorrência da *parresía* em Eurípides encontra-se no *Íon*. Trata-se de um aspecto da *parresía* que encontramos anteriormente. *Íon* diz que, quando um estrangeiro chega à cidade, sua boca será escrava: "*kaí ouk échei parresían*" (não pode haver *parresía*).[11] Um estrangeiro não tem a *parresía*.

E a quarta ocorrência se acha em *Hipólito*. É quando Fedra revela seu amor por Hipólito. E é muito interessante, porque se dá certamente em um momento bem importante da tragédia. Fedra revela seu amor e, após tê-lo revelado, evoca os próprios filhos e teme que sua própria desonra, o fato de estar enamorada e a desonra de estar assim, impeça seus filhos de serem verdadeiros cidadãos honrados que se beneficiam da *parresía*.[12] Vocês veem que aqui não está em questão o estatuto legal, como, por exemplo, se escravos ou pessoas livres, se cidadãos ou não cidadãos. O simples fato de que alguém tenha cometido atos vergonhosos é suficiente para privá-lo de *parresía*; e, nesse caso, o simples fato de que os pais, ou um deles, tenha agido de maneira vergonhosa é suficiente para privar as crianças da posse, do benefício da *parresía*. Isso, com certeza, faz referência ao fato de que se pode ser privado de *parresía* por uma condenação infamante, mas também ao fato de que determinadas condutas vergonhosas ou desonrosas podem privar as pessoas do direito político e ético de palavra nas assembleias. Sobre esse tema há numerosos testemunhos, por exemplo, em Demóstenes ou, igualmente, em Ésquines. Há o pleito bem conhecido de Ésquines, *Contra Timarco*;[13] todo o pleito

---

11 "[...] se não souber quem me gerou, ó pai,/ serei inviável. Se preciso fazer prece,/ seja-me a genitora mulher de Atenas,/ assim por mãe terei liberdade de falar./ Se um forasteiro cai numa urbe pura,/ ainda que cidadão na palavra, a boca/ se mantém servil e não tem liberdade (*kaí ouk échei parresían*)"; Eurípides, "Íon", in *Teatro completo*, v. II, trad. Jaa Torrano. São Paulo: Iluminuras, 2016, 669-75.

12 "[...] com a língua franca/ de homem livre, habitem eles, florescentes,/ a ilustre Atenas, por sua mãe gloriosos!/ Pois é um escravo, embora corajoso, o homem/ que tem consciência dos erros de pai ou mãe"; Id., "Hipólito", in Joaquim Brasil Fontes (org.), *Hipólito e Fedra: três tragédias*, trad. Joaquim Brasil Fontes. São Paulo: Iluminuras, 2007, 421-25, p. 135.

13 Ésquines, "Contra Timarco", in Luiz Guilherme Couto Pereira, *Contra Timarco, de Ésquines, tradução e estudo introdutório*. Mestrado em Letras Clássicas, Faculdade de Filosofia, Letras e Ciências Humanas da Universidade de São Paulo, 2016. É a única vez que Foucault comenta esse texto em suas análises da *parresía*.

tem o seguinte tema: Timarco era um amigo de Demóstenes, estivera na embaixada junto com Filipe, e, em seu retorno, Ésquines intentou um processo contra ele porque ele, Timarco, prostituíra-se na juventude; e, como ele se prostituíra – essa não era uma condenação legal, nada parecido –, tratava-se de uma situação infamante, de uma conduta infamante, desonrosa e, portanto, ele não podia beneficiar-se do direito político ou, mais exatamente, não podia ter a responsabilidade política de falar pelos outros cidadãos e, assim, ser embaixador de Atenas, conforme queria. Estava privado dessa *parresía*, do direito de palavra. Como veem, a *parresía*, o benefício da *parresía*, depende de certas oposições entre a liberdade e a escravidão, a cidadania e o fato de ser estrangeiro, de uma conduta honrada ou vergonhosa etc. Esse é o primeiro ponto e o primeiro aspecto da *parresía*. É um dos traços principais da democracia ateniense, mas, como veem, ela dependia de muitas coisas e de certas características da pessoa que podia ter ou não a *parresía*.

Segunda referência importante dessa noção de *parresía* em grego clássico, após a referência à constituição democrática, é a referência à monarquia. Tais referências à monarquia vocês encontram em Isócrates e também em Platão.

Em Isócrates, vocês encontram duas espécies de referências à *parresía*. Em primeiro lugar, uma crítica da *parresía* na democracia ateniense, pois, como sabem, Isócrates era um fervoroso monarquista, e [em segundo lugar] uma apreciação positiva da *parresía* na monarquia. Sobre o primeiro ponto, a crítica da *parresía* na constituição ateniense, na cidade de Atenas, há dois textos. Um se encontra em *Sobre a paz*, parágrafo 14. É uma crítica da maneira pela qual os atenienses escolhem seus conselheiros. O texto é o seguinte: "De minha parte, bem sei que é duro estar em oposição com vosso estado de espírito e que, em plena democracia [MF : é o texto], não há liberdade de palavra (*parresía*)...".[14] Assim, como veem, não se trata de uma crítica da noção de *parresía*, mas de uma crítica da maneira pela qual os atenienses deveriam aproveitar a democracia sem aceitar realmente a *parresía*, a liberdade de

---

14   Isocrate [Isócrates], *Sur la paix*, in *Discours*, v. III, trad. Georges Mathieu. Paris: Les Belles Lettres, 1960, 14, p. 15.

palavra. Em outro texto de Isócrates vocês encontram, então, uma verdadeira crítica da *parresía*. Está na *Areopagítico*, parágrafo 20; Isócrates diz:

> Aqueles que outrora administravam a cidade estabeleceram não uma constituição à qual se dava o mais amplo e mais doce nome, mas que não o justificava por seus atos aos olhos daqueles que tinham de haver-se com ela, que dava aos cidadãos uma educação tal que eles viam espírito democrático na indisciplina (*akolasía*), no desrespeito à lei (*paranomía*), à liberdade (*eleuthería*), na licenciosidade das palavras (*parresía*), da igualdade, do direito de agir assim, da felicidade [, mas uma constituição que, detestando e castigando as pessoas dessa espécie, tornava melhores e mais sábios todos os cidadãos].[15]

Trata-se, pois, como veem, de uma crítica da democracia ateniense nela mesma. As leis propostas por Sólon e Clístenes deveriam estabelecer em Atenas uma verdadeira democracia, uma verdadeira liberdade, uma verdadeira igualdade, uma verdadeira felicidade, e, na realidade, o que elas estabeleceram? A insolência, a ilegalidade, a *parresía* no sentido da impudência de linguagem e a *exousía*, que significa a licenciosidade.

Mas em outro texto, no qual Isócrates fala da monarquia e mostra todos os méritos e todas as vantagens da constituição monárquica, no discurso *Para Nícocles*, encontramos um uso muito interessante dessa noção de *parresía*. Nesse texto, [Isócrates] faz duas vezes referência à *parresía*. Primeiro, quando ele fala da *paideía* (educação) do jovem príncipe, ele diz que um jovem príncipe não pode beneficiar-se da *parresía*, que durante sua educação um jovem príncipe não pode ter amigos que sejam bastante audaciosos para lhe falar com *parresía*. E essa é uma diferença entre um jovem comum, uma pessoa privada, e um príncipe. Na educação privada, todo jovem tem amigos prontos a dizer-lhe a verdade e, eventualmente, a reprová-lo, porque para eles não é

---

15 Id., *Aréopagitique*, in *Discours*, v. III, trad. Georges Mathieu. Paris: Les Belles Lettres, 1960, 20, p. 68. Foucault não cita o final da frase; nós reconstituímos a citação inteira para torná-la plenamente inteligível.

muito perigoso dizer-lhe a verdade. Porém, entre as pessoas que cercam o jovem príncipe, é muito difícil encontrar alguém que seja bastante corajoso para fazer uso de *parresía* com ele. Eis a primeira ocorrência da palavra nesse diálogo.[16] Pouco adiante, quando traça o retrato do bom monarca, Isócrates diz, então, que este precisa de conselheiros capazes de lhe dizer a verdade. Mas ele não pode ter amigos desse tipo se não se conduzir de maneira tal que seus amigos não tenham medo de dizer-lhe a verdade. Um dos primeiros deveres do príncipe será, portanto, permitir que seus conselheiros façam uso de *parresía* para com ele. É o conselho que Isócrates dá a Nícocles, que era um jovem [príncipe], filho do tirano [de uma cidade] da Ásia Menor (não me lembro mais qual era):[17] "Julga de confiança não aqueles que elogiam tudo que disseres ou fizeres, mas aqueles que condenam os teus erros. Dá livre expressão (*parresían*) aos mais inteligentes para que, acerca das questões sobre as quais estejas em dúvida, tenhas sempre conselheiros (ao alcance da mão)".[18] Eis a definição positiva da *parresía*.

Encontramos algo muito próximo desse texto em *As leis*, de Platão, no livro III. Trata-se, precisamente, de uma descrição positiva da Pérsia, quando submetida ao poder de Ciro; Platão explica que, sob o reinado de Ciro, o monarca persa não somente permitia que

---

16 "O cidadão comum conta com muito que contribui para a sua educação: antes de tudo, ter uma vida sem luxos e ser forçado a deliberar dia a dia acerca de sua própria sobrevivência. Depois, as leis que balizam a vida política de cada um, a liberdade de expressão (*parresía*) e a possibilidade de, por causa dos erros que cometeram aqui e ali, a olhos vistos reprovar aos amigos e atacar às claras os inimigos. Por fim, alguns dos antigos poetas lhe legaram conjuntos de conselhos sobre como viver a contento. Graças a tudo isso, é verossímil que o cidadão comum esteja melhor. Não existe nada igual para os tiranos, mas, ao contrário, eles, para os quais é imperativo ter uma formação melhor do que a dos outros, depois que assumem o poder real, terminam a vida sem receber nenhuma repreensão: a maior parte das pessoas não se aproxima deles e os seus convivas se achegam apenas em vista do favor"; Isócrates, "Para Nícocles", in Julio de Figueiredo Lopes Rego, *Os discursos cipriotas "Para Demônico", "Para Nícocles", "Nícocles" e "Evágoras" de Isócrates, tradução introdução e notas*. Mestrado em Letras, Faculdade de Filosofia, Letras e Ciências Humanas da Universidade de São Paulo, 2010, 2-4, p. 40.

17 Nícocles era filho de Evágoras, tirano de Salamina, Chipre.

18 Ibid., 28, p. 45.

seus conselheiros fizessem uso de *parresía* mas também muito honrava aqueles que eram capazes de lhe dar conselhos verdadeiros, sinceros e bons.[19] E, por causa dessa boa monarquia, desse bom governo em que o rei da Pérsia permitia que seus conselheiros fizessem uso de *parresía*, tudo, diz Platão, prosperava na Pérsia naquela época, graças à *eleuthería* (que quer dizer liberdade), à *filía* (amizade), à *koinonía* (comunidade, comunidade de visão, talvez de sentimentos). Assim, a *parresía*, tal como utilizada pelos conselheiros em relação ao príncipe, é a principal causa, o principal elemento que conduz à cidade ou ao Estado, na Pérsia, a liberdade, a amizade, a *koinonía* (comunidade). Eis a significação de *parresía* em grego clássico no que concerne ao sistema monárquico.

Em grego clássico, a palavra *parresía* é igualmente utilizada no sentido desse gênero de franqueza e de liberdade de palavra que é útil e necessário para ajudar um amigo em suas escolhas éticas ou para o progresso de sua alma. É a significação privada, [a significação ética da parresía. Vocês a encontram em *Górgias*]. Esse é um momento irônico, mas sem importância para a significação própria da *parresía*. Sócrates diz a Cálicles que, quando alguém deve testar (*basanítzein*) sua própria alma, precisa da ajuda de outro. É bem sério; o irônico é que Sócrates diz a Cálicles que ele será o bom *básanos*, a boa pedra de toque de sua alma [a dele, Sócrates]: é, com certeza, completamente falso. Mas, de todo modo, cada um deve testar sua própria alma com a ajuda, graças à ajuda, de outro, e essa outra pessoa que é necessária para a verdade da alma precisa ter três qualidades para ser uma boa pedra de toque.

---

19   "Quando os persas, sob o comando de Ciro, sustentaram o devido equilíbrio entre a escravidão e a liberdade, eles se tornaram, em primeiro lugar, livres eles próprios e em segundo, senhores de muitos outros. Pois quando aqueles que mandavam conferiram uma parcela de liberdade aos seus subordinados e os impulsionaram para uma posição de igualdade, os soldados passaram a ser mais amigáveis com seus oficiais e demonstraram sua devoção nos momentos de perigo; e se houve um homem sábio entre eles, capaz de aconselhar, visto que o rei não era inclinado ao ciúme, permitia a livre expressão da palavra e respeitava aqueles que decididamente podiam ajudar mediante seu conselho, tal homem teve a oportunidade de contribuir com sua sabedoria para o interesse comum. Consequentemente, naquela época todos os seus negócios prosperaram devido à sua liberdade, amizade e permuta de ideias"; Platão, *As leis*, trad. Edson Bini. São Paulo: Edipro, 2021, p. 159.

Precisa ter *epistéme*, conhecimento ou ciência. Precisa ter *eúnoia*, isto é, experimentar benevolência, algo que é próximo da amizade. Na amizade grega, na *filía* grega, havia três elementos principais, *eúnoia, koinonía e homónoia. Eúnoia* significa experimentar benevolência por alguém, *homónoia* é o fato de pensar e de sentir a mesma coisa que seu amigo e *koinonía* é o fato de tudo partilhar em sua vida. Assim, para ser uma boa pedra de toque para o outro, é preciso ter *epistéme, eúnoia* (experimentar a benevolência) e *parresía*, isto é, deve-se ser bastante franco para dizer tudo o que se pensa de seu amigo.[20]

Esses são os três principais usos, as três principais significações da *parresía* em grego clássico.

Como vocês podem muito facilmente imaginar, por razões históricas que vocês conhecem bem, a *parresía*, a noção de *parresía* entendida como um dos principais traços da cidade democrática, isto é, a primeira significação, desapareceu na literatura dos dois primeiros séculos. Nessa literatura, encontram-se apenas as duas outras significações da palavra, isto é, a *parresía* relativa à constituição monárquica, ao governo monárquico, ou a *parresía* no sentido ético.

Primeiramente, a *parresía* – vocês encontram a palavra principalmente nos historiadores, mas também nos filósofos que se interessam pelas questões políticas, por exemplo, em Dio de Prusa – é definida como uma espécie de relação verbal entre o príncipe, o monarca, e seus conselheiros. De um lado, o monarca

---

20 Ver Platão, "Górgias", *Diálogos*, v. III-IV, trad. Carlos Alberto Nunes. Belém: Universidade Federal do Pará, 1980, 486d-487a, p. 164:

SÓCRATES: Se eu tivesse a alma de ouro, Cálicles, não achas que me fora sumamente grato encontrar uma dessas pedras de toque (*basanítzousin*), a melhor de todas, com a qual eu faria a aferição de minha alma, para ver se estava bem cuidada e, uma vez obtida essa certeza, dispensaria qualquer outra prova desse gênero (*kaì oudén moi deî álles básanou*)? // CÁLICLES: Por que me fazes semelhante pergunta, Sócrates? // SÓCRATES: Vou dizer-te. É que estou convencido de que, encontrando-te, encontrei em tua pessoa semelhante joia. – CÁLICLES: Como assim? // SÓCRATES: Sei muito bem que se concordares comigo sobre as opiniões de minha alma, é certeza estar eu com a verdade. De fato, considero que, para tirar a prova completa que permita saber se uma alma vive bem ou mal, são necessários três requisitos que em ti vejo reunidos: conhecimento (*epistéme*), boa vontade (*eúnoia*) e franqueza (*parresía*).

deve autorizar seus conselheiros a fazer uso de *parresía* e deve abster-se de puni-los quando usam *parresía* para com ele, ainda que essa *parresía* tenha algo que lhe seja ofensivo. É a *parresía* do lado do monarca. [Por outro lado,] os conselheiros são igualmente obrigados a usar a *parresía*, estão ligados pela obrigação de dizer a verdade, mas, ao mesmo tempo, estão protegidos da cólera do príncipe, do monarca, pela liberdade que lhes foi concedida de fazer uso de *parresía*. Esse pacto parresiástico entre o monarca e os conselheiros, esse pacto da *parresía*, é uma das principais condições de um bom governo monárquico; é esse problema, esse tema da *parresía* como uma das principais condições de um bom governo monárquico, que encontramos, creio, seguramente durante todo o Império Romano, mas igualmente em todos os governos monárquicos na história da monarquia absoluta até o final do século XVIII. Creio que o problema da *parresía* desapareceu quando duas instituições novas – novas ao menos para a Europa, e coloco à parte a Inglaterra – apareceram no fim do século XVIII e no começo do século XIX: o parlamento e a imprensa. Creio que o parlamento e a liberdade de imprensa são os verdadeiros herdeiros do problema da *parresía*. Não creio, portanto, que se deva, ao menos desse ponto de vista, considerar a *parresía* apenas como uma virtude privada ou algo do gênero. Ela teve, no pensamento político, na reflexão política, nas discussões políticas, tanta importância quanto o problema do parlamento, da liberdade de imprensa em nossas sociedades. E creio que podemos analisar desse ponto de vista muitos aspectos das instituições monárquicas: por exemplo, o problema do que vem a ser um favorito, do que é um ministro, o papel dos predicadores, igualmente o problema de o que é uma corte, ou do papel das pessoas em uma corte, de quem vai dizer a verdade ao rei etc. Tudo isso é um problema político muito técnico e bem conhecido: que é o parresiasta? Como o rei respeita ou não o pacto parresiástico? Como o cortesão respeita ou não o pacto parresiástico? É, creio, algo muito importante. Assim, vocês encontram na literatura da época imperial a *parresía* com essa significação.

[Em segundo lugar] vocês encontram igualmente, durante o mesmo período, a noção de *parresía* usada no domínio técnico do cuidado de si. A *parresía* era tão necessária na relação entre o diretor e o dirigido quanto na relação entre o monarca e seus conselheiros. O que eu gostaria de sublinhar, porém, é o fato de que estas duas significações da *parresía*, a significação política no governo monárquico e a significação ética, a relação entre o diretor e o dirigido, são de fato muito próximas uma da outra. Nos dois casos, trata-se de governar, de governar a alma de alguém. Em um caso, é o problema do governo da alma de um rei, no outro, trata-se de governar alguém, a alma de um simples alguém. Por um lado, seguramente, é muito mais importante governar a alma de um rei que deve governar os outros, de modo que governar a alma do monarca, do rei, é uma tarefa que implica uma responsabilidade e exerce uma influência muito maiores do que o governo da alma do primeiro que aparece. Mas, por outro lado, não há diferença real entre as regras de conduta que o príncipe deve adquirir e aquelas que um simples alguém deve aplicar, de modo que não há diferença técnica ou filosófica real entre o governo da alma de um rei e o da alma de um simples alguém. A virtude do príncipe é a virtude comum. E deve-se governar a alma do príncipe como se se tratasse de um simples alguém. Assim, se governar a alma do rei é muito mais importante, o governo da alma do rei tem, como base, exatamente as mesmas raízes e as mesmas formas, devendo ter as mesmas formas e as mesmas raízes que o governo da alma do primeiro que aparece. Não há diferença nos princípios racionais da conduta do monarca e de um cidadão. Esse é, creio, um dos principais pontos concernentes a toda essa técnica. E, segundo ponto, é fato que a maioria dos que se apresentaram como técnicos da alma na vida de todos os dias pretendia também tornar-se conselheiros do príncipe. Ser um bom diretor de alma, ser um bom médico das paixões comuns a todos, permitia tornar-se um bom conselheiro do príncipe. Sêneca, Musônio Rufo, Dio de Prusa, mesmo Plutarco, que escreveu a Menêmaco um tratado sobre o governo de uma cidade,[21] todos eram, simultaneamente e ao mesmo tempo, diretores de consciência e conselheiros do príncipe. E as regras que queriam aplicar ao príncipe eram exatamente as mesmas que propunham aos seus correspondentes. Isso está

---

21 Plutarque, *Préceptes politiques*, trad. Jean-Claude Carrière e Marcel Cuvigny. Paris: Les Belles Lettres, 2003. Oeuvres Morales, v. XI-2.

muito claro em Marco Aurélio; ele fala, com os mesmos termos, de seus deveres humanos e de suas obrigações profissionais enquanto imperador. Há igualmente outros exemplos: segundo Filóstrato, Apolônio e Eufrates, que eram diretores de consciência, davam conselhos a Vespasiano quando estava perto de se apossar do poder imperial.[22]

A proximidade entre o cuidado de si e a racionalidade política é, creio, muito importante em nossa história. E por duas razões. Como veem, há uma noção comum a estes dois domínios, o da racionalidade política e o do cuidado de si. É a noção de governo. Governar-se, governar os outros, governar a conduta de alguém, governar o mundo, governar a humanidade, tudo isso constitui um domínio contínuo. De modo que podemos dizer, creio, que há em nosso pensamento político duas raízes diferentes. Uma, que foi sempre privilegiada, é o problema da constituição, da *politeia*; era o problema de Aristóteles, era o de Platão. Há um outro problema, que é o do governo, do governo das pessoas. O problema do governo das pessoas é, creio, radicalmente diferente daquele da constituição. Não se trata de saber como é constituída a cidade, quais são suas leis permanentes, qual é o equilíbrio entre suas diferentes partes. O problema do governo concerne à racionalidade geral das decisões, à racionalidade geral das escolhas, dos objetivos, dos meios utilizados; é o problema da racionalidade da conduta das pessoas que nos governam, que governam outras pessoas. Creio que estes dois problemas, o problema da *politeia* (constituição), que é o problema de Platão e de Aristóteles, e o problema do governo das pessoas, que é o problema de Tácito, que é o problema de Sêneca, que é o problema de todas essas pessoas do primeiro século, sejam dois problemas diferentes. Creio que, em nosso pensamento político, pelo menos desde o século XVII ou o século XVIII, o problema da constituição foi sempre sobrevalorizado em comparação com o problema do governo. Esse é um assunto que eu gostaria de estudar no futuro, um futuro próximo, o problema destas duas espécies de pensamento político, uma voltada para a *politeia*, outra voltada para o governo. Minha

---

22 Philostrate [Filóstrato], "Vie d'Apollonios de Tyane", in *Romans grecs et latins*, trad. Pierre Grimal. Paris: Gallimard, 1958, pp. 1025-338. Bibliothèque de la Pléiade.

hipótese – da qual, porém, não tenho demonstração a trazer agora – é de que a teoria da alma esteja ligada ao problema político da *politeia* e o problema do eu esteja ligado ao problema do governo. A *politeia* e a alma, a teoria da *politeia*, da constituição, e a teoria da alma estão muito claramente ligadas em Platão e Aristóteles. E o problema do governo e o problema do [eu][23] estão claramente ligados nesse tipo de pensamento de que estou tratando agora. É somente uma hipótese.

Talvez esteja um pouco tarde e devamos passar ao que eu pretendia dizer-lhes, deixando de lado todos esses aspectos do destino histórico da *parresía*. Há alguma questão sobre o que acabo de dizer, sobre a significação clássica da *parresía* ou sobre o problema do governo como elo entre a significação política e a significação ética da palavra nos dois primeiros séculos?

> *Não sei se minha observação é pertinente. Parece-me que as culturas orientais não dão tanta importância ao governo de si.*

É totalmente pertinente. Creio que o problema do eu – não o governo de si –, o problema do eu enquanto problema central da ética seja, seguramente, um dos principais traços do modo de vida budista, da religião budista – se a chamarmos de religião, mas não o é, é uma ética. E creio que devamos comparar nossa ética de si da época greco-romana com essa ética de si no Oriente, na civilização oriental.[24] O interessante é que, quando a civilização ocidental, no

---

23   Foucault diz "*soul*", mas certamente quer dizer "*self*".

24   "O budismo é [...] essencialmente uma técnica de si, bem mais que uma religião, bem mais que uma moral propriamente dita"; M. Foucault, "Débat au Département de Français de l'Université de Californie à Berkeley", in CCS, p. 172. Sobre o zen e as técnicas da espiritualidade budistas, e suas especificidades em relação às técnicas cristãs, ver M. Foucault, "La scène de la philosophie" [1978], entrevista com M. Watanabe, in DE II, n. 234, pp. 592-93 ["A cena da filosofia", p. 245]; "Michel Foucault et le zen: Un séjour dans un temple zen", in DE II, n. 236, p. 621; "Sexualité et solitude" [1981], in DE II, n. 295, p. 991 ["Sexualidade e solidão", p. 96]; GV, p. 183; OHS, pp. 67-68. Sobre a *ars erótica* no "Oriente", enquanto se opõe, termo a termo, à *scientia sexualis* no "Ocidente", ver VS, pp. 76-84 [pp. 59-83]; M. Foucault, "L'Ocident et la vérité du sexe", in DE II, n. 181, p. 104; "Sexualité et pouvoir" [1978], in DE II, n. 230, pp. 556-57 ["Sexualidade e poder", p. 32]; "Débat au Département d'Histoire de l'Université de Californie em Berkeley", in CCS, pp. 145-46.

começo do século XIX, descobriu a civilização oriental, reencontrou o problema do eu; em Schopenhauer, por exemplo, creio que encontramos exatamente quais foram as repercussões, na teoria filosófica ocidental, da descoberta dessa ética de si que era tão estranha para nós, tão distante, é claro, da experiência cristã de si e muito distante também do que poderíamos chamar de experiência greco-romana de si. Creio que Schopenhauer tenha sido talvez o único entre os grandes filósofos a reagir a essa outra experiência de si, ou a tentar integrar essa outra experiência de si, essa outra ética de si, no pensamento ocidental. E o que é igualmente muito significativo é o fato de que a influência de Schopenhauer foi enorme no século XIX e agora desapareceu completamente. Não sei se nos Estados Unidos vocês se interessam por Schopenhauer, mas acho que jamais ouvi seu nome, quer na França, quer nos Estados-Unidos. Acho que, se vocês se interessam por esse domínio de pesquisa sobre o eu, as tecnologias de si, a liberação de si etc., deveriam encontrar Schopenhauer, que é um ponto central, que está no ponto de encontro ou que tentou estar no ponto de encontro, se possível, entre essas duas tradições diferentes.

> *Tenho a impressão de que, no Oriente, se acentuava mais o governo que a politeia, a constituição.*

Penso que sim. Mas não tenho condição de lhes dar uma resposta sobre esse assunto ou de lhes trazer uma demonstração. De todo modo, essa relação entre o eu e o governo ou a alma e a *politeia* talvez seja completamente delirante.

—

Voltemos agora, se concordarem, à *parresía*, no sentido estritamente ético da palavra, no começo de nossa era. Um primeiro ponto que gostaria de sublinhar é que temos, seguramente, muitas indicações sobre a importância, o papel primordial, predominante da *parresía* na cultura de si. A *parresía* é uma das condições mais explicitamente requisitadas na relação entre o diretor e o dirigido. Todos os textos que fazem referência a esse tipo de relação entre o diretor e o dirigido mostram muito claramente que a *parresía* é uma obrigação, mas uma obrigação do lado do diretor. A *parresía* como obrigação ou como liberdade de dizer tudo o que você pensa, [...] de certo modo, e é certamente claro, vocês encontram em vários textos.

Escolhi, porque são documentos muito bons do ponto de vista sociológico, ainda que [um deles] seja bastante agressivo, diferentes textos de Luciano sobre a filosofia. Ele mostra o que é a *parresía*, na medida em que a *parresía* não é somente uma maneira de falar, não é somente uma maneira de dirigir as pessoas mas também um modo de vida; ou, pelo menos, é uma maneira de dirigir outras pessoas, ligada a um modo de vida particular. Ele traça dois retratos. Entre todos aqueles que traça de filósofos, o primeiro é o mais agressivo, é o de Peregrino. Luciano detestava verdadeiramente esse Peregrino. Peregrino era um personagem muito estranho: foi um filósofo cínico, converteu-se ao cristianismo, retornou depois ao cinismo e, talvez, segundo uma tradição vinda do Oriente, ele se imolou publicamente com o fogo dos Jogos Olímpicos no fim do segundo século.[25] Luciano detestava esse Peregrino e explica que, quando ele foi a Roma, conduziu-se de tal maneira que o imperador foi realmente obrigado a exilá-lo. Luciano explica que, com certeza, Peregrino comportou-se desse modo a fim de fazer com que as pessoas acreditassem que era um verdadeiro filósofo. Notoriamente conhecido como o filósofo que fora banido por causa de sua *parresía* e sua excessiva liberdade (*parresía* e *ágan eleuthería*), estava, sob esse ângulo, próximo de Musônio, de Dio, de Epicteto e de todos os outros que tinham sofrido um tratamento similar.[26] E Luciano traçou um retrato positivo de outro cínico,

---

25 Peregrino morreu em 165 d.C. Para mais detalhes sobre a figura de Peregrino, ver CV, pp. 167; 180-81, 233-34 [pp. 158-59, 172, 223].

26 "De lá, assim formado, ele navegou em direção à Itália. Acabara de desembarcar, pôs-se a insultar todo mundo, em particular o imperador que ele sabia ser muito doce e indulgente, tanto que sua audácia não apresentava risco. O imperador, como lhe era natural, preocupava-se pouco com essas invectivas e não queria castigar por causa de palavras um homem que se disfarçava de filósofo e, sobretudo, que exercia a profissão de insultar as pessoas. Isso aumentou mais o renome do personagem, pelo menos com os ignorantes: ele se tornou célebre por suas divagações, até o momento em que o prefeito da cidade, um homem sábio, o expulsou, comprazendo-se desmesuradamente por essa atitude; declarou que a cidade não precisava de um filósofo desse gênero. Isso acrescentou mais à sua glória. Todos só falavam o nome desse filósofo, que se fizera banir por sua franqueza e sua liberdade demasiadamente grande (*dià tèn parresían*

Demônax, sobre quem diz: "Movido desde a primeira infância por um impulso pessoal em direção ao belo, por um amor inato pela filosofia, ele desprezou todos os bens dos homens. Devotando-se à liberdade e ao franco falar, não cessou de levar uma vida direita, sã, sem desaprovação, nem de oferecer como exemplo aos que o viam e ouviam seu bom senso e sua sinceridade na prática filosófica".[27] Vocês veem que, nesses dois textos, o texto hostil a Peregrino e o texto favorável a Demônax, a *parresía* é a *eleuthería* no domínio do discurso, e a *eleuthería* é, se assim posso dizer, a *parresía* no domínio da vida de todos os dias, a maneira como algumas pessoas, os bons filósofos, mostram em sua vida de todos os dias, em seu modo de vida, que são parresiastas, isto é, que nada escondem, que vivem conforme pensam; há uma profunda continuidade entre sua conduta e seu modo de pensar.

Esses são, creio, os principais aspectos da *parresía* nesse gênero de literatura, e eu gostaria agora de considerar vários textos. Fotocopiei dois, um de Galeno e outro escrito por Sêneca. Creio que há quatro grandes textos que foram conservados e que falam da *parresía*. Primeiramente, um tratado escrito por Filodemo, que era epicurista, o grande epicurista do século I a.C. e que escreveu um tratado, *Peri parresías*.[28] É o único texto especificamente consagrado à *parresía* que foi conservado. Infelizmente, não foi muito bem conservado, só dispomos de fragmentos desse texto, e mesmo esses fragmentos estão bastante corrompidos. Não existe tradução desse texto de Filodemo nem em inglês, nem em francês, nem em alemão, nem em italiano, nem em espanhol, nem em latim. Pessoas muito competentes esforçam-se, atualmente, por atribuir um sentido a esses fragmentos,[29] mas não sou

---

kaì tèn ágan eleutherían); era comparado a Musônio, a Dio, a Epicteto e a todos que já haviam se encontrado naquela situação"; Lucien de Samosate [Luciano de Samósata], "Sur la mort de Pérégrinos", in *Portraits de philosophes*. Paris: Les Belles Lettres, 2008, 18, p. 293.

27   Id., "Vie de Démonax", in *Portraits de philosophes*, op. cit., 3, p. 9. Cf. CV, pp. 155-56, 184-85 [pp. 146-47, 175-76].

28   Philodemi [Filodemo], *Peri parresias libelus*, org. Alexander Olivieri. Leipzig: Teubner, 1914.

29   Foucault se refere aos trabalhos de Marcello Gigante, notadamente a "Philodème, sur la liberté de parole", in Association Guillaume Budé, *Actes du VIIIe*

competente e deixo o texto de lado, infelizmente, pois é o único documento sobre a *parresía* na filosofia epicurista. O segundo grande texto, bem mais explícito, bem mais prolixo, foi escrito, seguramente, por Plutarco, que é, como sabem, um verdadeiro verborrágico. Esse texto é intitulado *Como distinguir um adulador de um amigo*.[30] O terceiro texto, ou a terceira série de textos, consiste em várias cartas de Sêneca[31] e o quarto, que, devo dizer, raramente ou nunca é citado por quem estuda a *parresía*, é o texto de Galeno que fotocopiei.

O melhor estudo sobre o tema da *parresía* foi escrito, creio, em 1964 ou 1965 por Scarpat, um autor italiano[32] cujo livro vocês encontram aqui, na biblioteca. É consagrado à noção de *parresía*. É um livro de grande valor, muito bom no que diz respeito a referências clássicas, muito bom no que diz respeito à literatura cristã (pois Scarpat é padre,[33] conhece muito bem certas obras). Scarpat também escreveu um livro sobre Sêneca,[34] mas é fato que esse livro mostra algumas insuficiências a propósito das relações entre a *parresía* e o cuidado de si, todo esse aspecto da questão é literalmente deixado de lado por Scarpat. Por exemplo, ele não cita Galeno. Há, igualmente, nesse livro o estranho hábito – na verdade, nem tão estranho –, esse hábito de bom filólogo, vejam vocês: se a palavra *parresía* não se encontra no texto, [a noção não se encontra lá]. Creio que é impossível ler esse texto de Galeno sem ter no espírito a noção de *parresía*, embora a palavra *parresía* não [figure lá]. Scarpat, portanto, não cita Galeno.

Congrès, Paris, 5-10 avril 1968. Paris: Les Belles Letres, 1969.

30   Plutarco, "Como distinguir um adulador de um amigo", in *Obras morais*, trad. Paula Barata Dias. Coimbra: CECH, 2010.

31   Entre as cartas de Sêneca a que Foucault faz alusão, encontra-se provavelmente a carta 75, que Foucault havia comentado longamente na segunda hora da aula de 10 de março de 1982 do curso A Hermenêutica do Sujeito, no Collège de France, assim como em sua conferência de Grenoble sobre a *parresía*. Cf. HS, pp. 384-80 [pp. 486-93] e "La parrêsia", op. cit., pp. 52-55.

32   Giuseppe Scarpat, *Parrhesia: Storia del termine e delle sue traduzioni in latino*. Brescia: Paideia, 1964; ed. rev.: *Parrhesia greca, parrhesia Cristiana*. Brescia: Paideia, 2001.

33   Foucault se engana: Giuseppe Scarpat não é padre.

34   G. Scarpat, *Il pensiero religioso di Seneca e l'ambiente ebraico e cristiano*. Brescia: Paideia, 1983.

Gostaria agora de dizer algumas palavras a propósito de Plutarco antes de irmos a Galeno. E, se não tivermos tempo suficiente para concluir sobre Galeno hoje, continuaremos amanhã. Podemos fazer assim? Com certeza? Com efeito, gostaria de começar com Plutarco, pois serei bastante breve a seu respeito. Galeno escreveu no fim do segundo século. Plutarco, no começo do segundo século, escreveu um texto que se apresenta claramente como uma teoria da *parresía*: é o tratado sobre a lisonja. Por que o tratado sobre a lisonja é uma teoria da *parresía*? Pela simples razão de que a lisonja é o contrário da *parresía*. Certamente, vocês conhecem todas as razões pelas quais, em um tipo de sociedade como a sociedade greco-romana, a lisonja podia ter tanta importância. Em uma sociedade hierarquizada desse tipo, onde a influência pessoal ou o clientelismo tinham tanta importância, seguramente, como veem, a estrutura hierárquica, os laços pessoais entre as pessoas e sua dependência formavam o contexto de importância da lisonja. Que é a lisonja do ponto vista filosófico, do ponto de vista ético? Quem são os lisonjeadores? Segundo Plutarco, o lisonjeador é alguém que diz mentiras para agradar seu interlocutor e dar-lhe uma imagem enganosa, falaciosa, dele mesmo. E, obviamente, posto que a lisonja dá a alguém uma imagem falaciosa dele mesmo, ela é o que há de mais perigoso para o cuidado de si. Plutarco emprega uma fórmula muito forte, muito clara: o pior inimigo do *gnôthi seautón* é o lisonjeador. Ou um lisonjeador, ou o *gnôthi seautón:* eis a oposição. Essa é a razão pela qual devemos nos fiar a um parresiasta, e não a um lisonjeador.

Mas o problema é: como reconhecer um verdadeiro parresiasta ou como reconhecer um verdadeiro lisonjeador? Pois, segundo Plutarco, o bom lisonjeador certamente não é alguém que se ostenta como lisonjeador. O lisonjeador que mostra que é um lisonjeador não é perigoso. Lisonjeador perigoso é aquele que se esconde, que esconde que lisonjeia e que imita o parresiasta. Portanto, o problema é: como distinguir um verdadeiro parresiasta de um lisonjeador que imita o parresiasta? Assim, o tratado de Plutarco versa sobre o problema da semiótica da lisonja. E fico feliz de, finalmente, em-

225   TERCEIRA SESSÃO

pregar pela primeira vez a palavra "semiótica".[35] Em todo caso, se alguns de vocês são semióticos, podem ler esse texto como uma semiótica da lisonja e do parresiasta. Receio, porém, que não achem muito interessante, porque Plutarco se dirige muito diretamente a um tema filosófico que é: não reconhecemos um lisonjeador pelo fato de ele nos dizer coisas lisonjeadoras, pois um bom lisonjeador é, com certeza, alguém que nos fará reprovações, reprimendas etc., a fim de nos fazer crer que não é um lisonjeador, mas um parresiasta; ele nos dirá, pois, coisas muito desagradáveis. Portanto, não é esse o sinal. O sinal consiste em que o lisonjeador muda de opinião, de conduta, de modo de vida, em função de nossas próprias mudanças ou da situação em que ele se encontra e em que nos encontramos, ou conforme as pessoas com as quais ele está. Podemos ter certeza de que quem nos faz reprovações não é um lisonjeador se as escolhas que faz para ele próprio, em sua própria vida, são as mesmas escolhas que [ele aconselha para nós mesmos. A conformidade entre o que ele diz e o que ele é, que encontramos no] parresiasta, é o sinal de que se trata realmente de um parresiasta, e não de um lisonjeador. Essa conformidade entre o que ele diz e o que ele é, e a conformidade do que ele é [durante toda a sua vida], essas duas conformidades são os verdadeiros sinais da *parresía*: conformidade entre o que se diz e o que se é, conformidade entre o que se é em uma espécie de esquema permanente.

> Então, como desmascará-lo? E por que diferenças se pode descobrir que não é, nem nunca será nosso igual, mas que apenas finge sê-lo?
> Em primeiro lugar, é preciso contemplar a uniformidade e a constância no seu modo de pensar: se ele se alegra sempre com as mesmas coisas, se elogia o mesmo, se conduz e organiza a sua própria vida sob uma só orientação, tal como sucede com o homem livre, apreciador da amizade e da convivência com o que lhe é próximo. Essa é a conduta de um amigo.
> Já o adulador, contudo, não tem para o seu carácter uma morada só, e vive, não a própria vida, mas a que outros esco-

---

35 Alusão irônica ao fato de que o seminário ocorre no contexto de um congresso consagrado à semiótica.

lheram, moldando-se e adaptando-se a partir de outro. Por isso não é nem simples, nem uno, e sim variado e complexo, mudando constantemente de lugar e transformando-se conforme os que o acolhem, tal como a água que é mudada de um recipiente para outro.

Segundo parece, a captura de um mocho é levada a cabo quando este tenta imitar o homem, movimentando-se e dançando como ele. O adulador, porém, seduz e enfeitiça, não imitando todos da mesma maneira, mas com um dança e canta, e com outro pratica luta, e se cobre do pó da arena.

E se caçou um amante da caça de animais selvagens com recurso a cães, segue a seu lado, quase gritando as palavras de Fedra [...].

Testemunham-no também as obras de grandes aduladores, entre os quais Alcibíades sobressai como o maior. Em Atenas, ele divertia-se, criava potros e vivia em abundância e com refinamento. Na Lacedemónia, cortava o cabelo raso, usava um manto curto e tomava banho de água fria. Na Trácia, combatia e bebia. Mas quando chegou junto de Tissafernes, deu largo uso à libertinagem, ao luxo e à fanfarronice; sempre em busca da popularidade, com todos se juntava, identificando-se e tornando-se igual a eles em tudo.

Não foi o que fizeram Epaminondas e Agesilau. Ainda que tenham estado em contacto com muitos tipos de homens, cidades e costumes: conservaram, em todas as circunstâncias, o carácter que lhes era adequado, com a sua maneira de vestir (*stolé*), conduta (*díaita*), discurso (*lógos*) e modo de vida (*bíos*).[36]

Eis os critérios do parresiasta. Pode ser que vocês tenham questões?

> *O que acabamos de ouvir está muito próximo do que diz Sêneca e, igualmente, do que Tucídides diz de Alcibíades. A descrição de Alcibíades feita por Tucídides[37] corresponde exatamente à de Plutarco.*

---

36 Plutarco, "Como distinguir um adulador de um amigo", op. cit., pp. 86-89. No final de leitura do texto, Foucault pede que seja relida a última frase, sobre os quatro critérios do parresiasta, que ele comentará pouco depois.

37 Ver especialmente Tucídides, *História da guerra do Peloponeso*, livro sexto,

Essa noção de esquema [comporta] formas muito concretas, que são o traje, a conduta, a linguagem e a vida (*stolé*, *díaita*, *lógos*, *bíos*). *Stolé* é o traje, são as roupas. *Díaita* é a alimentação, o regime, isto é, a maneira de comer, de beber, de fazer exercícios etc.; é uma noção muito técnica. *Lógos* designa o que se diz e a maneira como se diz o que se diz. E *bíos* é [...] a existência de um esquema, de *um único* esquema, do *mesmo* esquema nesses quatro domínios. O fato de que o esquema seja sempre o mesmo durante toda a vida é a prova, a demonstração de que o homem é um verdadeiro parresiasta, e não um lisonjeador.

Creio, pois, que essa ideia, esse tema, é bastante importante porque, como veem, o problema da escolha de um parresiasta comporta dois aspectos. Quando temos necessidade de um parresiasta para nos ajudar a cuidar de nós mesmos, devemos primeiramente estar seguros de que ele é sincero e nos diz o que pensa, mas devemos também estar seguros de que o que ele diz é verdadeiro, porque ele pode ser verdadeiramente sincero e dizer coisas estúpidas. Esse problema, como veem, jamais aparece no texto de Plutarco (nem em Galeno), pois não há necessidade de colocá-lo, uma vez que a *bíos*, o *lógos*, a *díaita,* a *stolé*, todos esses sinais da maneira como alguém vive são, ao mesmo tempo, a prova da verdade do que ele pensa e da sinceridade do que ele diz. A verdade do pensamento e a sinceridade das palavras são a mesma coisa ou, pelo menos, pertencem ao mesmo sistema de prova. É a mesma pedra de toque para a verdade daquilo que se diz e para a sinceridade com a qual se diz. Essa é a razão pela qual essa noção de esquema, que deve ser única em todos os domínios, que deve ser a mesma tendência durante toda a vida, tem tanta importância: é, com efeito, uma prova da verdade e da sinceridade, da verdade em [seu] *lógos* e da sinceridade em sua *bíos*. Creio que seja algo muito importante na noção de *parresía*. Importante porque, como veem, a referência do que é dito a quem fala é muito clara. O parresiasta é o homem que diz alguma coisa cuja verdade é provada pelo que ele é. Essa referência do que se diz a quem se é é inerente ao tipo de ser que é o parresiasta.

15, e livro oitavo.

Como vocês sabem, na confissão cristã haverá também esse tipo de implicação. O penitente será alguém que deve dizer a verdade a propósito do que ele é. Mas a relação da verdade do que é dito com quem fala é totalmente diferente. Em um caso, o modo de vida do filósofo enquanto diretor é a prova da sinceridade e da verdade do que ele diz ao dirigido. No outro caso, o do penitente, o que diz o dirigido deve ser a revelação do que ele é na realidade. De modo que, como veem, o deslocamento que transferirá a obrigação de dizer a verdade do diretor ao dirigido, esse movimento é também uma mudança na estrutura da relação entre a verdade do que é dito e a realidade daquele que fala. Essas duas mudanças, creio, são inteiramente decisivas para a história da *parresía*.

Alguma questão? Não sei se esse último ponto ficou bem claro.

O senhor poderia talvez repetir. Foi claro, mas...

Receio que vocês terão de me ajudar nisto, pois meu inglês não é suficientemente bom. Gostaria de saber se há algo obscuro e o que está obscuro.

Não compreendi a relação entre os deslocamentos que intervêm na penitência cristã e o que o senhor disse antes a propósito das formas concretas do esquema de vida.

Há dois deslocamentos. O primeiro é o fato de que, na direção antiga, aquele que deve ser sincero, aquele que deve dizer tudo o que tem no espírito, é o diretor, o mestre. E o aluno, o dirigido, nada tem a dizer, ou muito pouca coisa; vimos, com Sêneca e Sereno, como Sereno tem pouca coisa a dizer.[38] O dever de dizer a verdade, de ser um parresiasta, é, portanto, o dever do próprio mestre. Na tradição cristã, na penitência cristã, [é] o contrário. Aquele que deve dizer tudo o que pensa, tudo o que sente, tudo o que se passa no seu coração, é o aluno. É fato que a palavra "parresiasta" ou a *parresía* vai também se modificar, mas verdadeiramente não é nada além, e eu lhes falarei disso mais tarde. Compreendem?

---

38 Cf. Sêneca, *Da tranquilidade da alma*, trad. Lúcia Rebello e Itanajara Neves. Porto Alegre, L&PM, 2009, IV, 1. Ver supra, p. 109, nota 47.

Eis a segunda mudança. Qual a prova de que o mestre diz a verdade? E qual a prova de que ele é sincero? É o fato de que ele deixa ver um único esquema em toda a sua conduta durante toda a sua vida. Assim, a prova do que ele diz é o que ele é. Na penitência cristã, ao contrário, o penitente deve dizer tudo o que pensa, sente, tudo o que fez etc., deve dizer tudo, porém, através do que diz e através do que diz dele mesmo, deve aparecer o que ele é. E isso será um problema para a penitência cristã, para a prática e a teoria da penitência cristã: como o diretor pode estar certo de que o que diz o dirigido é verdadeiro? Quais as provas de que ele é sincero, de que a realidade do que ele é aparece através do que diz? Há duas respostas. A primeira é: uma vez que o penitente, quando mostra o fundo de sua alma ao diretor, mostra-o também a Deus, e uma vez que Deus tudo vê, uma vez que Deus viu, desde o começo dos tempos, dos séculos, a alma, o fundo da alma desse homem, pouco importa que ele minta; Deus, de todo modo, saberá que ele mente. Assim, o problema dos sinais da sinceridade do penitente não tem muita importância para o cristianismo. O problema da escolha de um bom parresiasta é muito importante nas práticas antigas. Nas práticas cristãs, não é tão importante. Mas o que é igualmente de grande importância é a escolha da *satisfactio* (satisfação), que depende daquilo que o diretor pensa sobre o dirigido. É preciso, pois, que ele tente encontrar sinais de sua sinceridade, e nos manuais de confissão havia vários sinais que forneceriam índices, indicações sobre a sinceridade do dirigido: por exemplo, essencialmente, a maneira como ele se comporta durante a confissão, se enrubesce, se chora etc. Em todo caso, porém, isso não é verdadeiramente importante, uma vez que tudo se passa diante de Deus, que é quem, de todo modo, tudo sabe, que sabe se o homem é sincero ou não.

> *Seria por essa razão que a retórica coloca um problema para o cristianismo primitivo, o de que, caso se domine a retórica, se pode fazer uma falsa confissão?*

Sim, com certeza. Nesses manuais, vocês encontram indicações bastante engraçadas sobre o modo de reconhecer se alguém é sincero ou não na confissão, mas creio que isso não constitua realmente um problema, nem um problema ético nem um problema teológico.

> *Eu me pergunto no que se torna o esquema em tais mudanças. Na Antiguidade, o teste para o diretor era a relação entre o que ele dizia e seu modo de via. No cristianismo mais tardio – penso nos séculos XVI e XVII, nas autobiografias puritanas etc. –, o esquema é a vida de Cristo. O que era ele para o cristianismo primitivo?*

Você tem toda razão. Encontramos todos esses problemas profundamente renovados no século XVI, com a cultura puritana ou a cultura luterana e calvinista. No cristianismo primitivo, encontramos a noção de esquema na definição da vida monástica. E, como sabem, "esquema", na literatura monástica, quer dizer, ao mesmo tempo, o modo de vida e as vestes. A significação da técnica de "esquema" é, ao mesmo tempo, o modo de vida e as vestes usadas pelo monge. No começo das *Instituições* (*Institutiones*), de Cassiano, há uma bela análise da significação espiritual do esquema em que as vestes significam um modo de vida.[39] De modo que é nisso que encontramos a noção de esquema. O dirigido deve adquirir um esquema. Mas o esquema não é mais um sinal da sinceridade do que uma pessoa diz, da sinceridade do dirigido, ele é o que se adquire por meio da direção.

> *Sua apresentação faz com que nos perguntemos pelas implicações dessa mudança. O senhor não nos falou.*

O que quer dizer por implicações?

> *Quero dizer: como isso se passou e de que maneira manifestou-se?*

A primeira questão é: quais as razões dessa [mudança]? É muito difícil dizer. Creio que, em primeiro lugar – poderei, talvez, dizer algumas palavras sobre isso amanhã –, há três importantes

---

39 João Cassiano, "Livro primeiro: Sobre a vestimenta dos monges", in *Instituições cenobíticas*, trad. Mosteiro da Santa Cruz. Juiz de Fora: Edições Subiaco, 2015.

mudanças na estrutura social e política do Alto Império Romano que podem explicar o desenvolvimento desse cuidado de si. Um aspecto do problema é o seguinte: essa cultura de si está ligada ao desenvolvimento de uma forma individualista de sociedades, de civilizações? A maioria das pessoas confunde o individualismo com o problema do eu, e creio que, no Império Romano, temos um exemplo muito bom de uma sociedade que de modo algum era individualista e que desenvolveu uma cultura de si muito extensa, muito rica.[40] De modo algum era uma sociedade individualista. O que eu lhes disse sobre a relação necessária entre um diretor e um dirigido, assim como o fato de que essa direção em sua forma principal, isto é, na forma estoica, essa cultura de si, tinha como consequência a justificação de *todas* as relações sociais, familiares, sexuais, entre as pessoas, tudo isso é também uma prova de que o desenvolvimento da cultura de si não é, de modo algum, uma consequência de uma sociedade individualista. É consequência de outra coisa. E creio que era a consequência da mudança do que se poderiam chamar de instâncias governantes de uma sociedade, pois, em uma sociedade, as instâncias governantes não são somente a classe dirigente, pois há muitas instâncias governantes em uma sociedade. Creio que, na sociedade romana, no Império Romano, vemos uma profunda mudança na distribuição e na hierarquia, na organização de todas essas instâncias de poder, de governo no interior da sociedade; e, como consequência, encontramos essa cultura de si que é, creio, a busca de uma nova forma de governo de si e de uma nova forma de governo dos outros através de uma nova forma de racionalidade, de meios racionais.

O problema das mudanças que conduzem desse tipo de sociedade à sociedade cristã é muito mais difícil... ou talvez muito mais simples. Muito mais simples na medida em que o que vemos desse cuidado de si cristão é o que se passou nas pequenas sociedades que eram os mosteiros, nessa sociedade monástica que tem muita influência na cultura, mas que, apesar disso, permaneceu bastante isolada, pelo menos nos séculos IV e V. Portanto, não devemos explicar essa evolução mediante mudanças de ordem geral na sociedade. O que se passou, em seguida, é que esse tipo de modelo

---

40   Ver supra, p. 149, nota 3.

que se havia desenvolvido no interior da instituição monástica propagou-se – por que razão? – no conjunto da sociedade [em consequência] das mudanças consideráveis [ao longo dos tempos]. Nada disso é uma resposta, mas uma indicação. Tratava-se de sua primeira questão: quais são as razões?

Quais são as consequências? Não tenho condições, no momento, de dar uma resposta. O que posso tentar fazer agora é elucidar o começo dessa história das técnicas de si.

Proponho, se quiserem, que amanhã consagremos o começo de nossa sessão ao texto de Galeno, caso lhes interesse, e que a hora seguinte seja dedicada às questões mais gerais; isso, creio, será suficiente. Concordam? Obrigado.

Teremos liberdade de palavra?

Sim, vocês terão liberdade de palavra.

QUARTA
SESSÃO

Hoje devemos começar com Galeno. [Depois,] se quiserem, talvez eu diga algumas palavras sobre Sêneca.[1] Em seguida, cada um poderá falar livremente, começando talvez pelas questões diretamente ligadas ao seminário e depois indo para as questões sobre as conferências... depois, questões sobre o mundo, depois, questões sobre a verdade, sem respostas, é claro!

Acredito que tenham lido o texto de Galeno ou, pelo menos, receberam a cópia.[2]

Posto que os erros provêm de uma opinião falsa, enquanto as paixões provêm de um impulso irracional, considerei que seria necessário primeiramente liberar a mim mesmo das paixões. É plausível que, por causa delas, também forjemos, de algum modo, falsas opiniões. Assim, as paixões da alma – todo mundo sabe – são o arroubo, a cólera, o medo, a mágoa, a inveja ou o desejo excessivo. A meu ver, também é uma paixão chegar a amar ou a odiar excessivamente uma coisa, qualquer que seja. Com efeito, o adágio "a justa medida é a melhor das coisas" parece correto, pois nada que não tenha medida é belo. Como, pois, se poderiam erradicá-las se não se está previamente consciente de tê-las? Ora, como dizíamos, é impossível ter consciência delas, pois nós nos amamos em excesso. Entretanto, se esse argumento não te autoriza a julgar a ti mesmo, permite, todavia, julgar o outro que nem amas nem odeias. Portanto, se de alguém na cidade [que sabe

---

1 Na verdade, sem dúvida por falta de tempo, Foucault não falará de Sêneca. Ver supra, p. 224, nota 30.

2 Diferentemente dos outros textos que comenta, Foucault não faz com que um participante leia o texto de Galeno que os ouvintes já devem ter lido e cuja cópia eles têm à vista. Consideramos necessário citá-lo na íntegra antes do comentário de Foucault a respeito. Sem dúvida porque está rouco, Foucault acrescenta: "Pareço Marlene Dietrich", ao que um ouvinte lhe responde: "Aí o senhor mais parece uma rã".

nem amar nem odiar],[3] escutares que numerosos são os que o louvam porque ele não adula ninguém, frequenta-o e julga por tua própria experiência se ele é tal como se diz. Fica sabendo que sua reputação de homem absolutamente sincero é vã, se constatares, primeiramente, que ele visita sempre a casa dos ricos e dos mais poderosos, como a dos soberanos – pois tais lisonjas são seguidas pela mentira –, depois, se o vires saudar tais pessoas, acompanhá-las ou se banquetear com elas. Com efeito, escolhendo tal vida, não somente ele não é sincero como também possui, necessariamente, todos os vícios, porque busca a riqueza, o poder, as honrarias ou a glória – conjunta ou separadamente. Em contrapartida, quanto àquele que não saúda, não acompanha nem se banqueteia com os ricos ou os mais poderosos e que leva uma vida disciplinada, esforça-te, na esperança de que ele seja sincero, por conhecê-lo com mais profundidade, por saber quem ele é – esse é o resultado de uma relação de vários anos. E, se achas que ele é assim, conversa alguma vez a sós com ele, convidando-o a declarar logo se constata em ti uma das paixões acima enunciadas, porque tu lhe serás muito grato por isso e o considerarás um salvador, mais ainda do que se te houvesse salvado o corpo de uma doença. Se prometeu revelar-te o caso em que te vê como presa de uma das paixões acima enunciadas e, depois, nada te diz após vários dias em que conviveste com ele, reprova então esse homem e pede-lhe novamente, com mais insistência ainda do que antes, que te indique logo o que ele te vê fazer em estado de paixão. E, se ele te responder que é por não ter observado algo desse tipo em ti no intervalo em que não disse nada, não estejas convencido imediatamente nem creias ter-te tornado, de imediato, isento de erros. Antes, pensa em uma das seguintes razões: ou bem, por negligência, o amigo que convidaste não era muito atento, ou bem, por pudor, ele calou-se para não te ferir, ou bem, sabendo que, por assim dizer, todos os homens odeiam, comumente, aqueles que dizem a verdade,

---

3   A passagem entre colchetes, considerada por alguns como uma interpolação, não figura na tradução inglesa que Foucault comenta.

ele não queria ser odiado; se não for por tais razões, talvez ele se tenha calado porque não queria te prestar serviço, ou [talvez] por qualquer outra razão que não merece louvor. De fato, é impossível não cometer erros; confia em mim agora e me louvarás em seguida se observardes todos os homens a cada dia cometendo milhares de erros e agindo em estado de paixão sem sequer notar. Assim, também não penses que és outra coisa senão um homem. Podes considerar que és mais que um homem se te persuadires que agiste bem em tudo nem sequer durante um mês, mas durante um só dia! Se amas a contradição – quer tenhas te tornado assim por escolha ou por um hábito vil, quer sejas encrenqueiro por natureza –, talvez, dirias, conforme o argumento que te forneci agora, que o sábio é mais que um homem. A esse teu argumento opõe o nosso, que é duplo: o primeiro pretende que só o sábio seja isento de erros em tudo, o segundo, consecutivo a esse, que o sábio, se isento de erros, não seja um homem sob esse aspecto. É por isso que escutarás os mais antigos filósofos dizerem que a sabedoria é assimilação ao divino. Tu, porém, jamais poderias tornar-te subitamente comparável a um deus. Se cremos que aqueles que, por toda a vida, se exercitaram na ausência de paixão não o conseguiram totalmente, isso valerá ainda mais para ti, que jamais te exercitastes. Não confia, pois, naquele que te diz jamais ter te visto em estado de paixão; creia, antes, que, se assim te fala, ou é porque não te quer ser útil, ou é porque prefere não prestar atenção a tuas más ações, ou é porque se poupa de ser odiado por ti. Pode ser também que já te tenha visto encolerizado contra alguém que teria reprovado teus erros e tuas paixões, e que muito naturalmente se cale, sem acreditar que és sincero quando dizes querer conhecer cada um dos teus erros. Porém, se desde logo aceitares em silêncio ser redimido de teus atos cometidos em estado de paixão, encontrarás pouco depois numerosas pessoas prestes a te corrigir com sinceridade, mais ainda se souberes ser grato àquele que te dirigiu reprovações por ter-te livrado de teu engano. Sentirás um grande proveito pelo simples fato de examinar a fundo se as reprovações que ele te dirigiu eram sinceras ou falsas; depois, se agires continuamente assim, tu te tornarás aquele que escolheste para tornar-te verdadeiramente: um homem de bem.

Portanto, no primeiro momento, se mesmo após um exame aprofundado achares que te acusaram por engano e de modo vexatório, não tentes convencer-te de que não cometeste erros; ao contrário, teu primeiro tema de meditação deverá ser o de suportar o vexame. Em seguida, quando te deres conta de que tuas paixões estão suficientemente reprimidas, tenta defender-te daquele que te vexa e, sem jamais manifestar amargura nem te mostrar peremptório ou encrenqueiro, não procures rebaixá-lo, mas tem em vista apenas teu próprio proveito. Se ele responder de maneira plausível à tua objeção, ou estarás convencido de que ele tem um melhor conhecimento de ti ou, após uma investigação apurada, tu te encontrarás fora do alcance de suas acusações. Zenão, pelo menos, julgava necessário agir em tudo com segurança, como se devêssemos pouco depois nos defender diante de pedagogos: é assim que ele nomeava essas pessoas tão numerosas prestes a reprovar seus próximos quando ninguém as convidara a isso.[4]

O que posso fazer é dar-lhes minhas impressões sobre esse texto. Creio que ele trate claramente do problema da *parresía*. A palavra *parresía* não é empregada por Galeno nesse texto, mas trata-se claramente do problema que encontramos, por exemplo, em Plutarco, no tratado sobre a lisonja. Lembremos que o problema era: como distinguir um verdadeiro parresiasta de quem não passa de um lisonjeador? Creio que o começo desse tratado de Galeno responda, ou tente responder, à questão: como reconhecer um verdadeiro parresiasta? O interessante nesse texto é que ele é muito simples, sem demasiadas ou aparentemente sem grandes pretensões filosóficas; pretende responder a questões muito práticas: como encontrar alguém que seja capaz de ajudá-lo, se você

---

4 Galeno, "Du diagnostic et du traitement des passions propres de l'âme de chacun", in *L'âme et ses passions*, trad. Vincent Barras, Terpsichore Birchler e Anne-France Morand. Paris: Les Belles Letres, 2004, 3, pp. 7-11.

quiser cuidar de si mesmo? Embora se trate de uma análise muito factual, o contexto filosófico do texto é interessante.

Primeiro ponto. Há dois tratados [de Galeno], um consagrado ao diagnóstico e ao tratamento das paixões e outro ao diagnóstico e ao tratamento dos erros. O tratado consagrado às paixões, *Do diagnóstico e do tratamento das paixões próprias à alma de cada um*, de onde extraí o texto fotocopiado que vocês têm, é uma resposta escrita por Galeno a um tratado epicurista sobre as paixões. Esse tratado epicurista, escrito por Antonios, não foi conservado, perdeu-se. Não sabemos em que consistia, mas o interessante é que Galeno coloca contra esse tratado a objeção de que, na análise de Antonios, não é claro o que ele quer dizer com a expressão ou o tema "defender-se e proteger-se contra as paixões". E Galeno diz: Antonios fala de defender-se ou de proteger-se contra as paixões, mas nesse tratado epicurista não há análise clara, não há diferenciação clara entre vigilância, diagnóstico e correção.[5] Isso significa que, para Galeno, a observância, a proteção contra as paixões consiste em três operações específicas: [primeiro,] a vigilância, que é o fato de que se deve ser constantemente um vigilante permanente de si mesmo e das próprias paixões; [segundo,] a operação específica do diagnóstico, que consiste em identificar quais são as paixões de que sofremos, quais são os sinais dessas paixões, quais são as causas dessas paixões etc.; e, em terceiro lugar, a correção, o próprio tratamento. Uma atitude, uma operação de diagnóstico e um remédio, uma correção, um tratamento etc. Essas três operações devem ser distinguidas, e encontramos essa distinção no tratado de Galeno. Eis o primeiro ponto.

O segundo ponto, como pano de fundo do texto, é o fato de encontramos, nele todo, três ideias importantes. A primeira é que as paixões e os erros são coisas diferentes umas das outras e que as paixões estão na raiz dos erros. Estes dois princípios, a distinção entre as paixões e os erros (as paixões não são erros, os erros não são paixões) e a ideia de que as paixões são a causa profunda, de que elas são a raiz dos erros, essas duas teses, como pelo menos alguns de vocês devem saber, são exatamente o contrário da principal tese estoica, do principal princípio estoico. Pelo menos na

---

5 Ibid., I, pp. 3-4.

primeira filosofia estoica, vocês sabem que não havia diferença entre as paixões e os erros e aquilo que chamamos de paixões, isto é, os movimentos irracionais da alma – que é a definição canônica, clássica, das paixões na filosofia estoica – são o resultado de erros. Embora Galeno tenha sido muito influenciado pela filosofia estoica, nós temos aqui essas duas teses que se encontram também nas formas tardias do estoicismo. Em todo caso, como veem, a posição intelectualista que caracterizava o primeiro estoicismo desaparece aqui: o domínio da paixão é muito diferente do domínio do erro, e o domínio da paixão é tão profundo, tão poderoso, que consiste na verdadeira causa dos erros. Essa é a primeira ideia. A segunda ideia, o segundo grande princípio, é o seguinte: se as paixões não são erros, se as paixões são a causa dos erros, apesar disso o conhecimento é necessário para tratar as paixões. E isso deve ficar muito claro, pois creio que há, muito frequentemente, confusão a propósito dessas duas ideias. É inteiramente possível que as paixões possam ser independentes dos erros, pode ser que as paixões constituam um domínio específico que não é o domínio dos erros e que tenhamos necessidade da verdade para tratar não somente os erros como também as paixões. A verdade é um remédio geral contra os erros, certamente, mas também contra as paixões. E a maneira como a verdade é um remédio contra os erros, evidentemente, não é a maneira como o conhecimento, a verdade, é um remédio contra as paixões. Contra os erros, a verdade não pode ser um remédio, um tratamento, senão pela refutação dos erros. Para as paixões, a verdade pode ser um tratamento na medida em que as paixões podem ser tratadas pelo *gnôthi seautón*. O conhecimento de si é o meio pelo qual a verdade pode ser um remédio contra as paixões. Essa é a segunda ideia que encontramos em todo o texto. E a terceira ideia é a de que esse conhecimento de si jamais é possível sem a ajuda do outro. Não podemos conhecer a nós mesmos por nós mesmos, precisamos sempre nos apoiar no outro. A razão pela qual precisamos do outro para nos conhecermos a nós mesmos é que o amor de si, o amor por nós mesmos, nos torna cegos às nossas próprias faltas. Essa necessidade do conhecimento de si em relação com o amor de si também é algo muito importante. Não encontraríamos isso na concepção socrática ou platônica, não encontraríamos isso nem mesmo nas primeiras formulações estoicas, mas é um tema que se desenvolve nas segundas, nas últimas formas do estoicismo. Portanto, diferença entre paixões e erros; necessidade da verdade como remédio, como tratamento ao mesmo tempo contra os erros e contra as paixões, porém sob a forma do conhecimento de si como tratamento das paixões; e o fato de que o conhecimento de si precisa da ajuda do outro porque o amor de si é um obstáculo ao conhecimento de si. Esses são, creio, os principais aspectos que se encontram no pano de fundo desse texto.

No texto que foi fotocopiado, observei, de minha parte – e poderemos discutir isto depois – vários elementos que, creio, são bastante importantes. O texto começa assim: "Posto que os erros..." etc.: trata-se daquelas relações, da distinção entre os erros e as paixões e do fato de que as paixões são a raiz, são a razão pela qual forjemos opiniões falsas. "Como, pois, se poderiam erradicá-las se não se está previamente consciente de tê-las?": necessidade do conhecimento de si para o tratamento das paixões. "Ora, como dizíamos, é impossível ter consciência delas, pois nós nos amamos em excesso": relações entre o amor de si e o conhecimento de si, o conhecimento de si como tratamento do amor de si. "Entretanto, se esse argumento não te autoriza a julgar a ti mesmo, permite, todavia, julgar o outro que nem amas nem odeias": gostaria de insistir um pouco mais sobre essa última frase. Tal amor de si nos impede de sermos nosso próprio juiz, mas, certamente, não nos impede de sermos o juiz dos outros, os outros "que nem amas nem odeias". Isso é interessante porque, vocês talvez se lembrem, em Platão, no *Alcibíades*, igualmente em Sêneca e talvez em Plutarco, seja como for, na maioria desses textos, encontramos a ideia de que o cuidado de si precisa da ajuda do outro, mas que essa outra pessoa necessária ao cuidado de si deve ser um amigo, deve ter uma relação emocional com aquele que deve ser guiado[6] e que a *filía* (a amizade) é o contexto necessário da ajuda no cuidado de si. O papel do outro é ligado à amizade. Essa amizade pode tomar a forma do amor, do *éros*, ou somente da amizade no sentido corrente. Aqui, como veem, deve haver uma espécie de neutralidade emocional entre os dois parceiros, entre o diretor e o dirigido.

---

6   Foucault diz: "guiar".

É, até onde eu sei, uma das primeiras menções que encontramos dessa neutralidade emocional. Nós a encontramos, em seguida, na espiritualidade cristã, mas, na Antiguidade, creio que esse texto, escrito no fim do século II, seja bastante novo se o compararmos à tese geral segundo a qual a amizade, as relações afetivas e emocionais são necessárias ao cuidado de si. Devo dizer que, em Epicteto, não encontramos nem a ideia de que a *filía* ou o *éros* sejam necessários nem a ideia de uma neutralidade emocional; em todo caso, não tenho lembrança de nada que verse sobre a necessidade de relações emocionais ou de uma neutralidade emocional.

Que podemos dizer dessa ausência de relação entre o cuidado de si e a *filía* nesse texto? Em primeiro lugar, com certeza, pode estar ligada ao desaparecimento da *filía* enquanto uma das principais relações sociais e principais experiências emocionais na civilização, na cultura antiga. O desaparecimento da *filía*, de seu papel social, de seu papel político, de seu papel emocional, foi algo verdadeiramente importante e talvez tenhamos aqui um dos sinais desse grande *desaparecimento* que teve tanta importância em toda essa cultura.[7] Talvez haja também o fato que se pode perceber acerca da profissionalização do cuidado de si naquela época. Cada vez mais, o cuidado de si é assunto de pessoas que são profissionais, filósofas, professoras etc. Entretanto, penso que seja preciso dizer isso com muita prudência, pois, como verão em seguida, não existem critérios profissionais para a escolha do diretor. Assim, o desaparecimento da *filía*, da amizade, é, creio eu, muito claro, e a emergência da profissionalização não é tão clara nesse texto.

"Portanto, se de alguém na cidade [que não sabe nem amar nem odiar],[8] escutares que numerosos são os que o louvam porque ele não lisonjeia ninguém, frequenta-o e julga por tua própria

---

7   Sobre esse desaparecimento e seu vínculo com a problematização social, política e médica da homossexualidade na época moderna, ver M. Foucault, "Michel Foucault, une interview: sexe, pouvoir e la politique de l'identité", entrevista com B. Gallagher e A. Wilson, in DE II, n. 358, pp. 1563-64 [ed. bras.: "Michel Foucault, uma entrevista"].
Sexo, poder e a política da identidade", trad. Wanderson Flor do Nascimento. *Verve*, n. 5, 2004].

8   A passagem entre colchetes não figura na tradução inglesa que Foucault comenta.

experiência se ele é tal como se diz". Como veem, isso é muito interessante, muito novo, creio eu, e não encontrei em nenhum outro texto da época a ideia de que, quando precisamos de alguém que nos ajude a cuidar de nós mesmos, devamos ir buscá-lo entre as pessoas que não conhecemos. Não é entre os amigos, os parentes, os conhecidos etc. [que devemos procurá-lo]. Devemos buscar na cidade alguém que tenha esse mérito. É bastante estranho; é uma das razões pelas quais escolhi esse texto. Como veem, esse homem que procuramos, que será nosso diretor, devemos julgá-lo, devemos pô-lo à prova, devemos verificar do que ele é capaz, e isso também é muito interessante. Vocês se lembram de que Epicteto, por exemplo, recusava ser o diretor de jovens que chegavam comportando-se de maneira tal que ele não os queria como alunos, que não queria ocupar-se com eles. Epicteto pede a seus discípulos que lhe forneçam provas de sua *aptidão*, de sua capacidade de serem dirigidos por ele. Aqui, a situação é o contrário. Galeno aconselha o dirigido a testar [o diretor]. Estamos aqui muito próximos do que Plutarco dizia em seu tratado, do qual falamos ontem, sobre a maneira de distinguir o lisonjeador do parresiasta. Porém, vejam, em Plutarco, tratava-se somente de decifrar alguns sinais da *parresía*. Aqui, há um verdadeiro jogo entre o diretor, ou o eventual diretor, e o dirigido. Este organiza toda uma série de testes para saber se o diretor é realmente digno de interesse, se se pode confiar nele. É, creio, igualmente muito interessante. E, quando olhamos os testes aos quais o dirigido ou o que quer sê-lo expõe o diretor, vemos que não está em questão a competência profissional, que nada se diz de seu conhecimento da alma, do corpo, da natureza humana etc., que nada se diz dele enquanto filósofo. Só está em questão a *parresía*, a franqueza, e todos os testes concernem à franqueza. Os testes de franqueza incidem sobre a maneira como o homem se comporta com os ricos, os poderosos, se ele procura riquezas, poder, honrarias, reputação etc. O comportamento social do diretor é o verdadeiro teste de sua *parresía*. Nada sobre sua competência, nada sobre sua formação filosófica. Temos, assim, esta situação tão estranha: alguém procura entre as pessoas com as quais não tem relação pessoal, não tem laços emocionais, relações emocionais, alguém que ele não conhece, mas que tem a reputação de ser um parresiasta; propõe-lhe uma série de testes e propõe-lhe, então, que se torne seu parresiasta: "[...] tu lhe serás muito grato por isso e o considerarás um salvador, mais ainda do que se te houvesse salvado o corpo de uma doença". Assim, como veem, o que se passa entre os dois parceiros nessa situação é o estabelecimento de uma relação de serviço (*officium*) entre ambos, e o dirigido promete que considerará como um *officium*, um serviço, o que o diretor fizer por ele. Não se trata diretamente de remuneração, mas, com certeza, o texto o faz supor; todavia, nada de muito preciso é dito a respeito dessa reciprocidade da remuneração dada pelo dirigido ao diretor.

O terceiro ponto sobre o qual gostaria de insistir é o fato de que a questão colocada pelo dirigido ao diretor é precisamente a seguinte: primeiro, o que ou quem sou eu? Como veem, o dirigido não tem quase nada a dizer. Ele diz poucas coisas: diz que precisa de alguém, pede a ajuda do diretor e diz poucas coisas sobre si mesmo, mas é o suficiente. E, em seguida, é dever, é tarefa do diretor dizer ao dirigido quem ele é, o que, evidentemente, é muito diferente do que vemos na espiritualidade cristã.

E, seguramente, o último ponto – mais tarde poderemos discutir tudo isto – é o fato de que a desconfiança em relação a si mesmo é predominante em todo esse texto. Todo o jogo entre o diretor e o dirigido é dominado por esse tema. Se o diretor declarar que você não comete faltas, que não há nada de mau em você, então você deve desconfiar dele. Seu diretor não pode ter razão se disser que não há nada, porque, de qualquer modo, você erra, comete faltas, tem paixões etc. Você deve, pois, confiar em seu diretor na medida em que ele diz que você cometeu faltas, que você tem paixões e, se ele lhe disser que você não tem paixões, deve desconfiar dele, porque durante toda a vida você deve desconfiar de você mesmo. E o que Galeno diz a propósito do sábio, que supostamente não tem paixões nem comete faltas, é muito interessante. Não sei se repararam na curta passagem em que ele diz que, com certeza, um sábio não comete faltas, é inteiramente isento de faltas, mas que o sábio não é um ser humano; não é um ser humano porque é um deus ou dele é próximo. Assim, na medida em que você é um ser humano, você tem paixões e comete faltas; então o jogo entre você e o diretor será: "Dize-me as faltas que cometi, dize-me as paixões de que sofro. Se me disseres que não cometo faltas ou que não tenho paixões, isso significa ou que tu não te interessas por mim ou que temes que eu me encolerize contra ti porque me falaste de minhas faltas". Também interessante é quando Galeno emite a hipótese de um diretor que faz acusações falsas ou injustas contra o dirigido, ao passo que esse último sabe muito bem que as acusações feitas contra ele são injustas. O texto diz: em todo caso, mesmo se o que diz o diretor é falso, é um bom teste para você ser acusado injustamente. Essa ideia, que na realidade é muito próxima de uma ideia que encontramos na espiritualidade cristã, é algo, creio eu, muito raro na cultura de si tradicional da Antiguidade.[9]

Não quero dizer mais nada sobre esse texto. É um texto muito estranho, muito curioso, muito profundamente enraizado no contexto estoico daquela época, isto é, na última forma do estoicismo. É profundamente enraizado nele, mas tem vários aspectos que são muito raros e, creio, muito próximos do que serão mais tarde os principais traços ou alguns dos principais traços do cuidado de si na espiritualidade cristã. Em todo caso, acho interessante o quadro técnico, prático, desses tipos de relação.

> *Pode-se dizer que existe no cristianismo uma combinação da relação de filía e a observação neutra de que acabamos de falar, na medida em que aquele a quem alguém se confessa é metaforicamente um pai ou um irmão, mesmo que, na realidade, permaneça um observador neutro?*

Acho que seria preferível dizer que, no cristianismo, a relação de *filía*, de amizade, é bem mais a relação entre o penitente e Deus ou, pelo menos, entre o penitente e Cristo, e que a neutralidade caracteriza as relações entre o penitente e o confessor. Em todo caso, porém, na cura católica da alma, nos séculos XVI e XVII, na Contrarreforma, há uma grande quantidade de textos que fazem referência à amizade espiritual e ao problema da amizade espiritual. Essa prática é bem importante, tem muita influência, mas não

---

9   Não inserimos uma observação de Foucault sobre a tradução inglesa do texto de Galeno.

temos informação particular sobre o assunto. Na própria confissão, porém, creio que não haja amizade. A amizade encontra-se bem mais em Cristo enquanto mediador entre Deus e o homem.

Há questões sobre esse texto? Quais foram suas reações sobre o assunto? Ninguém ficou surpreso?

> *Creio que assistimos não somente a uma mudança no cuidado de si como também a uma mudança na relação com os outros. A neutralidade substitui a filía.*

Trata-se de uma questão muito importante. Falei do desaparecimento da *filía*. Não é um desaparecimento, mas a *filía* perdeu parte de seu contexto, de suas bases sociais etc., e creio que um dos grandes problemas da ética cristã e da sociedade cristã foi encontrar um lugar e um papel para a amizade. Certamente, a fraternidade em Cristo, a fraternidade na Igreja, era um meio de conferir à amizade uma espécie de estatuto, mas a amizade enquanto relação pessoal e seletiva – pois ser amigo de alguém significa não o ser dos outros –, o caráter pessoal e seletivo da amizade, é algo muito diferente da fraternidade geral com todos os cristãos ou mesmo com quem quer que seja na Igreja. A amizade não é uma estrutura de grupo, é uma estrutura pessoal, e a fraternidade em Cristo tem uma estrutura de grupo. Penso, pois, que o cristianismo tinha muitos problemas com essa amizade; e é muito interessante ver, nos textos cristãos dos primeiros tempos a propósito dos mosteiros, até quanto se estava embaraçado pelo problema da amizade entre os monges, ou pelo problema da amizade entre o diretor e o dirigido, da amizade entre os *seniores* e os noviços, da amizade entre os noviços; e vê-se desenvolver aí, com o problema da amizade, uma desconfiança muito clara acerca do que viria a tornar-se mais tarde a homossexualidade. Sobre esse ponto, não estou verdadeiramente de acordo com o que Boswell escreveu a propósito do cristianismo e da homossexualidade.[10]

---

10 John Boswell, *Christianity, Social Tolerance, and Homosexuality: Gay People in Western Europe from the Beginning of the Christian Era to the Fourteenth Century*. Chicago: University of Chicago Press, 1980; ed. fr.: A. Tachet, *Christianisme, tolérance sociale et homosexualité: les homosexuels en Europe occidentale, des*

É verdade que não havia interdição legal da homossexualidade no cristianismo antes – segundo Boswell – do século X. [Mas,] na estrutura monástica, há textos muito claros sobre tudo isso, textos muito interessantes sobre o problema do estatuto da amizade [e sobre a questão de saber se houve ou não uma mudança nesse domínio entre os séculos X e XII].

> *Parece bem claro que havia um interesse dos dois lados, não somente da parte do dirigido mas também da parte do diretor. Porém, com esse texto de Galeno, pergunto-me qual podia ser o interesse do diretor.*

Sim, isso é muito enigmático nesse texto. Temos ao mesmo tempo uma neutralização que parece fazer referência a uma profissionalização da direção, e não há nada sobre o estatuto profissional do diretor. O único elemento [é esta passagem] do texto: "[...] tu lhe serás muito grato por isso e o considerarás um salvador, mais ainda do que se te houvesse salvado o corpo de uma doença". Aqui parece haver referência à prática médica. Como sabem, o médico, na sociedade grega, não era pago como hoje: devia agir somente por amizade ou em razão de obrigações sociais e, com certeza, era recompensado com presentes. Esse tipo de relação (neutralidade, profissionalização, recompensa, presente) parece ficar subentendido aqui, mas não é dito nada da competência pessoal. Sobre esse ponto, vocês encontram nos textos estoicos da mesma época a ideia de que apenas os filósofos são bons conselheiros e de que não se deve confiar em mais ninguém. Não há nada semelhante [aqui]. Apenas a *parresía* parece ser uma exigência para essa relação. É a estrutura fundamental do texto.

> [*Qual podia ser a motivação de quem prestava esse tipo de serviço?*]

---

débuts de l'ère chrétienne au XIVe siècle. Paris: Gallimard, 1985. Cf. M. Foucault, "Entretien avec Michel Foucault", entrevista com J.-P. Joecker, M. Ouerd e A. Sanzio, in DE II, n. 311, pp. 1109-11, e "Choix sexuel, acte sexuel", entrevista com J. O'Higgins, in DE II, n. 317, pp. 1139-40.

Não podemos ver nenhuma motivação. Certamente, vocês sabem que, na sociedade greco-romana, as relações eram estabelecidas com base em um *officium*, isto é, alguém ajudava o outro a obter uma honraria, constituir um dote ou comprar uma casa, esse tipo de coisas. Com base nessas relações puramente utilitárias, era tradição que as relações pessoais pudessem estabelecer-se e [implicar] uma reciprocidade. É certamente muito mais estranho para nós do que para alguém daqueles séculos, mas, ainda assim, é bastante estranho.

Qual a significação da metáfora médica que atravessa todos esses textos?

Sim, desde Platão, desde Demócrito. Creio que Demócrito seja considerado o primeiro a dizer que as paixões devem ser tratadas como uma doença. Você pergunta por que essa metáfora é utilizada?

Qual é sua significação?

O que você entende por significação? Pois, na realidade, tratar desse problema – por que essa metáfora, e não somente essa metáfora, mas por que essa proximidade entre o cuidado de si e os cuidados médicos? – é, a meu ver, uma questão a que não se pode responder em poucas frases. Penso que devemos examinar toda a história da medicina grega, a história do cuidado de si, a história da sociedade grega etc. É um imenso problema. O interessante, creio eu, é que, desde o primeiro ou o segundo século de nossa era, as relações entre as instituições médicas, os cuidados médicos e o cuidado de si tornaram-se cada vez mais estreitas, por várias razões. Uma delas é que a importância social, cultural, científica da medicina cresceu de modo muito perceptível nos primeiros séculos do Império Romano. Por exemplo, o papel da medicina grega no começo do período imperial é alguma coisa de muito impressionante. Como sabem, havia no Império Romano cuidados médicos públicos que contavam com o apoio da cultura pública. E os imperadores [defendiam] essa política médica. Vocês veem também que as pessoas se interessavam cada vez mais por esse aspecto da própria vida. Ginástica e exercícios físicos perdem sua importância e, por exemplo, os jovens romanos da época imperial quase nunca praticam este tipo de exercício – a ginástica, que tinha tanta importância para os gregos –, mas eram obcecados por sua saúde. É o que se encontra em Sêneca. E vemos, por exemplo, Epicteto dizer que sua escola é, na realidade, um *iatreîon*, um dispensário, uma clínica. Ele não queria que as pessoas viessem à sua escola para aprender alguma coisa, deviam vir para curar-se de alguma coisa.[11] Creio que essa proximidade entre a medicina e a filosofia, na medida em que a filosofia imperial é um cuidado de si, foi rompida, em certo ponto, pelo cristianismo, uma vez que o cristianismo considerou que o papel do padre é ser aquele que se ocupa da alma das pessoas [...]. Mas essa não é uma resposta à questão geral.

> *Se o diretor pode dizer coisas que não são verdadeiras, então o que significa a noção de cura?*

Seja como for, não é por mau juízo ou más intenções que o diretor diz coisas que não são verdadeiras. Ou bem ele acredita que são verdadeiras, e [trata-se de um erro], sua responsabilidade não está em causa, ou bem ele diz coisas que são falsas para testar o dirigido. E isso é possível porque, como eu lhes disse ontem, a *parresía* é uma arte, uma técnica graças à qual é possível ser livre para fazer uso dos meios que sejam úteis para aquele de quem se cuida. Devem-se escolher as ocasiões, devem-se temperar alguns juízos – o que é banal na arte da *parresía* –, deve-se por vezes ser muito severo e em outros momentos se deve ser doce. E, no fim das contas, podemos imaginar que o diretor, mesmo sendo um parresiasta, diga coisas demasiadamente severas e não totalmente conformes à realidade, a fim de testar o dirigido. De qualquer maneira, é algo que acontecerá muito na espiritualidade cristã, pelo menos no cristianismo primitivo. Vemos então diretores que propõem coisas completamente absurdas ao dirigido, e ele obedece. Há, por exemplo, o famoso teste do abade João – creio que

---

11 Épictète [Epicteto], *Entretiens*, v. III, trad. Joseph Souilhé e Amanda Jagu. Paris: Les Belles Lettres, 1963, 23, 30-31, p. 92.

se trata dele, não me lembro exatamente –, que, quando noviço, era obrigado por seu mestre a ir todos os dias regar uma acha de lenha plantada no deserto. A cada dia devia regá-la. E, ao cabo de um ano, o mestre irritou-se muito com o noviço, porque não havia flores na lenha. Então, durante mais um ano, o noviço foi obrigado a regar a acha de lenha duas vezes por dia e, no final do segundo ano, desabrochou uma rosa.[12] Assim, o fato de que o mestre possa, em certas circunstâncias, dizer algo falso e dar ordens absurdas ao dirigido não é, creio, um contraexemplo de *parresía*; é um modo de ser um verdadeiro parresiasta.

> *Para os gregos, em toda parte há sinais que precisam ser interpretados por meio da* hermeneía, *no mundo, na natureza, no corpo com os sintomas médicos, com as sensações etc. Parece haver aí um* suppositum *escondido comum ao corpo, à linguagem e ao mundo. E é na base desse* suppositum *que se constituem os temas mediante o que o senhor falou, o conhecimento de si, o cuidado de si, a obrigação da* parresía. *Eu me pergunto se minha interpretação é correta e qual é a natureza desse* suppositum.

Não sei se entendi exatamente sua questão. De qualquer maneira, você tem toda razão ao dizer, por exemplo, que na medicina havia sinais [*signes*], sintomas, que para se curar as pessoas serviam-se de sinais, sintomas etc. e também de textos; e que a *hermeneía* era a técnica graças à qual se podia revelar a verdade escondida sob os sinais. Creio, porém, que o modelo dessa *hermeneía*, a matriz de tudo isso, não era, de modo algum, a ideia de um sistema de signos [*signes*]. Para nós, por exemplo, é muito claro que o modelo principal de nossa hermenêutica é a linguagem, o fato de que temos signos verbais que utilizamos. Creio, porém, que o modelo para a hermenêutica grega não era, de modo algum, linguístico, não era, de modo algum, semiótico ou algo do gênero. Tratava-se tão somente do fato de que os oráculos deviam ser interpretados.

---

12 Cf. João Cassiano, *Instituições cenobíticas*, op. cit., livro quarto, 24, pp. 104-05. Na versão narrada por Cassiano, cujo assunto é a obediência do monge, a acha de lenha não floresce. Ver, sobre esse assunto, Michel Senellart em GV, p. 278, nota 73 [p. 257, nota 73].

Creio que o oráculo, e a experiência religiosa do oráculo, era uma experiência crucial. O oráculo não se serve de signos, apenas diz coisas obscuras. E a relação é entre a obscuridade e a luz, entre as coisas obscuras que foram ditas e a realidade escondida que é dita através dessas palavras obscuras. Este modelo – da obscuridade à realidade escondida – não é exatamente a mesma coisa que [o modelo] dos signos. Mas, certamente, em determinado momento, os gregos começaram a desenvolver uma teoria dos signos, uma teoria dos signos médicos ou uma teoria geral dos signos nos estoicos, e os gramáticos também desenvolveram [uma]. Creio, porém, que a experiência crucial é mais a do oráculo que da linguagem, que um sistema de signos. Não sei se isso responde à [sua questão].

> [*Isso está inteiramente de acordo com o ponto que eu abordaria em seguida. Concordo com a distinção que o senhor fez. O momento importante é o dessa* hermeneía *que tem a ver com os signos.*]

Algum de vocês leu o livro de Artemidoro sobre a *onirocritique* [onirocrítica],[13] a interpretação dos sonhos? Ninguém? Artemidoro foi um autor grego, um médico, talvez – embora ninguém o saiba exatamente –, que escreveu, no fim do segundo século, um livro sobre a interpretação dos sonhos. E, como sabem, a interpretação dos sonhos era muito difundida na Grécia, assim como em Roma. O fato é que nenhum desses textos, que eram numerosos, foi conservado. Perderam-se todos, exceto o de Artemidoro, que foi traduzido para o inglês e o francês nos últimos anos, seguramente sob a influência da psicanálise.[14] Creio que deveriam lê-lo, se se interessam pelo problema da *hermeneía*. Eu tinha a intenção de comentar esse texto, creio que já o citei, não? É muito interessante, porque encontramos lá – a tradução francesa tem ao menos 200 ou 250 páginas, é um texto bem longo – uma grande

---

13 Foucault se exprime em francês.

14 Artemidoro, *Sobre a interpretação dos sonhos* (*Oneirocritica*), trad. Eliana Aguiar. Rio de Janeiro: Zahar, 2009. Para outros comentários foucaultianos sobre o livro de Artemidoro, ver SV; "Rêver de ses plaisirs: Sur l'Onirocritique d'Artémidore" [1983], in DE II, n. 332 ["Sonhar com seus prazeres: Sobre a 'Onirocrítica' de Artemidoro"]; SS, pp. 16-50 [pp. 13-42].

quantidade, dezenas e dezenas de sonhos que são interpretados. E é interessante porque o princípio da interpretação é sempre o princípio de analogia, de similitude. Ou o sonho apresenta uma similitude total, imediata, com aquilo que é sua significação, e então ele não passa do anúncio de um acontecimento: por exemplo, alguém sonha que está em um barco e que o barco naufraga e, na realidade, ele está em um barco e, alguns minutos depois de seu sonho, o barco naufraga. É um sonho perfeito. É o ponto de partida. Há muitos outros sonhos, mas todas as interpretações derivam do mesmo modelo. Há três capítulos muito interessantes sobre os sonhos sexuais, e é interessante ver que Artemidoro faz exatamente o contrário do que Freud faz. Nunca ou quase nunca, duas ou três vezes em todo o livro, digamos, uma dezena de vezes – entre centenas de sonhos –, Artemidoro dá uma interpretação sexual aos sonhos, mas há dezenas e dezenas de sonhos sexuais aos quais ele dá sempre uma interpretação social, profissional, econômica. É interessante ver como – e creio que seja algo profundamente enraizado na cultura grega – as relações sexuais são relações sociais e a verdade das relações sexuais reside nas relações sociais. O valor do ato sexual provém, está ligado, ao valor das relações sociais que são mobilizadas na relação sexual. A verdade do comportamento sexual é uma verdade social. Para nós, é exatamente o contrário: a verdade, a realidade profunda que está escondida em nossas relações sociais, é a sexualidade. Para Artemidoro, é muito claro que ocorre exatamente o contrário: se quisermos ver, revelar o que está escondido em um sonho sexual, encontraremos então a vida social. É interessante. Se vocês não tiverem nada para fazer no *week-end* [fim de semana], leiam Artemidoro, tenho certeza de que se encontra na biblioteca. A tradução para o inglês foi publicada no começo dos anos setenta... em 1975, creio.

> *O senhor analisou a reversão da obrigação de falar, que passou do diretor ao dirigido. Que relação existe entre essa reversão e o funcionamento das relações sociais na sociedade grega e na sociedade do cristianismo primitivo?*

Vejam bem, acho que vocês têm toda razão em colocar esse tipo de questão, mas seguramente não tenho condições de responder, exceto apenas que acredito que temos verdadeira necessidade de uma pragmática dos discursos.[15] Não digo os atos de fala; o ato de fala, claro, é um certo nível de análise, [mas] o que busco fazer é uma análise não dos atos de fala, e sim dos discursos, isto é, dos jogos nos quais seguramente encontramos uma grande quantidade de atos de fala, mas o jogo que consiste em discurso é diferente de um ato de fala.[16] Nesses dois jogos que caracterizam os discursos, os papéis de quem fala e de quem escuta precisam, creio, ser analisados ao mesmo tempo do ponto de vista formal, do ponto de vista técnico e também do ponto de vista social e político. Por exemplo, o simples fato de que dizer a verdade sobre si seja tarefa do outro na sociedade grega e tarefa pessoal na sociedade cristã ou na nossa sociedade requer não somente explicação técnica, que tentei fornecer em minhas conferências, mas também uma análise social e histórica desses [controles] e das relações de poder que estão por trás deles. E aí encontramos o problema do poder pastoral sobre o qual vocês me interrogaram esta manhã: o fato de que haja, na sociedade cristã, pessoas que têm o privilégio, o dever, a obrigação de controlar a conduta das pessoas, não somente de controlar sua conduta de todos os dias mas também de saber quem são, de conhecer bem sua vida, sua consciência, sua intimidade, sua alma etc., é algo muito importante, totalmente crucial, totalmente particular à nossa sociedade, porque na Grécia e em Roma, por exemplo, o cuidado de si tinha certamente muita importância, mas ninguém era obrigado a obedecer alguém como um pastor ou como um padre.[17] Todas essas relações eram

---

15   Se Foucault, inspirando-se em John Langshaw Austin, apresenta aqui seu próprio trabalho nos termos de uma "pragmática do discurso" (ver também M. Foucault, "La parrêsia" [1982], in DV, pp. 36-37), alguns meses mais tarde, na aula de 12 de janeiro de 1983 do curso O Governo de Si e dos Outros, no Collège de France, em contrapartida, ele se desprenderá explicitamente dessa perspectiva e falará, antes, de uma "dramática do discurso". Cf. GSA, pp. 65-66 [pp. 66-68]. Para uma precisão maior, ver Henri-Paul Fruchaud e Daniele Lorenzini, in DV, p. 68, nota 34.

16   Sobre esse ponto, que Foucault já havia abordado em *L'archéologie du savoir* (Paris: Gallimard, 1969, pp. 114 ss [*A arqueologia do saber*, pp. 95-97]), ver Jocelyn Benoist, "Des actes de langage à l'inventaire des énoncés". *Archives de Philosophie*, v. 79, 2016, pp. 55-78.

17   Sobre a ausência de um poder "pastoral" na Antiguidade greco-romana, ver especialmente M. Foucault, *Sécurité, territoire, population: Cours au Collège de*

inteiramente voluntárias [, ao passo que], no cristianismo, tudo isso se torna uma obrigação com uma estrutura autoritária que caracteriza o pastorado na sociedade cristã. Há, realmente, um contexto histórico e social pesado no pano de fundo deste problema: por que devo falar de mim mesmo a alguém e por que sou obrigado a dizer às pessoas a verdade sobre mim mesmo? É um problema político e social com [aspectos] muito precisos, muito técnicos. Vejam, o nível em que me situei nestas apresentações foi somente o nível técnico. Tomei esse problema da obrigação de dizer a verdade e busquei ver, ou pelo menos indicar, quais eram as técnicas utilizadas nessa prática, quais eram as técnicas e quais são as implicações para a formação da relação que temos com nós mesmos. Mas deixei de lado todo o contexto histórico e social.

Há um ponto sobre o qual gostaria de falar – acho que disse algumas palavras a respeito ontem[18] –, que é o problema da relação entre uma sociedade individualista [e o desenvolvimento da cultura de si]. Creio que não se trata, de modo algum, da ascensão de uma sociedade individualista, mas de toda a reorganização da estrutura do poder político e social do Império que está no pano de fundo ou que é o contexto histórico dessa cultura de si.

> Uma coisa me chamou a atenção no texto de Galeno: o dirigido escolhe o diretor, alguém que ele não conhece, e ao final de apenas alguns dias esse último deve ter um diagnóstico sobre ele, quase como na relação do médico e de seu paciente, sem que o dirigido faça qualquer exercício ou sem algum escrito que possa orientar o diretor.

Sim, com certeza. Não havia nenhum escrito ali e, você tem toda razão, tudo parecia muito rápido. Mas há em Galeno numerosos exemplos dessa rapidez da relação. Por exemplo, um texto sobre a maneira como ele descobriu que uma senhora que estava doente, na realidade, estava apaixonada por um ator. Ele chega, olha

---

France, 1977-1978, org. Michel Senellart. Paris: Seuil-Gallimard, 2004, pp. 139-51 [*Segurança, território, população: Curso dado no Collège de France (1977-1978)*, pp. 181-96], e "Omnes et singulatim: Vers une critique de la raison politique" [1979], in DE II, n. 291 ["Omnes et singulatim: Por uma crítica da 'razão política'"].

18   Ver supra, p. 232.

a senhora e vê que ela está muito afligida; pergunta-se por que e observa que, quando ele pronuncia o nome daquele ator, ela enrubesce. É muito simples, mas apresentado como uma grande descoberta, como algo muito importante, muito difícil, que ele realizou. E o estranho é que encontramos esse texto citado no começo do século XIX por Pinel, e Pinel o cita como uma prova da incrível perspicácia de Galeno! Sim, você tem razão, não há exercício nessa relação. Nesse texto, ele insiste claramente sobre a necessidade de um exercício pessoal, de um exercício contínuo, permanente, por parte do dirigido, que deve ser feito durante toda a sua vida, sem interrupção;[19] o mestre, porém, parece ser uma espécie de ponto abstrato que precisa dizer a verdade após alguns encontros.

> *O senhor falou de pragmática a propósito do que faz. A pragmática pode ter objetivos muito diferentes: fornecer descrições verídicas (é aquela da teoria dos atos de fala), mas também exercer uma função crítica, como a pragmática universal de Habermas ou, o que me parece melhor, a pragmática histórica. O que o senhor diz não concerne à nossa subjetividade ou à nossa consciência de nós mesmos, nem às condições para que um conhecimento seja verdadeiro, mas ao que é uma sociedade em um momento determinado. O senhor pensa que isso possa ter uma função crítica e, se for o caso, de que maneira?*

Você tem toda razão quando diz que agora utilizo a palavra pragmática para caracterizar o que faço. Eu não utilizava esse termo antes, mas creio que, se eu fosse morrer em trinta segundos e precisasse dizer exatamente o que fiz durante a vida, diria que busquei fazer uma história pragmática dos discursos verdadeiros, uma história pragmática da verdade.[20] Em nossa sociedade, quando alguém precisa dizer a verdade, é aceito enquanto diz a verdade, quando o que diz circula como verdade, qual é a prag-

---

19 "Cada um de nós deve exercitar-se durante quase toda a vida para se tornar um homem perfeito"; Galien [Galeno], "Du diagnostic et du traitement des passions propres de l'âme de chacun", in *L'âme et ses passions*, trad. Vincent Barras, Terpsichore Birchler e Anne-France Morand. Paris: Les Belles Letres, 2004, 4, p. 12.
20 Ver supra, p. 252, nota 15.

mática que constitui a raiz ou a condição histórica para isso? Por exemplo, na civilização ocidental, quando começamos a nos perguntar: "O que é a loucura? Como a loucura pode ser analisada enquanto doença (antes isso não era tão claro)? Quando determinadas pessoas foram qualificadas para dizer a verdade sobre a loucura, para decidir se alguém deve ou não ser internado em um asilo? Etc.", qual é a pragmática histórica? Meu problema não é analisar as instituições psiquiátricas; outros o fazem e muito melhor do que eu poderia fazer. De todo modo, essa não é minha questão. Meu problema é: como a história real dessas instituições teve como resultado a qualificação de determinadas pessoas para dizer a verdade sobre a loucura, que espécie de discursos foram produzidos, como se qualifica agora quem tem o direito de dizer a verdade sobre a loucura, como se qualifica aquele que seria louco etc.?[21] É uma pragmática histórica. O que busquei fazer em *As palavras e as coisas* foi uma pragmática do discurso científico, dos discursos científicos empíricos no século XVII: quais foram as condições que a pessoa incumbida de dizer a verdade sobre a economia, sobre a gramática, sobre as ciências naturais devia cumprir, que exigências formais lhe eram impostas, eram impostas ao que essa pessoa dizia, à sua maneira de olhar as coisas etc.?[22] Meu problema agora é: qual a pragmática que está por trás da obrigação de dizer a verdade sobre si e, em particular, a propósito do problema da sexualidade? Por que e como as pessoas são obrigadas a dizer coisas sobre sua conduta sexual que agora são profundamente ligadas à nossa experiência sexual?[23]

> [*O senhor parece dar um grande valor à cultura de si grega. O senhor preconiza um retorno a essa cultura, oposta ao nosso lastimável presente? E, por outro lado, que relação existe entre a noção de prazer e a cultura de si grega?*]

No que concerne à primeira questão, gostaria de responder dizendo muito claramente que meu propósito jamais foi o de opor uma

---

21 Cf. HF.
22 Cf. MC.
23 Cf. VS.

situação horrível, que seria a nossa, a um paraíso perdido, a sociedade grega. Por exemplo, quando analisei as prisões, busquei mostrar que elas não tinham nenhuma necessidade racional e universal em nossas sociedades, que eram ligadas a uma situação muito particular em dado momento; e não se tratava, de modo algum, de um meio de dizer que antes da prisão, isto é, quando se era enforcado pelo roubo um lenço, era melhor. Não, não há nada de paraíso perdido neste tipo de análise! Não estou seguro de que, quando os loucos vagavam pelas ruas, era melhor do que quando eram internados em um asilo, mas o fato de que os asilos não sejam piores não significa que os asilos sejam uma necessidade. Percebem? Creio que devemos desconectar tais avaliações de um outro problema, que é o problema de nossa liberdade e de nossa criatividade. O que, a meu ver, é muito perigoso nesses sistemas de avaliação é o fato de que eles nos aprisionam, nos impedem de sermos livres para criar outra coisa. Se aceitarmos a situação presente porque é melhor do que a situação anterior, estaremos expostos a aceitar uma situação, a situação atual, como se ela fosse definitiva. Ou, se opusermos a horrível situação presente a um paraíso perdido, então, creio que nos privaremos da possibilidade de uma mudança real no contexto atual. Assim, eu desconecto as avaliações e busco fazer a menor avaliação possível, a fim de mostrar como as coisas foram estabelecidas e deixar um espaço de liberdade para a criatividade.

A segunda questão diz respeito ao prazer e à sexualidade. É um problema! O que me impressiona e o que, até onde compreendi tais mudanças, é impressionante na história da Antiguidade tardia e do cristianismo, é que para os gregos, por exemplo, o problema do sexo e da regulação do sexo era o problema do prazer. Sexo era prazer. Como sabem, os gregos não têm uma palavra específica para "sexualidade". A palavra "sexualidade" é uma palavra que foi inventada, criada, no começo do século XIX. E, que fique claro, o fato de a palavra ter sido inventada, criada, no começo do século XIX não significa que antes as pessoas não fizessem amor, ou que não tivessem conduta sexual, não significa que a noção, o domínio da sexualidade não existisse, mas é um sinal do fato que as pessoas não tinham consciência da própria conduta sexual como pertencente ao domínio da sexualidade, e isso é algo muito importante.

De todo modo, os gregos tinham uma palavra, e essa palavra é muito interessante de ser analisada. Trata-se de um *adjectif pluriel substantivé* [adjetivo substantivado plural],[24] "*tà afrodisía*". *Afrodisía* é o que provém de Afrodite e designa os prazeres, designa a conduta sexual na medida em que ela é um prazer. E, creio, uma das coisas que foram muito importantes na espiritualidade cristã, nas técnicas de si cristãs, foi o fato de que o problema do prazer... Como vocês viram, nessa problemática grega dos *afrodisía*, o [primeiro] grande problema era o problema do excesso: esses *afrodisía* eram excessivos ou não? E, igualmente, o segundo grande problema era: nesses atos de prazer, é-se ativo ou passivo? Estes dois problemas, os limites, o excesso, a atividade e a passividade, era esse o código que regia os *afrodisía* na sociedade grega.[25] Era a regulação do prazer: sujeito ou objeto de prazer, limite e excesso. Depois, nas técnicas de si cristãs, vê-se claramente o problema do desejo tornar-se progressivamente o problema principal, a noção principal: é aí, é a existência desse desejo, chamado *concupiscentia*, o assunto que devemos analisar.[26] Creio que o desenvolvimento dessas técnicas de si e da problemática da *concupiscentia*, do desejo, é algo que teve lugar no fim da Antiguidade e que podemos opor a uma experiência da conduta sexual que era muito mais dominada pelo problema do prazer, do excesso, da atividade e da passividade. E é muito interessante ver que o problema do prazer, creio, quase desapareceu em toda a análise do sexo, da conduta sexual, até agora. Mesmo na psicanálise, não se encontra nada ou quase nada sobre o prazer. Uma vez que se encontra o problema do prazer, ele é traduzido em termos de desejo. Isso é muito característico da civilização cristã e pós-cristã. E, igualmente, com esse problema do desejo, vê-se que a principal distinção na conduta sexual e na ética sexual é a distinção entre os papéis feminino e masculino, que não é a distinção entre atividade e passividade. Do lado da passividade, encontramos, na ética grega, as mulheres, claro, os rapazes cer-

---

24   Foucault se exprime em francês.

25   Sobre os *afrodisía* e a problematização dos prazeres na Grécia antiga, ver especialmente SV, pp. 78-97 ss [pp. 70-87]; UP, pp. 47-62 ss [pp. 38-50].

26   Sobre a noção cristã de concupiscência, ver AN, pp. 171-80, 187-212 [pp. 231-43, 258-87]; "Le combat de la chasteté" [1982], in DE II, n. 312 ["O combate da castidade"].

tamente, e os escravos. Essas três categorias de objetos sexuais acham-se do lado passivo do prazer. E os homens correspondem ao lado ativo. Havia escândalo quando um homem tinha por hábito ser passivo. Mas as mulheres, os escravos e os rapazes eram passivos, era seu papel, não era escandaloso. Essa, creio, é a principal razão pela qual o que chamamos de homossexualidade era, como se diz, "tolerado". Todavia, nada disso tinha sentido para a sociedade grega, mas havia uma interdição, uma proibição muito profunda, muito estrita, muito forte, muito opressiva, se quiserem, que recaía sobre a passividade dos homens, uma vez que seu papel era o de serem ativos. De todo modo, vejam, creio que, entre a problemática do prazer com o excesso, o limite, a atividade, a passividade e a problemática do desejo, temos duas maneiras diferentes de decifrar, de analisar, o comportamento sexual.

Na sequência, encontraremos todas aquelas questões que o senhor colocou acerca do neoplatonismo.

Sim, certamente. As coisas bastante diferentes que foram colocadas sob o nome de neoplatonismo desempenharam na Antiguidade tardia um papel muito importante e muito difícil de analisar. Antes de tudo, gostaria de dizer que a ascensão do neoplatonismo ou as novas formas de neoplatonismo às quais você se refere são posteriores ao período que eu estudei. Estudei os séculos I e II.

É possível ou não. É uma história muito complicada...

Em todo caso, nos dois primeiros séculos, você não encontra nenhum texto que tenha essa significação. Claro, sei muito bem que atualmente há várias pessoas na Suíça, na Alemanha ou mesmo na França que tentam colocar essa questão tão importante e interessante acerca do que veio a ser o platonismo, ao lado da Academia tradicional com suas tendências céticas, entre Platão e o neoplatonismo. Vocês sabem que Gigante, na Itália, há vários anos, inventou, criou, o que ele chamou de *"Aristotele perduto"*[27]

---

27 A hipótese de uma influência dos tratados perdidos de Aristóteles sobre o epicurismo é, na realidade, anterior a Marcello Gigante. Foi formulada pela pri-

e tentou explicar muitas coisas na história da filosofia mediante a existência de um Aristóteles *perduto*. E as pessoas, creio, tentam agora escrever um Platão *perduto*; Gaiser escreveu um livro muito interessante sobre isso.[28] Mas, de fato, não temos provas da existência de um neoplatonismo naquela época. O problema do neoplatonismo, o avanço, o desenvolvimento do neoplatonismo nos séculos III, IV, V é algo muito interessante, muito importante, que está na fronteira da filosofia pagã, das religiões não cristãs, do cristianismo, das influências orientais e dualistas sobre o cristianismo naquela época e é, seguramente, uma imensa figura cultural, muito obscura, muito interessante; e, com certeza, não falei a respeito porque não se trata de meu domínio histórico.

Entretanto, havia outrora algumas tendências...

Mas, vocês não podem dizer que fossem neoplatônicas. Não são neoplatônicas. Trata-se exatamente do que os historiadores chamam de [período] gnóstico ou pré-gnóstico, não do neoplatonismo.

Mas, ao que me parece, essas tradições não são inteiramente diferentes.

Sim, certamente. Porém, do meu ponto de vista, é muito diferente. O que eu queria mostrar é a existência, na sociedade pagã, na sociedade greco-romana dos dois primeiros séculos, de um cuidado de si muito manifesto, muito conhecido, muito familiar, com suas técnicas, suas instituições, sua filosofia etc.; e, ainda que tenhamos os textos, ou certos textos, ainda que tenhamos todos os testemunhos, ele é bem mais esquecido do que o neoplatonismo, sobre o qual milhares de livros foram escritos. O que eu quero mostrar, o que quero fazer aparecer, é a existência dessas técnicas que não são neoplatônicas, que não são platônicas, que não são aris-

---

meira vez por Ettore Bignone em *L'Aristotele perduto e la formazione filosofica di Epicuro* (Firenze: La Nuova Italia, 1936).

28   Cf. Konrad Gaiser, *Platons ungeschriebene Lehre: Studien zur systematischen und geschichtlichen Begründung der Wissenschaft in der Platonischen Schule.* Stuttgart: Ernest Klett, 1963.

totélicas etc. Podemos seguir a história dessas técnicas durante a Antiguidade tardia e as encontramos também na espiritualidade cristã, nas instituições monásticas etc. Alguns desses textos foram recopiados ou, ainda, encontramos a mesma metáfora, a mesma ideia, por exemplo, o princípio que é tão importante uma vez que o encontramos, de Epicteto a Cassiano, de Cassiano a Freud, a ideia do cambista de dinheiro, ideia de que somos os cambistas de nossos pensamentos. A cada vez que um pensamento surge na consciência, há, ou Freud diz que há, uma censura. Cassiano e Epicteto diziam que devemos ser os censores de nosso pensamento e testar essa moeda. É isso que é interessante. E é isso que eu queria dizer. Não digo nem que o neoplatonismo não existe nem que não é importante, digo que havia alguma coisa muito diferente de tudo isso, que tinha sua existência, suas instituições, seus testemunhos, seus efeitos etc. Isso é certo.

Apesar de tudo, eu me coloco a questão...

Não, essa não é uma questão. Você tem toda razão ao dizer que a questão do neoplatonismo é importante, mas acho que meu propósito era mostrar algo muito diferente desse neoplatonismo.

Considero, por exemplo, Santo Agostinho. Parece-me que sua importância reside menos em seu pensamento do que no fato de que seus textos podem ser relidos, recuperados em discursos diferentes.

O problema de Santo Agostinho, por exemplo, é muito difícil. Creio que, pelo menos no que concerne ao problema da conduta sexual, podemos dizer que Santo Agostinho foi o primeiro a conseguir traduzir em termos jurídicos esse tipo de experiência espiritual que era ligado à espiritualidade cristã dos primeiros séculos. Santo Agostinho é interpretado como um testemunho de uma experiência espiritual que é muito diferente do quadro jurídico da Igreja, da Igreja da Idade Média; e é fato que, durante a Reforma, no século XVI, aqueles que buscaram desembaraçar-se dessas estruturas jurídicas muito estritas, muito fortes, referiram-se a Santo Agostinho enquanto mestre da espiritualidade para combater as estruturas jurídicas da Igreja; era o caso de Lutero. Creio, porém, que, quando consideramos as coisas do outro lado, isto é, indo da Antiguidade tardia a Santo Agostinho, vemos que Santo Agostinho foi, seguramente, o herdeiro dessas primeiras experiências espirituais, mas creio que foi ele o primeiro a criar a teologia; Orígenes certamente é um problema, mas, mesmo que Santo Agostinho não tenha sido exatamente o criador da teologia, foi o primeiro grande teólogo, ao menos aquele reconhecido, celebrado pela Igreja. Foi ele quem conferiu a tradução jurídica de alguns desses temas espirituais, e essa transcrição, essa tradução jurídica conferiu à Igreja a possibilidade de organizar tal ética como uma ética social, como uma ética pastoral, e de fornecer a essa ética raízes ou, pelo menos, garantias institucionais, um quadro institucional. Isso está muito claro, ao menos para o problema da conduta sexual, do casamento etc. Por exemplo, o problema da virgindade, do casamento, da conduta sexual, era um problema de espiritualidade, pelo menos era um problema importante, um problema difícil no contexto da experiência espiritual que vai desde Métodio de Olimpos, no século IV, a Gregório de Nissa, e foi com Santo Agostinho que começou a tornar-se o código da conduta sexual para as pessoas casadas: Santo Agostinho foi realmente o primeiro a inventar, a criar um código de conduta sexual para as pessoas casadas.[29] Quando comparamos, por exemplo, com Clemente de Alexandria, que, no capítulo 10 do livro II do *Pedagogo*,[30] também fornece um código sexual para as pessoas casadas, este nada faz senão repetir palavra por palavra o que encontramos em Musônio Rufo, em Sêneca, entre outros; não se trata, de modo algum, da sexualidade cristã, trata-se da sexualidade pagã, retomada palavra por palavra no começo do século III [referência por referência]. Dois séculos mais tarde, após os grandes movimentos espirituais dos séculos III e IV, chega Santo Agostinho, trabalha sobre esse material e fornece o primeiro código propriamente, realmente, cristão da conduta sexual, do casamento e [da virgindade] que foi a raiz, a base e o quadro de toda a ética cristã da conduta sexual até o Papa João Paulo II.

---

29 Para uma breve discussão do *De bono conjugali*, de Santo Agostinho, ver SV, pp. 232-33 [p. 206].

30 Clemente de Alexandria, *O pedagogo*, trad. Iara Faria e José Eduardo C. B. Carneiro. Campinas: Ecclesiae, 2014.

O senhor falou, em sua última conferência, sobre a possibilidade de uma política de si criativa. Eu me pergunto qual direção ela tomaria: seria uma questão de escolher uma tecnologia de si particular ou de problematizar o empreendimento geral da tecnologia de si?

Creio que a *téchne* e a tecnologia são traços constitutivos de nossa conduta, de nossa conduta racional, e essa é a razão pela qual eu não diria que meu projeto consiste em desembaraçar-se de todo tipo de tecnologia. Porém, posto que o eu não é nada mais e nada menos do que relação que temos com nós mesmos, o estatuto ontológico do eu não é nada além da relação que temos com nós mesmos.[31] Essa relação é, de todo modo, sempre o objeto, o tema, a base, o alvo de uma tecnologia, de uma conduta técnica, de uma *téchne*. E o problema está em saber como podemos imaginar, criar, renovar ou mudar as relações com nós mesmos por meio dessas técnicas. Tenho a impressão de que sua questão provém de um ponto de vista heideggeriano, no que diz respeito à questão da técnica, mas, em todo caso – poderemos discutir isto mais tarde –, ainda que aceitemos o estatuto ou a significação que Heidegger atribui à *téchne*, do ponto de vista político – não digo do ponto de vista filosófico –, a tecnologia de si é algo que foi criado, recriado, renovado, mudado etc. Mas isso não nos impede de colocar a questão sobre o que são essas tecnologias, o que são, em geral, as tecnologias de si e o que é o estatuto da *téchne*, o estatuto filosófico da *téchne*, que tem, igualmente, implicações políticas. Todavia, não creio que devamos deixar de lado todos esses problemas, esses problemas políticos da tecnologia de si, pelo fato de que a *téchne* deva ser filosoficamente colocada em questão de um ponto de vista heideggeriano. Concretamente, podemos de fato mudar, por exemplo, o que é o asilo ao colocar a questão do que é a loucura em nossa civilização. As implicações filosóficas dessas questões políticas estão presentes, creio, nas questões políticas, no debate político, no combate político, mas o combate político não deve esperar a solução da questão filosófica.

---

31 "O eu não é nada além das relações consigo. O eu é uma relação. O eu não é uma realidade, não é alguma coisa estruturada, que é dada no começo. É uma relação consigo"; M. Foucault, "Débat au Département de Philosophie de l'Université de Californie à Berkeley", in CCS, p. 117.

> *Interrogo-me sobre o que o senhor disse na terceira e na sexta conferências.*

Sinto-me intimidado...

> *O senhor falou da revolução e da possibilidade de liberar o eu, e eu acreditei compreender que, para o senhor, a ideia de revolução e de liberação do eu tinham, antes, um caráter mais opressivo do que liberador. É o caso?*

Não exatamente. Quando falei da revolução, foi somente de um ponto de vista teórico ou histórico. Tratava-se do fato de que se estuda agora a revolução como um fenômeno que pertence tipicamente ao nosso século XIX ou, eventualmente, ao XIX e à primeira metade do XX, mas que, hoje, é muito mais uma figura histórica do que uma possibilidade real ou uma ameaça real. Considerando a revolução como uma figura histórica, creio que seria muito interessante relacionar a revolução com o problema das técnicas de si. A revolução não consistiu somente em movimentos sociais ou em movimentos políticos. O atrativo da revolução sobre as pessoas está ligado ao fato de que, para o cuidado delas mesmas, para seu próprio estatuto, para sua própria mudança, para a *áskesis*, a revolução foi verdadeiramente alguma coisa muito importante.[32] E creio que, se às pessoas importa tanto fazer a revolução, não é somente [...].[33]

---

32 Ver supra, pp. 105 e ibid., nota 40.
33 Fim da gravação. Faltam as últimas palavras da discussão.

LISTA DE ABREVIATURAS

Fonte dos excertos

CTS   Conferência Tecnologia de Si

TM   Texto manuscrito

TD   Texto datilografado

Obras de Michel Foucault

AN   *Les anormaux: Cours au Collège de France, 1974-1975*, org. Valerio Marchetti e Antonella Salomoni. Paris: Seuil/Gallimard, 1999 [ed. bras.: *Os anormais: Curso no Collège de France*, trad. Eduardo Brandão. São Paulo: Martins Fontes, 2001].

CCS   *Qu'est-ce que la critique?; suivie de La culture de soi*, org. Henri-Paul Fruchaud e Daniele Lorenzini. Paris: Vrin, 2015 [ed. port.: *O que é a crítica?; seguido de A cultura de si*, trad. Pedro Elói Duarte. Lisboa: Texto & Grafia, 2017].

CV   *Le courage de la vérité – Le gouvernement de soi et des autres II: Cours au Collège de France, 1984*, org. Frédéric Gros. Paris: Seuil/Gallimard, 2009 [ed. bras.: *A coragem da verdade: O governo de si e dos outros II – Curso no Collège de France (1983-1984)*, trad. Marcos Marcionilo. São Paulo: Parábola, 2004].

DE II   *Dits et écrits II, 1976-1988*, org. Daniel Defert e François Ewald, com a colaboração de Jacques Lagrange. Paris: Gallimard, 2011.

DV   *Discours et vérité; précédé de La parrêsia*, org. Henri-Paul Fruchaud e Daniele Lorenzini. Paris: Vrin, 2016 [ed. bras.: *Discurso e verdade: seis conferências dadas por Michel Foucault, em Berkeley, entre outubro e novembro de 1983, sobre a parrhesia*, trad. Aldo Dinucci et al. Prometeus, v. 6, n. 13, edição especial, 2013].

GSA   *Le gouvernement de soi et des autres: Cours au Collège de France, 1982-1983*, org. Frédéric Gros. Paris: Seuil/Gallimard, 2008 [ed. bras.: *O governo de si e dos outros: Curso no Collège de France (1982-1983)*, trad. Eduardo Brandão. São Paulo: WMF Martins Fontes, 2010].

GV   *Du gouvernement des vivants: Cours au Collège de France, 1979-1980*, org. Michel Senellart. Paris: Seuil/Gallimard, 2012 [ed. bras.: *Do governo dos vivos*, trad. Eduardo Brandao. São Paulo: WMF Martins Fontes, 2014].

HF   *Histoire de la folie à l'âge classique.* Paris: Gallimard, 1972 (primeira edição: *Folie et déraison: Histoire de la folie à l'âge classique.* Paris: Plon, 1961) [ed. bras.: *História da loucura na Idade Clássica*, trad. José Teixeira Coelho Netto. São Paulo: Perspectiva, 2017].

HS   *L'herméneutique du sujet: Cours au Collège de France, 1981-1982*, org. Frédéric Gros. Paris: Seuil/Gallimard,

2001 [ed. bras.: *A hermenêutica do sujeito: Curso dado no Collège de France (1981-1982)*, trad. Márcio Alves da Fonseca e Salma Tannus Muchail. São Paulo: Martins Fontes, 2006].

MC *Les mots et les choses: Une archéologie des sciences humaines.* Paris: Gallimard, 1966 [ed. bras.: *As palavras e as coisas: Uma arqueologia das ciências humanas*, trad. Salma Tannus Muchail. São Paulo: Martins Fontes, 2000].

MFDV *Mal faire, dire vrai: Fonction de l'aveu en justice*, org. Fabienne Brion e Bernard E. Harcourt. Louvain-la-Neuve/Chicago: Presses Universitaires de Louvain/ University of Chicago Press, 2012 [ed. bras.: *Malfazer, dizer verdadeiro: Função da confissão em juízo*, trad. Ivone C. Benedetti. São Paulo: WMF Martins Fontes, 2018].

OHS *L'origine de l'herméneutique de soi: Conférences prononcées à Dartmouth College, 1980*, org. Henri-Paul Fruchaud e Daniele Lorenzini. Paris: Vrin, 2013.

SP *Surveiller et punir: Naissance de la prison.* Paris, Gallimard, 1975 [ed. bras.: *Vigiar e punir: Nascimento da prisão: História da violência nas prisões*, trad. Raquel Ramalhete. Petrópolis: Vozes, 2002].

SS *Histoire de la sexualité III: Le souci de soi.* Paris: Gallimard, 1984 [ed. bras.: *História da sexualidade 3: O cuidado de si*, trad. Maria Thereza da Costa Albuquerque. São Paulo: Graal, 1985].

SV *Subjectivité et vérité: Cours au Collège de France, 1980-1981*, org. Frédéric Gros. Paris, Seuil/Gallimard, 2014 [ed. bras.: *Subjetividade e verdade*, trad. Rosemary Costhek Abílio. São Paulo: WMF Martins Fontes, 2016].

UP *Histoire de la sexualité II: L'usage des plaisirs.* Paris: Gallimard, 1984 [ed. bras.: *História da sexualidade 2: O uso dos prazeres*, trad. Maria Thereza da Costa Albuquerque. São Paulo: Graal, 1998].

VS *Histoire de la sexualité I: La volonté de savoir.* Paris: Gallimard, 1976 [ed. bras.: *História da sexualidade 1: A vontade de saber*, trad. Maria Thereza da Costa Albuquerque, J. A. Guilhon Albuquerque. São Paulo: Paz e Terra, 2017].

Edições brasileiras de outras obras de Michel Foucault citadas

"As técnicas de si" [1982], trad. Karla Neves e Wanderson Flor do Nascimento. Espaço Michel Foucault, s/d.

"A escrita de si" [1983], in *Ditos e escritos V: Ética, sexualidade, política*, trad. Elisa Monteiro e Inês Autran Dourado Barbosa. Rio de Janeiro: Forense Universitária, 2004.

"A ética do cuidado de si como prática da liberdade" [1984], in *Ditos e escritos V: Ética, sexualidade, política*, trad. Elisa Monteiro e Inês Autran Dourado Barbosa. Rio de Janeiro: Forense Universitária, 2004.

A coragem da verdade: O governo de si e dos outros II – Curso no Collège de France (1983-1984), trad. Marcos Marcionilo. São Paulo: Parábola, 2004.

"Sexualidade e solidão" [1981], in *Ditos e escritos V: Ética, sexualidade, política*, trad. Elisa Monteiro e Inês Autran Dourado Barbosa. Rio de Janeiro: Forense Universitária, 2004.

"O combate da castidade" [1982], in *Ditos e escritos V: Ética, sexualidade, política*, trad. Elisa Monteiro e Inês Autran Dourado Barbosa. Rio de Janeiro: Forense Universitária, 2004.

O nascimento da clínica [1963], trad. Roberto Machado. Rio de Janeiro: Forense Universitária, 1977.

O poder psiquiátrico: Curso dado no Collège de France (1973-1974), trad. Eduardo Brandão. São Paulo: Martins Fontes, 2006.

"A hermenêutica do sujeito" [1982], in *Ditos e escritos IX: Genealogia da ética subjetividade e sexualidade*, trad. Abner Chiquieri. Rio de Janeiro: Forense Universitária, 2014.

"O que são as luzes?" [1984], in *Ditos e escritos II: Arqueologia das ciências e história dos sistemas de pensamento*, org. Manoel Barros da Motta, trad. Elisa Monteiro. Rio de Janeiro: Forense Universitária, 2000.

A ordem do discurso: Aula inaugural no Collège de France, pronunciada em 2 de dezembro de 1970, trad. Laura Fraga de Almeida Sampaio. São Paulo: Loyola, 1996.

Aulas sobre a vontade de saber: Curso no Collège de France (1970-71), trad. Rosemary Costhek Abílio. São Paulo: WMF Martins Fontes, 2014.

"A cena da filosofia" [1978], in *Ditos e escritos VII: Arte, epistemologia, filosofia e história da medicina*, trad. Vera Lucia Avellar Ribeiro. Rio de Janeiro: Forense Universitária, 2011.

"Sexualidade e política" [1978], entrevista a C. Nemoto e M. Watanabe, in *Ditos e escritos V: Ética, sexualidade, política*, trad. Elisa Monteiro e Inês Autran Dourado Barbosa. Rio de Janeiro: Forense Universitária, 2006.

"Sonhar com seus prazeres: Sobre a 'Onirocrítica' de Artemidoro" [1983], in *Ditos e escritos V: Ética, sexualidade, política*, trad. Elisa Monteiro e Inês Autran Dourado Barbosa. Rio de Janeiro: Forense Universitária, 2004.

A arqueologia do saber [1969], trad. Luiz Felipe Baeta Neves. Rio de Janeiro: Forense Universitária, 2008.

Segurança, território, população: Curso dado no Collège de France (1977-1978), trad. Eduardo Brandão. São Paulo: Martins Fontes, 2008.

"Omnes et singulatim: Por uma crítica da 'razão política'" [1979], trad. Heloísa Jahn. *Novos Estudos*, n. 26, mar. 1990.

SOBRE O AUTOR

PAUL-MICHEL FOUCAULT nasceu em 15 de outubro de 1926 em Poitiers, na França. Entre 1946 e 1952, estudou na Escola Normal Superior (ENS) com professores como Jean Hyppolite, Maurice Merleau-Ponty e Louis Althusser, especializando-se em filosofia e psicologia. Em 1948, tentou o suicídio e foi internado no hospital Sainte-Anne, onde, mais tarde, pesquisaria a relação entre pacientes e psiquiatras. Ingressou no Partido Comunista Francês (PCF) em 1950, mas, decepcionado com o stalinismo, desfiliou-se em 1953. De 1951 a 1955, deu aulas na ENS; entre seus alunos estava Jacques Derrida. Em 1952 e 1953, especializou-se em psicopatologia e em psicologia experimental pelo Instituto de Psicologia de Paris e passou a lecionar na Universidade de Lille. Em 1955, a convite de Georges Dumézil, foi chamado a ocupar o cargo de leitor de francês na Universidade de Uppsala, na Suécia. Ali, tornou-se também diretor da Maison de France e dedicou-se à escrita de sua tese, da qual resultaria o livro *História da loucura na idade clássica*, publicado na coleção dirigida por Philippe Ariès. Nos anos seguintes, trabalhou como adido cultural na Polônia e na então Alemanha Ocidental. Obteve o título de doutor em 1961, tendo Hyppolite e Georges Canguilhem como relatores. Em 1962, Foucault tornou-se professor titular na Universidade de Clermont-Ferrand, onde dirigiu o departamento de filosofia. Em 1970, foi eleito para a cátedra de História dos Sistemas do Pensamento no Collège de France e, em 1981, tornou-se professor-visitante da Universidade da Califórnia em Berkeley, nos Estados Unidos, ganhando notoriedade em ambas as instituições devido a suas conferências sempre lotadas e consagrando-se como intelectual público de renome internacional. Ao longo da vida, Foucault também ocupou postos acadêmicos em uma série de outras universidades na França e no exterior, incluindo a Universidade de Vincennes (atual Paris 8), a Universidade de Túnis e a Universidade de Nova York; e passou períodos extensos conduzindo pesquisa em países como Estados Unidos, Canadá, Itália e Japão. Viajou ao

Brasil algumas vezes e, em 1975, acompanhado do então estudante José Castilho Marques Neto, proferiu um discurso em que abdicou de dar aulas na Universidade de São Paulo (USP) por se recusar a permanecer em um país sob uma ditadura militar. Ainda em São Paulo, participou da missa ecumênica em homenagem ao jornalista Wladimir Herzog, assassinado nos porões da ditadura. Foucault faleceu em 25 de junho de 1984, em Paris, em decorrência da aids, enquanto trabalhava no último volume de *História da sexualidade*.

Obras selecionadas

História da loucura [1961], trad. José Teixeira Coelho Netto. São Paulo: Perspectiva, 2019.

O nascimento da clínica [1963], trad. Roberto Machado. Rio de Janeiro: Forense Universitária, 1977.

As palavras e as coisas [1966], trad. Salma Tannus Muchail. São Paulo: Martins Fontes, 2016.

A arqueologia do saber [1969], trad. Luiz Felipe Baeta Neves. Rio de Janeiro: Forense Universitária, 2015.

Cursos no Collège de France [1970-84], 12 v., vários tradutores. São Paulo: WMF Martins Fontes, 2013-19.

Vigiar e punir [1975], trad. Raquel Ramalhete. Petrópolis: Editora Vozes, 2014.

História da sexualidade [1976-84], 4 v., vários tradutores. São Paulo: Paz e Terra, 2020.

Microfísica do poder [1978], trad. Roberto Machado. São Paulo: Paz e Terra, 2016.

Loucura, linguagem, literatura [2019]. São Paulo: Ubu Editora, 2024.

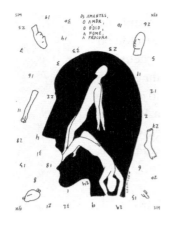

IMAGEM DA CAPA
Leonilson,
PL.0043.0/00
[Adivinhe quem vem para ser jantado?]
tinta de caneta permanente e nanquim
sobre papel, 18 × 13 cm.
Foto © Eduardo Ortega / Projeto Leonilson.

Dire vrai sur soi-même. Conférences prononcées à l'Université Victoria de Toronto, 1982. Edição estabelecida por Henri-Paul Fruchaud e Daniele Lorenzini
© Librairie Philosophique J. Vrin, Paris, 2017
© Ubu Editora, 2022

COORDENAÇÃO EDITORIAL Isabela Sanches
EDIÇÃO DE TEXTO Bibiana Leme
TRANSLITERAÇÕES DO LATIM E DO GREGO Nélio Schneider
REVISÃO Débora Donadel e Fabiana Pellegrini
PESQUISA DE CITAÇÕES E EDIÇÕES BRASILEIRAS Fernando Zorrer e Lucas Torrisi
DESIGN Elaine Ramos
ASSISTENTE DE DESIGN Júlia Paccola
COMPOSIÇÃO Laura Haffner
PRODUÇÃO GRÁFICA Marina Ambrasas

EQUIPE UBU
DIREÇÃO Florencia Ferrari
DIREÇÃO DE ARTE Elaine Ramos; Julia Paccola (assistente)
COORDENAÇÃO Isabela Sanches
COORDENAÇÃO DE PRODUÇÃO Livia Campos
EDITORIAL Gabriela Ripper Naigeborin e Maria Fernanda Chaves
COMERCIAL Luciana Mazolini e Anna Fournier
COMUNICAÇÃO / CIRCUITO UBU Maria Chiaretti, Walmir Lacerda e Seham Furlan
DESIGN DE COMUNICAÇÃO Marco Christini
GESTÃO CIRCUITO UBU / SITE Cinthya Moreira, Vic Freitas e Vivian T.

1ª reimpressão, 2025.

Dados Internacionais de Catalogação na
Publicação (CIP) de acordo com ISBD
Elaborado por Odilio Hilario Moreira Junior –
CRB-8/9949

F763d Foucault, Michel [1926–84]
Dizer a verdade sobre si / Michel Foucault;
estabelecimento de texto e notas Henri-Paul
Fruchaud e Daniele Lorenzini; tradução
de Salma Tannus Muchail. Título original:
Dire vrai sur soi-même. Conférences
prononcées à l'Université Victoria de Toronto,
1982. São Paulo: Ubu Editora, 2022. 272 pp.
ISBN 978 85 7126 091 7

1. Filosofia. 2. Genealogia do sujeito moderno.
3. Dizer-verdadeiro (parresía). 4. Hermenêutica
do sujeito. 5. Discursos. I. Muchail, Salma Tannus.
II. Título.

2022-3798   CDD 100 CDU 1

Índice para catálogo sistemático:
1. Filosofia 100 2. Filosofia 1

UBU EDITORA
Largo do Arouche 161 sobreloja 2
01 219 011 São Paulo SP
ubueditora.com.br
professor@ubueditora.com.br
 /ubueditora

FONTES
Proxima Sera, Sud e Nord
PAPEL
Pólen bold 70 g/m²
IMPRESSÃO
Margraf